문재인을 읽는 권력지도

문재인의 사람들 303명 총력해부

문재인을 읽는 권력지도

문재인의 사람들
303명
총력해부

月刊 朝鮮

서문

《문재인을 읽는 권력지도》를
읽는 법

대한민국 제19대 대통령에 문재인(文在寅) 전 민주당 대표가 당선됐다.《월간조선》은 문 신임 대통령의 권력을 지탱하는 핵심인물 303명을 분석한《문재인을 읽는 권력지도》를 단행본으로 긴급 출간했다.

본지가 집계한 바에 따르면 문재인 신임 대통령의 핵심 측근 303명의 평균 연령은 59.7세이다. 최고령은 한승헌 변호사로 83세이며 최연소는 32세인 권혁씨다. 이 통계는 본지가 다룬 303명 가운데 출생연도가 정확하게 기재된 291명을 대상으로 구한 값이다.

문 신임 대통령의 핵심 측근 303명 가운데 출신 대학별로는 서울대가 100명으로 제일 많았다. 이어 연세대(31명), 고려대(28명) 출신이 2, 3위를 차지했고 문 신임 대통령이 나온 경희대 출신이 21명으로 4위였다.

평균연령

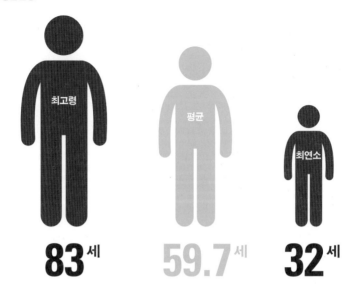

최고령 **83**세 평균 **59.7**세 최연소 **32**세

출신대학(단위 명)

서울대 100 연세대 31 고려대 28 경희대 21 사관학교 8 부산대 7 이화여대 7

문 신임 대통령에 대해 선거 전부터 불거진 안보관에 대한 논란 때문인지 육·해·공군 사관학교 출신이 8명이었으며, 문 신임 대통령의 지역 기반인 부산대 출신도 7명이나 됐다. 이 밖에 이화여대 출신이 7명이었다. 이 통계에서는 4명 이하의 대학은 제외했고 출신 대학원 역시 배제했다.

출신 고교별로는 문 신임 대통령의 지역 기반이며 문 신임 대통령이 나온 경남고 출신이 17명으로 가장 많았다. 이어 경기고(14)-광주제일고(11)-경북고(7)-부산고(7)-경복고(4)-중동고(4)가 뒤를 이었다. 문 신임 대통령의 주변 인물 303명 가운데 PK와 TK 출신이 가장 많음을 이 통계는 보여주고 있다.

출생지별로는 전남이 41명, 경남이 36명, 전북이 34명, 서울이 33명, 부산이 29명, 경북이 26명이었으며, 충남(19명), 경기(14명), 충북(11명), 인천(6명), 대구(5명), 광주(5명), 제주(3명), 강원(1명)의 순이었다.

문 신임 대통령의 권력 기반이 부산·경남(65명)과 광주·전남·전북(79명)임을 알 수 있다. 수도권·경기 지역 출신은 모두 51명이었다.

직업군별로는 관료 출신의 경우 노무현 정부 때 일했던 관료들이 68명으로 가장 많았으며, 김대중 정부 출신이 7명으로 그 뒤를 이었다. 반면 박근혜 정부(3명)와 이명박 정부(2명) 출신은 배제됐음을 알 수 있다.

303명의 직업군은 현직 국회의원이 86명으로 가장 많았고, 교수(57명), 법조인(31명), 박사 학위 소지자(102명) 등이 주를 이뤘다. 대학 총학생회장 출신이 26명이나 돼 문재인 신임 대통령 핵심 측근들이 운동권(運動圈) 출신임을 보여주고 있다.

출신고교(단위 명)

경남고	경기고	광주제일고	경북고	부산고	경복고	중동고
17	14	11	7	7	4	4

출생지역(단위 명)

전남	경남	전북
41	36	34
서울	부산	경북
33	29	26

직업군(단위 명)

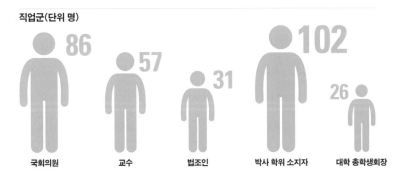

국회의원	교수	법조인	박사 학위 소지자	대학 총학생회장
86	57	31	102	26

65개 코드로 보는
문재인 대통령의 일대기

제19대 대한민국 대통령
문재인의 모든 것

- 부모 고향은 함경남도 흥남… 흥남철수 때 월남해 경남 거제에서 출생
- 어렸을 적부터 가난에 진저리, "모멸감과 반항심 생겼고 세상의 불공평 느껴"
- 고3 때부터 술·담배, 별명은 '문제아問題兒'
- 대학 시절 리영희가 쓴《전환시대의 논리》읽고 큰 감화, 운동권의 길로
- 대학 3학년 때 첫 시위 주도, 4학년 때 시위 주모자로 구속
- 석방 후 강제 징집… 타의他意로 공수부대 가. 당시 상관이 전두환·장세동
- 판문점 도끼 만행 사건 때 동원… 미루나무 자르지는 않고 외곽 경비
- 1980년 '서울의 봄' 때 경찰 유치장에서 사시 합격 소식 들어
- 사법연수원 차석 졸업하고도 시위 전력으로 판사 임용 탈락… 노무현과 만나
- 부산 미 문화원 점거, 부산 상공회의소 점거자 변론 등 시국 사건 도맡아
- 釜民協·國本·民辯 등 재야단체 설립 초창기 멤버
- "동의대 사건 주모자들이 민주화운동 관련자로 인정됐다고 해서
  순직 경찰관에게 모욕이 되는 것은 아냐"
- 반기문은 관운官運 타고난 사람… 유엔사무총장 된 것은 노무현 정부 덕
- 국무총리의 국무위원 임명제청권, 대통령제에 맞지 않아
- 수사권은 경찰, 기소권은 검찰에 분리 귀속… 고위공직자 비리수사처 만들어야
- 노무현이 거론해 자살한 대우건설 남상국 사장 유족에 미안했지만 끝내 못 만나
- "대한민국 대통령은 무조건 미국 먼저 가야 한다는 고정관념 이제 극복해야"
- 민정수석 2번 하면서 제일 아쉬운 건 국가보안법 폐지 못 한 일
- 민정수석 재임 시 통진당 이석기 이유 없이 2차례 사면받아
- 대북 경제제재 풀고 개성공단 재가동해야… 사드 배치는 차기 정부서 결정
- 조갑제 "문재인의 노선을 요약하면 친북親北, 친중親中, 반미反美, 반일反日,
  반한反韓, 반법反法"

1. 탄생

문 전 대표 부모의 고향은 함경남도 흥남(興南)이다. 그의 집안은 대대로 흥남에서 살았으며 문씨 집성촌이 있을 정도라고 한다. 문 전 대표의 부모는 1950년 12월 흥남 철수 때 남한으로 내려왔다. 미군 LST 선박을 2박 3일간 타고 그의 가족이 도착한 곳은 거제도였다. 문 전 대표는 아버지 문용형과 어머니 강한옥이 거제도 피란살이를 하던 중인 1953년 1월 24일 거제면 명진리 694-1번지에서 2남 3녀 중 장남으로 태어났다.

2. 문재인의 사주

문 전 대표의 사주는 임진년 계축월 을해일 병술시다. 인터넷에는 그와 관련한 역술가들의 평이 있다. 한 역술가는 "문재인은 용(龍)이 되기 힘들 것이다. 도리어 권력으로 인해 상당한 고초를 겪을 수도 있다"고

했다. 또 다른 역술가 또한 "싸우려는 상대가 줄줄이 기다리는 사주"라고 했다. 이 외 "노무현 전 대통령 같은 파트너 밑에서 최고의 빛을 발할 수 있는 사주"라는 평도 있다.

3. 문재인의 아버지

문 전 대표의 아버지 문용형은 흥남의 남평 문씨 집성촌 솔안마을 출신으로 일제강점기 흥남시청에서 농업과장으로 근무하다 6·25가 터지자 1950년 12월 23일 흥남 부두에서 가족과 함께 메러디스 빅토리호를 타고 월남했다. 문용형은 북한 거주 당시 공산당 입당을 강요받았으나 끝내 버텼다고 한다. 그때 하도 괴롭힘을 당해 다시는 공무원 생활을 하지 않겠다고 다짐했다. 문용형은 거제에 정착한 후 공무원 경력 덕분에 거제도 포로수용소의 노무자로 일자리를 얻었으나 수입이 턱없이 부족해 문 전 대표의 어머니가 계란 행상으로 가계를 꾸렸다. 이후 문용형은 양말을 구입해 판매상들에게 공급하는 등의 사업을 벌였으나 빚만 잔뜩 졌다. 문재인 전 대표는 자신의 아버지를 "경제적으로 무능했다"고 평하면서 "원래 조용한 성격인데 사업에 실패한 이후 더 말수가 없어졌다"고 했다.

4. 문재인의 어머니

다음은 문 전 대표가 2012년 발간된 책《운명》에서 자신의 어머니를 회상한 부분이다.

"아버지의 장사 실패 후 집안 생계는 거의 어머니가 꾸려나갔다. 어머니도 경제적으로 능력이 없기는 마찬가지였다. 어머니가 처음 한 일은 구호물자 옷가지를 시장 좌판에 놓고 파는 것이었다. 동네에서 작은 구멍가게를 한 적도 있었는데 다들 가난한데다 몇 집 되지도 않는 동네여서 잘될 리가 없었다. 연탄 배달도 했다. 어머니는 아버지에게 연탄 배달을 거들게 하는 일은 없었다. 도움이 필요하면 나나 남동생에게 말씀했다. 학교 마치고 돌아온 후나 휴일이면 연탄 리어카를 끌거나 연탄을 손에 들고 배달하는 일을 돕기도 했다. 나는 검댕을 묻히는 연탄 배달 일이 늘 창피했다. 오히려 어린 동생은 묵묵히 잘도 도왔지만 나는 툴툴거려서 어머니 마음을 아프게 했다. 한번은 리어카에 연탄을 잔뜩 싣고 내가 앞에서 끌고 어머니가 뒤에서 잡아주면서 내리막길을 내려가다가 힘이 달린 어머니가 손을 놓치고 말았다. 그 바람에 내가 무게를 감당 못 해 길가에 처박힌 적이 있다. 연탄만 좀 깨졌을 뿐 다치지는 않았는데도 어머니는 크게 상심하셨다."

5. 천주교

"초등학교 1~2학년 때 배급날이 되면 학교를 마친 후 양동이를 들고 가 줄 서서 기다리다 성당에서 나눠주는 전지분유를 배급받아 오기도 했다. 싫은 일이었지만 그런 게 장남 노릇이었다. 그때 수녀님들이 수녀복을 입고 있는 모습은 어린 내 눈에 천사 같았다. 그런 고마움 때문에 어머니가 먼저 천주교 신자가 됐다. 나는 초등학교 3학년 때 영세를 받았다. 영도에 있는 신선성당이었다."

"내가 다닌 남항초등학교는 원래 작은 학교였다. 그런데 피란민이 몰려들어 한 학년 학생 수가 1000명이 될 정도로 늘어났다. 어쩔 수 없이 주변에 판자와 함석지붕으로 임시교실을 지었다. 가교사(假校舍)라고 불렀다. 입학 때부터 3학년까지 가교사에서 공부했다."

"초등학교 때 나는 눈에 띄지 않는 아이였다. 키도 작고 몸도 약했다. 아주 내성적이어서 선생님 관심을 받아본 적도 없고, 수업시간 외에 선생님을 따로 만난 기억도 없다. 학기 말과 학년 말 방학 때 선생님이 통지표를 나눠줬다. 5학년 때까지 수우미양가로 표시되던 성적에서 '수'는 드물고 대부분 '우'나 '미'에 '양'도 있었다. '가' '나' '다'로 표시하던 행동발달 상황도 그저 그랬다. 성적에 별 관심이 없었다."

"초등학교 1학년 추석 때(1959년 9월) 기상관측 이후 최대의 태풍이라는 '사라'호가 부산 지역을 덮쳤다. 추석 연휴 끝나고 등교했더니 가교사들이 강풍에 모두 날아가 버리고 없었다. 그때부터 교실이 있던 곳 땅바닥에서 수업을 했다. 지붕이 없어서 비가 오면 수업을 그만두고 귀가해야 했다."

"사라호 태풍 때 우리 집도 지붕이 날아갔다. 그때 우리 집은 흙벽돌로 지었고 지붕은 판자에 루핑이 씌워져 있었다. 하필 아버지가 장사를 떠났다가 돌아오지 못해 집에 안 계실 때였다. 세찬 태풍이 몰아쳐 나무로 된 부엌문을 계속 흔들자 문이 견디지 못해 장석이 떨어져 나갔다. 어머니와 내가 문이 열리지 않도록 붙잡았고 누나도 거들었다. 그러다가 바람의 힘을 이기지 못해 문을 놓치고 말았다. 문이 확 열리면서 남은 장석마저 떨어져 나갔다. 그러자 바람이 순식간에 집 안으로 밀고 들어왔다. 바람이 집에 가득 차서 집 안이 팽창하는 듯하더니 어느 순간 바람이 위로 빠져나가는 것이 느껴졌다. 지붕이 통째로 날아가 버렸다. 그 지붕은 어디로 날아가 버렸는지 찾지도 못했다."

8. 가난

문 전 대표는 가난에 대해 뼈저린 감정을 가지고 있다.

"초등학교 다닐 때 학교에 매달 내는 돈이 있었다. 처음에는 '월사금'이라고 했다가 나중에 '사친회비'로 이름이 바뀌었다. 6학년 무렵엔 다시 '기성회비'로 이름이 바뀐 것으로 기억된다. 가난 때문에 그 돈을 제때 못 내는 아이들이 많았다. 담임선생님이 돈을 내지 않은 아이들의 이름을 부르며 독촉을 했다. 그래도 계속 못 내면 집에 가서 돈을 받아오라며 수업 중에 학교에서 내쫓았다."

"가난하면 일찍 철이 들기 마련이다. 선생님이 쫓아 보낸다고 집으로 가는 아이는 거의 없었다. 집으로 간다고 해결될 일도 아니었고 어른들 마음만 아프게 할 뿐이었다. 그냥 우리끼리 이송도 바닷가에 가서 놀다가 학교 마칠 때쯤 교실로 돌아왔다."

"가난한 아이들은 설과 추석 때나 겨우 목욕탕에 갔다. 선생님들이 위생검사를 한다며 한번씩 웃통을 벗겨보고는 때가 많으면 아이들 앞에서 창피를 주기도 했다. 나는 그런 일을 한 번도 겪지 않았지만 다른 아이가 겪는 것을 보면서 모멸감과 함께 반항심을 느끼곤 했다."

"초등학교에서 도시락이 필요한 학년이 됐을 때 아이들 태반은 도시락을 싸 오지 못했다. 도시락을 싸 오지 못하는 아이들에게 학교에서 급식을 했다. 학교가 공급받는 급식재료 양이 일정하지 않았던지 강냉이떡을 한 개씩 줄 때도 있었고 반 개씩 줄 때도 있었다. 그나마도 안 될 때는 강냉이죽을 끓여서 줬다. 그런데 급식을 나눠줄 그릇이 없었다. 강냉이떡은 그래도 괜찮았지만 강냉이죽일 때가 문제였다. 도시락을 싸 온 아이들의 도시락 뚜껑을 빌려서 죽을 받아 먹도록 했다. 도시락 뚜껑이 부족할 때엔 2명이 교대로 사용하기도 했다. 나는 도시락 뚜껑을 빌릴 때마다 자존심이 상했다. 그런 개인적인 경험 때문에 무상급식 논쟁을 관심 있게 본다."

"가난 때문에 하고 싶어도 못한 것이 많다. 지금도 나는 자전거를 타지 못한다. 집에 자전거가 있었던 때가 없었기 때문이다."

"가난이 내게 준 더 큰 선물도 있다. '돈이라는 게 별로 중요한 게 아니다'라는 지금의 내 가치관은 오히려 가난 때문에 내 속에 자리 잡은 것이다."

9. 경남중학교 시절

"중학교 입시가 있던 시절이어서 6학년이 되자 학교에서 늦게까지 아이들을 공부시켰다. 시험도 매일 치다시피 했고 모의시험도 자주 쳤다. 그렇게 해서 4월달쯤 되자 내가 공부를 잘하는 편이라는 사실을 처음 알았다.

순진했던 때여서 다른 생각 없이 열심히 공부했다. 입학시험 과목이 음악, 미술, 체육까지 포함해 전 과목이었다. 체육시험 종목은 달리기, 넓이뛰기, 던지기, 턱걸이 등이었다. 팔심이 약해 턱걸이가 전혀 되지 않았다. 친구가 식초를 많이 먹으면 뼈가 유연해져서 턱걸이를 잘할 수 있다고 했다. 솔깃해서 어머니가 안 계실 때 부엌에서 식초를 한 모금 마셨다. 요즘과 같은 양조식초가 아니고 빙초산이었다. 입에 들어가는 순간 입속에서 불이 났다. 순간적으로 내뱉은 덕분에 위로 넘어가지는 않았다. 만약 그랬으면 더 큰일이 났을 것이다. 그래도 입술과 입안, 식도까지 부풀어 올라 며칠 동안 음식을 제대로 먹지 못했다. 아픈 것보다 한동안 창피해서 얼굴을 들 수 없었다. 그 일이 나중에 후배들에게 입시 준비에 악착같았던 사례로 얘기되기도 했다는 말을 들었다.

다행히 그 무렵 부산에서 최고 일류 학교로 꼽히던 경남중학교에 합격할 수 있었다. 내가 다니던 초등학교에서 합격자가 몇 명 되지 않았다. 부모님도 정말 기뻐했다. 아마 내가 태어난 후 가장 큰 기쁨을 드린 때였을 것이다."

10. 독서

"경남중학교는 시내 잘사는 동네에 있었고 아이들도 대체로 부유했다. 가난한 아이들이 많았던 초등학교 때와는 분위기가 완전히 달랐다. 노는 문화가 전혀 달랐고 용돈 씀씀이도 큰 차이가 나서 함께 어울리기가 어려웠다. 어쩌다 친구들 집에 따라가 보면 나로서는 처음 보는 호사스러운 집에, 정원에, 가구가 놀랍기만 했다. 그에 더해 일하는 사람들로부터 도련님으로 떠받들어지는 모습에 더 주눅이 들곤 했다. 그 무렵 부잣집에는 '식모'라고 부르던 가사고용인을 두고 있는 집들이 많았다. 세상의 불공평함을 처음으로 크게 느꼈다.

점차 학교 도서관에서 보내는 시간이 많아졌다. 책을 읽을 때가 가장 행복했다. 책 읽기를 좋아하는 습성은 아버지 덕이 컸다. 아버지가 장사를 다닐 때 한번 장사를 떠나면 한 달 정도 만에 돌아오시곤 했다. 그럴 때마다 꼭 내가 읽을 만한 동화책이나 아동문학, 위인전 같은 것을 사오셨다. 안데르센 동화집, 강소천 선생의 아동문학, 어린이용 플루타르크 위인전 같은 책들이었다. 《집 없는 아이》 같은 외국 작가의 장편 아동문학도 있었다. 교과서 말고 처음 접하는 책이어서 그런 책을 읽는 것이 너무 재미있었다. 책 읽는 재미를 알게 되고 난 후로는 늘 책에 굶주렸다. 그러다 중학교에 들어가면서 도서관을 알게 됐다. 읽을 책이 그야말로 무궁무진했다. 닥치는 대로 읽어나갔다. 그 재미에 빠져 2학년 때 3개월가량을 매일 도서관 문 닫을 때까지 있다가 의자 정리까지 도와준 다음 집으로 돌아오기를 계속한 일도 있었다. 시간이 날 때마다 학교 도서관에 가거나 책을 대출받아 읽는 것은 고등학교를 마칠 때까지 계속됐다. 처음에는 우리나라 소설에서 시작해 외국 소설로, 그리고 점차 다른 책들로 독서 영역이 넓어졌다. 닥치는 대로 읽었기 때문에 《사상계》 같은 의식을 깨우치는 잡지도 비교적 일찍 접했다. 야한 소설책도 일찍 읽어봤다. 중·고등학교 6년간 무척 많은 책을 읽었다. 독서를 통해 세상을 알게 되고 인생을 알게 됐다. 사회의식도 생겼다."

11. 사회의식

"내가 사회의식을 비교적 일찍부터 키워나갈 수 있었던 것은 상당히 일찍 신문을 읽기 시작했던 것도 작용했을 것이다. 책에 굶주렸던 것과 같은 이유로, 나는 아버지가 보는 신문을 어릴 때부터 읽기 시작했다. 읽을거리가 궁해서였다. 당시 신문에 한자가 꽤 많이 섞여 있었다. 처음에는 한자가 없는 연재소설 같은 부분만 골라서 읽었다. 그러다 차츰 한자가 섞인 기사까지 읽게 됐다. 자꾸 읽다 보니 앞뒤 문맥으로 한자를 알 수 있었고 자주 쓰이는 쉬운 한자는 깨칠 수 있었다. 아버지는 그 당시 대표적 야당지로 이름 높았던 《동아일보》 고정 독자였다. 나도 그 신문을 오랫동안 보면서 사회현실에 대한 비판의식을 키워나갈 수 있었다. 그런 의미에서 나는 요즘 너무 많이 달라져 버린 《동아일보》가 안타깝다."

12. 경남고등학교 시절

"일단 중학교 입시 관문을 넘어서자 고등학교 입시는 수월했다."

"고등학교에 입학하고 머리가 굵어지면서 사회에 대한 반항심 같은 게 생겼다. 고3 올라가선 술, 담배도 하게 됐다. 내가 다닌 경남고등학교는 걸핏하면 '한강 이남에서 제일'이라 말할 정도로 일류 학교라는 자부심이 강했다. 대학입시를 중시했지만 요즘과는 달랐다. 공부는 학생들이 각자 알아서 하도록 했다."

고교 시절 초기에는 '문과에 문재인, 이과에 승효상'이란 말이 있을 정도로 학업에 두각을 나타냈지만, 말기에는 극도로 가난한 자신의 처

경남고 재학 시절의 문재인 전 대표(가운데 친구를 안고 있는 이).
당시 그의 별명은 '문제아'였다.

지에 낙망했다는 이야기도 있다.

13. 별명 '문제아(問題兒)'

"고3 봄 소풍 때 일이다. 자유시간에 친구들과 인근 마을에서 술을
사 갖고 와 마셨는데 그중 한 명이 몸을 가누지 못할 정도로 많이 취했
다. 들킬까 봐 걱정이었는데 아니나 다를까 집합시간에 이 친구가 담
임선생님 앞에서 인사불성 뻗어버렸다. 할 수 없이 함께 술을 마셨다고
이실직고한 후 몇 명이 그 친구를 업고 병원에 갔다. 학교에서 처벌을
하니 마니 하다가 그래도 의리를 지켜 이실직고한 정상이 참작돼 뻗은
친구만 정학 받은 것으로 끝났다."

"여름방학이 끝날 무렵 친구들과 축구시합을 한 후, 학교 뒷산에서
술 마시고 담배 피우며 고성방가하다가 하필 당직을 하고 있던 지도
부 주임 선생님에게 걸렸다. 그리고 몽땅 유기정학을 받았다. 중·고등
학교 때 내 별명은 '문제아'였다. 처음엔 그냥 이름 때문에 생긴 별명이
었는데 그 두 번의 일로 진짜 문제아가 됐다."

14. 첫 데모 참여

"4·19 전통이 아직 생생할 때여서 중요 시국 상황을 맞이하면 고등
학생도 시위 대열에 동참했다. 우리 학교에서도 내가 2학년 때 전교생
이 3선 개헌 반대 데모를 하고 교문 밖 진출을 시도했다. 그 무렵 막 도
입된 페퍼포그 차까지 출동해 교문을 막는 바람에 밖으로 나가지는
못했다."

15. 경남고 동문(同門)

"경남고 동기들 가운데 잘된 친구들이 많다. 박맹우 울산시장, 한나라당 서병수 최고위원, 박종웅 전 의원, 최철국 전 의원, 진익철 서초구청장 등 정치권에 있는 동기들이다. 건축가 승효상, 연출가 이윤택 같은 문화·예술계 인사들도 있다. 행정고시를 거쳐 고위관직을 지낸 동기들도 꽤 여럿이고 법조계에 몸담고 있는 친구들도 있다. 대학에서 학생들을 가르치는 친구들도 많고 대학교 총장을 역임한 친구도 있다."

16. 경희대 시절

"나는 원래 대학에서 역사를 전공하고 싶었다. 학교 다니는 내내 역사 과목이 제일 재미있었고 성적도 제일 좋았다. 그래서 대학입시 때에도 역사학과를 가고자 했다. 그런데 담임선생님과 부모님이 반대했다. 내 성적이 법·상대에 갈 수 있는 등수라는 게 이유였다. 할 수 없이 방향을 틀었는데 입시공부를 등한히 한 대가를 톡톡히 치렀다. 대학입시에서 실패했다. 재수 끝에 당시 후기였던 경희대 법대에 입학했다. 학교 부근에서 하숙 생활을 시작했다."

문재인은 고교 졸업 후 1971년 종로학원 진입 시험에서도 1등을 하며 학원비를 면제받고 재수를 시작했다고 한다. 하지만 서울에서 계속 재수 생활을 이어갈 만큼 집안 형편이 안 돼 끝내 자신의 부모와 마찬가지로 이북에서 내려와 경희대를 일으킨 조영식 박사의 권유를 받고 1972년 4년 전액 장학금을 약속한 경희대학교 법대에 수석으로 입학했다고《일요시사》가 보도한 바 있다.

경희대 재학 시절의 문재인 전 대표(앞줄 가운데).
뒷줄 오른쪽에서 세 번째는 강삼재 전 신한국당 사무총장.

"대학 시절 나의 비판의식과 사회의식에 가장 큰 영향을 미친 분은, 그 무렵 많은 대학생이 그러했듯 리영희 선생이었다. 나는 리영희 선생의 《전환시대의 논리》가 발간되기 전에, 그 속에 담긴 〈베트남 전쟁〉 논문을 《창작과 비평》 잡지에서 먼저 읽었다. 대학교 1, 2학년 무렵 잡지에 먼저 논문 1, 2부가 연재되고 3학년 때 책이 나온 것으로 기억한다. 처음 접한 리영희 선생 논문은 정말 충격적이었다. 베트남 전쟁의 부도덕성과 제국주의적 전쟁의 성격, 미국 내 반전운동 등을 다뤘다. 결국은 초강대국 미국이 결코 이길 수 없는 전쟁이라는 것이었다. 누구도 부인할 수 없는 근거가 제시돼 있었고 명쾌했다. 한걸음 더 나아가 미국을 무조건 정의로 받아들이고 미국의 주장을 진실로 여기며 상대편은 무찔러 버려야 할 악으로 취급해 버리는 우리 사회의 허위의식을 발가벗겨 주는 것이었다. 나는 그 논문과 책을 통해 본받아야 할 지식인의 추상(秋霜)같은 자세를 만날 수 있었다. 그것은 두려운 진실을 피하지 않고 직시하는 것이었다. 진실을 끝까지 추구하여 누구도 부인할 수 없는 근거를 가지고 세상과 맞서는 것이었다. 목에 칼이 들어와도 진실을 세상에 드러내고 진실을 억누르려는 허위의식을 폭로하는 것이었다."

"노 변호사(노무현)도 리영희 선생 영향을 많이 받았다. 노 변호사가 인권변호사로 투신한 계기가 되었던 '부림사건'은 청년과 학생들이 수십 권의 기초 사회과학 서적 또는 현실비판 서적을 교재로 공부한 것이 빌미가 됐다. 기소 내용엔 '그 책들을 읽으면서 북한 또는 국외 공산

계열의 활동을 찬양·고무했다'는 내용이 포함돼 있었다. 노 변호사는 변론을 위해, 수십 권의 서적을 깡그리 독파했다. 그 가운데 리영희 선생의 《전환시대의 논리》와 《우상과 이성》도 있었다. 변호사로서 변론을 위해 읽은 책을 통해 많은 영향을 받은 셈이다. 이후 노 변호사는 더욱 폭넓은 사회과학 서적을 탐독하게 됐고 그것을 통해 이른바 '의식화'됐다. 리영희 선생 책이 그 출발이었다."

"그 후 우리가 부민협을 할 때 리영희 선생 초청 강연회를 두세 번 한 적이 있다. 뒤풀이 자리에서 내가 리영희 선생에게 질문했다. '중국의 문화대혁명을 높이 평가했던 것이 오류가 아니었는지'라고. 그는 망설임 없이 분명하게 대답했다. '오류였다. 글을 쓸 때마다 객관성을 확보하기 위해 무척 노력했는데, 그 시절은 역시 자료 접근의 어려움 때문에 한계가 있었던 것 같다. 또 그때는 정신주의에 과도하게 빠져 있었던 것 같다.' 그 솔직함이 참으로 존경스러웠다."

18. 경희대 운동권의 비조(鼻祖), 그리고 정범구

"당시 경희대는 학생운동이 약했다. 의식 있는 학생들은 개별적으로 흩어져 있었다. 스터디 그룹 같은 것도 형성돼 있지 않았다. 시위를 하려는 시도는 간헐적으로 있었으나 이끄는 중심세력이 없어 불발에 그쳤다.

3학년 가을 학교에서 재단퇴진 농성이 있었다. 그걸 계기로 뜻이 맞는 친구들과 유신반대 시위를 기획했다. 우리 팀이 선언문을 준비해 배포하고 다른 학생들은 교내 학생들을 교시탑(校是塔) 앞까지 모으는 일을 맡았다. 그 후 시위 주도는 부학생회장단이 맡았다. 우리 팀은 아무도 모르게 시위 준비만 해준 후 잠적해 버리고 부학생회장단이 현장에서 직책 때문에 어쩔 수 없이 앞장서게 된 것으로 역할을 나눔으로써 처벌을 피하자는 계획이었다. 그 선언문을 내가 작성하게 됐다. 다른 이유는 없었다. 우리 가운데 그나마 내가 다른 대학의 여러 선언문을 자주 접해서, 어떤 식으로 쓴다는 정도는 알고 있었기 때문이다. 물론 처음 써보는 선언문이었다.

친구 집에서 등사기를 밀어 등사하는 방법으로 밤새 유인물을 4000부가량 준비했다. 그 유인물을 다음날 새벽 아무도 모르게 모든 강의실에 뿌렸다. 정해진 시각이 되자 500~600명의 학생이 교시탑 앞에 모였다. 이제 부회장단이 학생들을 이끌 순서였다. 어찌 된 일인지 아무도 나타나지 않았다. 학생처 직원들이 학생들을 해산시키려 했다. 그대로 두면 시위는 실패로 돌아갈 것 같았다.

할 수 없이 내가 올라가 선언문을 읽었다. 학생처 직원들이 몰려왔으나 학생들이 막아줬다. 비가 내려 선언문이 젖었다. 그래도 내가 쓴 글이어서 문제없이 읽을 수 있었다. 그런 다음 학생들을 교문으로 이끌었다. 금세 학생들이 2000여 명으로 불어났다. 우리는 시위가 본궤도에 오른 것을 확인한 후 학교를 빠져나와 며칠 동안 잠적했다. 경찰은 시위 현장에서 앞장선 몇 사람을 붙잡아갔으나 시위를 준비한 팀과의 연계성이 안 나오자 구류 정도로 사건을 종결했다. 그때 잡혀가 고생한 학우 중 한 명이 민주당 국회의원 정범구다. 그는 정치외교학과 4학년 졸업반으로 총학생회 간부였는데 현장에서 앞장서다가 붙잡혀

갔다. 형사처분은 구류로 끝났지만 학교에서 무기정학을 당해 졸업도 늦어지고 취업도 못 해 고생을 많이 했다. 지나고 보니 그 고생이 그를 단련시켜 더 큰 인물로 만들어준 것 같다."

19. 첫 구속, 제적 그리고 강삼재

"경희대는 마침 1975년 4월 초 오랜만에 실시되는 직선제 총학생회장 선거가 있었다. 그때 당선된 총학생회장이 후일 민자당과 신한국당 사무총장을 지내고 한나라당 부총재까지 했던 강삼재 전 의원이다. 나는 총학생회 총무부장을 맡았다. 그렇게 총학생회가 출범하자마자 총학생회 주도로 비상학생총회를 개최했다. 역시 시위 준비는 우리 팀이 맡기로 했고 당일 비상총회와 시위를 이끄는 것은 총학생회장이 하기로 했다. … 시위가 끝난 후 우리 발로 걸어가 체포됐다. 청량리 경찰서 유치장에 구속·수감됐다. 구속과 동시에 학교에서도 제적됐다. 구류를 당한 학생들까지 포함해 한꺼번에 16명이 제적됐다. 1980년에 가서야 복학이 이뤄졌다. 지금은 다들 잘 살지만, 오랫동안 그들에게 미안했다. 경찰에서 열흘 정도 조사를 받고 검찰로 넘어갔다. 검찰로 이송되는 날 오랜만에 유치장 밖으로 나오니 눈이 부셨다. 호송차에 올라탔다. 100원짜리 동전만 한 구멍이 숭숭 뚫린 철판이 둘러쳐진 호송차였다. 차가 막 출발하는 순간이었다. 어머니가 차 뒤에서 달려오고 계셨다. 소리는 들리지 않았지만 팔을 휘저으며 '재인아!' '재인아!' 내 이름을 부르고 있었다. 마치 영화 장면 같은 그 순간이 지금까지도 뇌리에서 떠나지 않는다. 혼자서 어머니를 생각하면 늘 떠오르는 장면이다."

"구치소에 있을 때 아내(김정숙)가 뜻밖의 면회를 왔다. 아내는 같은 대학교 음대생이었고 나보다 2년 후배였다. 해마다 5월 초 '법의 날'에 맞춰 열리던 법(法)축전이란 이름의 법대 축제에서 파트너로 처음 만났다. 내가 3학년, 아내가 1학년 갓 입학했을 때였다. 처음 만난 사이였는데도 축제시간을 즐겁게 보냈다. 1975년 4월 시위 때 아내와의 인연이 이어졌다. 비상학생총회에서 시국토론을 할 때 자원(自願)발언이 끊길 경우, 분위기가 식지 않도록 나설 발언자를 몇 명 확보해 둘 필요가 있었다. 토론을 마무리할 마지막 발언자는 여학생이 좋겠다고 생각했다. 총회 개최시각을 기다리며 여학생 발언자를 확보해 두려고 살피는데 마침 아내가 노천광장에 와 있었다. 같은 과 과대표와 같이 있었다. 둘이 친한 친구 사이라고 했다. 둘 중 누구라도 좋으니 한 사람이 마무리 발언을 해달라고 부탁했다. 과대표가 나와서 발언했다. 그 일로 그녀는 구류를 살았고 학교에서 정학을 당했다. 비상학생총회 후 교문 앞까지 행진했다가 내가 페퍼포그를 맞아 실신했을 때 한참 후 누군가 물수건으로 얼굴을 닦아주는 것을 느끼며 정신을 차렸다. 눈을 떠보니 아내였다. 시위행렬에 있다가 앞장선 내가 걱정돼 지켜보고 있었던 모양이다. 그랬다가 면회를 온 것이다. 그런데 면회시간 내내 접은 신문을 품에 안고 있었다. 나에게 보여주려고 가져온 것이었다. 내 모교인 경남고등학교가 무슨 대회인지 전국야구대회에서 우승했다는 스포츠면 톱기사였다. 세상에 내가 아무리 야구를 좋아한들 구치소에 수감된 처지에 야구 소식에 무슨 관심이 있을까? 그래도 그런 생각을 한 아내 문재인 전 대표 부부의 결혼식. 두 사람은 법대 축제에서 파트너로 처음 만났다.

가 귀여웠다. 감방에서 그 생각을 하면 웃음이 나곤 했다. 그런 일이 있고 나서 석방 후 아내와 더 가까워졌다. 그러나 곧 입대해야 했다. 아내는 이번엔 군대로 면회를 왔다. 제대 후 고시공부를 할 땐 또 공부하는 곳으로 면회를 다녔다. 아내는 나와의 연애사(史)를 면회의 역사라고 말하곤 했다. 나는 아내에게, 내가 경희대에 가게 된 건 오로지 아내를 만나기 위함인가 보다고 대답했다. 진심으로 한 말이었다."

21. 서울구치소 시절-한승헌 변호사, 박형규 목사, 시인 김지하

"서울구치소 수감 생활은 견딜 만했다. 나는 일반사범과 함께 있는 혼거(混居)방이 좋았다. 세상공부, 인생공부가 됐다. 옆방에 한승헌 변호사가 계셨다. 잡지에 쓴 〈어떤 조사(弔辭)〉라는 글로 필화를 당해 반공법 위반으로 구속됐을 때였다. 내가 옆방에 수감되자 교도관을 통해 러닝셔츠와 팬티 한 벌씩을 보내주셨다. 그때 서울구치소엔 한 변호사 외에도 박형규 목사, 김관석 목사, 김지하 시인 등 쟁쟁한 재야인사들이 많았다.《동아일보》에서 자유언론운동을 하다 해고된 '동아투위' 해직 기자들도 있었다. 재판에서 나는 징역 2년을 구형받았다. 한승헌 변호사가 유머 있게 풍자했듯이 당시 선고 형량은 정찰제라고 할 만큼 일률적이었다. 그때는 또 무조건 실형이 선고될 때였다. 그런데 판사가 징역 10월의 집행유예를 선고했다. 그때 여러 대학 중에서 집행유예를 선고받은 것은 우리밖에 없었다. 판사가 소신 판결을 내린 것이다. 아니나 다를까 그분은 얼마 후 판사 재임용에서 탈락했다."

"석방된 지 얼마 안 돼 입영 영장이 나왔다. 신체검사도 안 받은 상태였다. 신체검사 통지서와 입영 통지서가 함께 날아왔다. 입영 전날 신체검사를 받고 다음날 입영하는 일정이었다. 강제징집이었다. 입대한 훈련소는 향토사단이라는 창원 39사단이었다. 1975년 8월 초였다. 훈련소에서는 선임 분대장을 했다. 대학 다니다 왔고 나이도 많은 편이어서 지명된 것이다. 훈련소 퇴소 때, 훈련병들을 모두 연병장에 모아 놓고 배치될 부대를 차례로 발표했다. '문재인, 특전사령부!'라고 발표됐다. 다들 특전사령부가 어디에 있는지 뭐하는 곳인지 몰랐다. 특전사가 공수부대라는 걸 알게 된 것은 용산으로 가는 군용열차가 삼랑진을 지날 무렵이었다. 훈련병들이 마지막으로 함께 있는 시간이라고, 군용열차 안에서 술을 마음껏 마실 수 있도록 허용해 줬다. 힘든 부대에 배치되는 사람에게는 훈련병들이 술을 더 권했다. 내게 동기들의 위로주가 계속 몰렸다."

"특전사령부 예하 제1공수특전여단 제3대대에 배치됐다. 4주간의 공수 훈련과 6주간의 특수전 훈련, 2주간의 여단전입 훈련을 다 거친 다음에야 자대에 배치됐다. 관등성명부터 외우게 했는데 '여단장 준장 전두환' '대대장 중령 장세동'이었다. 훗날 대통령이 된 전두환의 경호실장까지 한 장세동 대대장은 내가 후반기 훈련을 마치고 돌아간 사이에 바뀌어 함께 근무해 보지 못했다. 얘기만 들었는데 군인으로서의

공수부대 시절의 문재인 전 대표.
당시 여단장이 전두환 전 대통령이었다.

평판은 매우 좋았다. 5공화국 당시 장세동씨 후임으로 청와대 경호실장을 했던 안현태씨가 바로 옆 대대 대대장이었다.

특수전 훈련 때 폭파 주특기를 부여받았다. 나는 공수병이자 폭파병이 됐다. 6주간의 특수전 훈련을 마칠 때 정병주 특전사령관으로부터 폭파 과정 최우수 표창을 받았다. 정 사령관은 나중 12·12 신군부 쿠데타 때 끝까지 저항하다 반란군의 총에 맞아 참군인의 표상이 된 인물이다. 전두환 여단장은 그 쿠데타를 이끌고 성공해 대통령까지 됐다. 관등성명을 외웠던 두 직속상관의 운명이 그렇게 극적으로 엇갈렸다. 자대로 돌아온 후 전두환 여단장으로부터 화생방 최우수 표창을 받은 일도 있었다."

24. 판문점 도끼 만행 사건

"상병 때 '판문점 도끼 만행 사건'이 일어났다. 그 사건에 대한 대응으로 미루나무를 자르는 작전을 우리 부대가 맡았다. 한국전쟁 이후 처음으로 데프콘이 상향됐다. 준전시 사태였다. 나무를 자를 때 북한이 제지하거나 충돌이 일어나면 바로 전쟁이 발발하는 상황이었다. 그런 상황까지 대비해 부대 내 최정예 요원들이 미루나무 제거조로 투입되고 나머지 병력은 외곽에 배치됐다. 다행히 북한은 미루나무 자르는 것을 못 본 척 아무 대응을 하지 않았다. 그때 잘라온 미루나무 토막을 넣은 기념물을 국난(國難) 극복 기장이라고 하나씩 나눠줬다.

제대 후 부마(釜馬)민주항쟁이 일어났을 때 내가 근무하던 제1공수여단 제3대대가 부산에 투입됐다. 12·12쿠데타 때는 정병주 사령관에게 항명하고 반란군 주력부대로 투입되기도 했다. 군 복무를 좀 더 늦게 했다면 나도 역사를 거스르고 국민을 향해 총을 겨누는 역할에 동원됐을지도 모를 일이다. 제대 후 한동안 꾼 꿈이 '다시 군대에 가는 꿈'이었다. 그냥 군대 생활 꿈이 아니라 꿈속에서 분명히 제대했는데 제대가 취소되든지 해서 다시 군대에 가게 되는 내용이었다. 알고 보니 나만 그런 게 아니었다. 군대 갔다 온 사람들 대부분이 공통적으로 꾸는 꿈이었다."

25. 고시(考試)공부

"집에 돌아왔지만 갑갑한 상황이었다. 내 인생에 가장 난감하고 대책 없는 기간이었다. 고생하시는 부모님을 생각하면 언제일지 모를 복학을 기다리며 빈둥빈둥 놀 수도 없었다. 부산 해운업계에 있던 선배들이 취업 권유를 했다. 대학 졸업장 없이도 대졸 사원 처우를 해줄 테니 오라는 것이다. 그러기로 하고 준비를 하고 있었다. 그런데 갑자기 아버지가 돌아가셨다. 무슨 지병이 있는 것도 아니었는데 심장마비라고 했다. 나는 아버지의 삶과 죽음이 너무 가슴 아팠다. 돌아가시던 순간의 이야기를 듣고는, 나는 아버지가 삶에 너무 지쳐서 생명이 시나브로 꺼져간 것같이 느껴졌다. 그렇게 생각하니 내게 기대를 걸었던 아버지에게 잘되는 모습이나 희망을 보여드리지 못한 것이 너무나 죄송스러웠다. 아버지를 위해서도 그냥 취업하는 정도로는 안 된다고 생각했다. 늦게나마 사법시험을 보기로 결심했다. 49일을 치르고 다음날 바로 집을 떠났다. 전남 해남의 대흥사로 갔다. 대흥사 내 대광명전이라

는 암자였다. 그곳에서 열심히 공부했다. 중학교 입시공부를 하던 초
등학교 6학년 이후 처음으로 공부답게 했다. 대학 재학 중 3학년 겨울
방학 때 사법고시 1차 시험에 한 번 합격한 경험이 있었다. 그해 가을
교내시위를 주도한 뒤에서, 공부도 결코 소홀하지 않겠다는 각오로 본
시험이었다. 다행히 합격했고, 게다가 우리 학년에서는 유일한 합격자
여서 나는 단번에 '고시 유망주'가 됐다. 그러나 법률 과목은 거의 공부
가 안된 상태였고 나머지 암기과목들을 잘해 합격한 것이어서 제대로
된 고시공부는 이번이 처음이나 진배없었다. 공부하기 좋았던 곳인데
몇 달 만에 그곳을 떠나야 했다. 떠나고 싶어 떠나는 게 아니라 암자가
하숙을 그만뒀다. 조계종 종정을 지내신 윤고암 스님이 그때 대흥사
조실로 오면서 대광명전을 선원(禪院)으로 바꾸도록 했다고 들었다.
1979년 초 사법시험 1차에 합격했다. 다음해 2차 합격을 목표로 했다.
그런데 그해 10월 부마항쟁이 발발했다. 급기야 10월 26일 박정희 대
통령이 시해됐다. 그리고 그때부터 '서울의 봄'이 시작됐다. 그때부터
는 마음이 들떠서 공부에 집중하기 어려웠다. 그러다가 1980년 1월 무
렵부터 학교 측과 복학 논의가 시작됐다. 나는 내 의사와 무관하게 복
학생 대표가 됐다."

26. 복학과 재구속

"복학 조건이 파격적이었다. 제적됐던 1975년 1학기 4월 초까지 학
교에 다닌 것을 한 학기 이수로 인정해 줬다. 나 같은 4학년의 경우 한
학기만 더 이수하면 졸업이었다. 거기다 복학 학기 등록금 또한 면제해

쳤다. 나는 그 덕에 1980년 8월 졸업할 수 있었다. 학교 측과 복학 협상을 시작하면서부터 고시공부를 계속하기 어려웠다. 복학하면서부터는 더더욱 그랬다. 사법시험은 다음을 기약하는 수밖에 없다고 생각했다. 그래도 전년도 1차 합격으로 바로 2차 시험을 칠 자격이 있었다. 그동안 공부했던 것이 아까워 1980년 4월 학내 시위 와중에 제22회 사법시험 2차 시험을 쳤다. 시험을 앞둔 가장 중요한 시기 두세 달 동안 공부를 못 했기 때문에 큰 기대를 하지 않았다.

경희대가 반독재 민주화 요구 시위로 전환할 때부터 나는 그 시위에 빠지지 않고 참석했다. 재학생들이 시위 경험이 전혀 없어서 복학생들이 시위 요령을 가르쳐줘야 했다. 경희대는 매일 학교에서 출정식을 갖고 서울역 광장까지 행진해서 대학생 연합시위에 참석한 후 다시 학교까지 행진해서 돌아와 해산식을 하곤 했다. 서울역에 집결하는 대학생 수는 갈수록 늘어났다. 마지막 5월 15일엔 거의 20만명에 달했다. 그 순간 서울대 총학생회를 비롯한 각 대학 총학생회장단이 학생들의 전면 퇴각을 결정했다. 군 투입의 빌미를 주지 않겠다는 것이었다. 이른바 '서울역 대회군'이다. 참으로 허망한 일이었다. 복학생들이 총학생회 회장단을 설득하려 노력했지만 시위 경험이 없는 그들은 군 투입 소식에 겁부터 냈다. 나는 서울 지역 대학생들의 마지막 순간 배신이 5·18광주항쟁에서 광주 시민들로 하여금 그렇게 큰 희생을 치르도록 했다고 생각한다. 신군부는 5월 17일 24시부로 비상계엄을 전국으로 확대했다. 나는 그날 아내와 함께 강화도에 있는 장인어른의 농장으로 놀러 갔다. 농장으로 가는 진입로 입구의 버스정류장에서 우리 일행이 내리는 순간이었다. 갑자기 5~6명의 건장한 괴한이 둘러싸며 권총을 들이댔다. 그러고 '꼼짝 마, 손들어. 너 문재인 맞지?'라고 소리쳤다. 나를 체포하기 위해 기다리던 청량리 경찰서 정보과 형사들이었다. '영장을 보자'고 했더니 '영장 같은 소리 하고 있네!' 하면서 '계엄'이라고 붉은 글씨로 적힌 '계엄증'을 보여줬다. 처가 식구들이 다 보는 앞에서 수갑이 채워지고 차에 태워져, 그 길로 청량리 경찰서 유치장에 수감됐다."

27. 사시(司試) 합격

"구속된 지 이십삼, 사일쯤 됐을까, 뜻밖의 낭보를 받았다. 반가운 소식을 가장 먼저 들고 온 사람은 아내였다. 내가 사법시험에 합격했다는 것이었다. 얼마 후 학교 학생처장, 법대 동창회장 같은 분들이 면회를 와서 축하해 줬다. 경찰은 나를 유치장 밖으로 내보낼 수는 없으니 대신 그분들을 유치장 안으로 들여보내 축하할 수 있게 해줬다. 또한 그분들과 유치장 안에서 축하주까지 마실 수 있도록 해줬다. 경찰 허가하에 외부인사가 유치장 안으로 들어와서 수감자와 함께 축하주를 마신 일은 경찰 역사상 전무후무한 일이라고 했다. 그 며칠 후 석방이 됐다. 군사재판에 이미 회부됐다면 석방은 불가능했을 것이다. 합격도 취소되거나 3차 시험 불합격으로 처리되고 말았을 것이다. 다행히 미결 상태였기 때문에 석방의 여지가 생겼다. 그 사법시험에서 경희대합격자는 단 두 명이었다. 그중 한 명이 합격이 취소될 상황이라 학교 측은 총력을 기울여 구명 노력을 했다고 한다. 마침 그때 경희대 대학원장이 육사 1기 출신 김점곤 교수였다. 한국전쟁 때 평양에 제일 먼저 진입한 연대장으로 전사에 기록돼 있는 분이다. 그분이 중대장일 때 육사 2기인 박정희 전 대통령이 밑에서 소대장을 했다고 한다. 그분이 계엄사 쪽으로 노력을 많이 했다는 말을 들었다.

사법시험 최종 합격까지 한 번 더 고비가 있었다. 3차 면접시험이었다. 그런데 면접시험을 며칠 앞두고 안기부 요원이 '인터뷰'를 하자고 했다. 그가 지정한 호텔에 나가 인터뷰에 응했다. 묻는 핵심은 하나였다. '지금도 옛날 데모할 때와 생각이 변함없느냐'는 것이 요지였다. 일종의 사상검증이었다. 대답하기 정말 곤혹스러웠다. 머릿속으로 온갖 생각이 오갔다. 그러나 젊을 때였다. 자존심을 굽히는 것이 죽기보다 싫었다. '에라 모르겠다' 하고 '그때 생각이 옳았다고 생각하고 지금도 생각이 변함없다'고 버텼다. 그러고는 최종 합격자 발표 때까지 그렇게 대답한 것을 후회했다. 다행히 최종 합격했다. 그가 좋게 보고해 준 것인지 아니면 그의 보고가 결과에 영향을 미치지 않은 것인지는 모르겠다. 그때 3차 시험 불합격자가 한 명도 없는 걸 보면 대세가 다른 방향으로 흘러간 것인지도 모르겠다. 어쨌든 나의 사법고시 합격은 여러모로 운이 따랐다. 실제로 그 다음해부터는 시위 전력자들이 3차 면접시험에서 마구 떨어졌다."

28. 사법연수원 시절

"사법연수원 시절은 평탄했다. 적은 액수지만 봉급을 받게 돼 처음으로 경제적 자립을 했다. 아내와 결혼하고 첫애를 낳았다. 처음 만난 때로부터 만 7년, 긴 연애 끝의 결혼이었다.

박원순 변호사, 박시환 대법관, 송두환 헌법재판관, 이귀남 법무부장관, 천성관 전 검찰총장 후보, 이번에 새로 대법관이 된 박병대 판사, 박정규 전 민정수석 등이 모두 연수원 동기들이다. 정치의 길로 들어선 사람도 여럿이다. 조배숙, 박은수, 고승덕, 이한성 의원과 함승희 전 의원 등이 동기다. 작고한 조영래 변호사도 연수원 동기였다. 한참 선배였는데 '서울대생 내란 음모 사건'으로 사법연수원에서 제명됐다가 우리 때 복적이 이뤄져 연수원을 함께 다녔다."

29. 고 조영래 변호사와 민변(民辯)

"조영래 변호사는 내게 많은 영향을 줬다. 판사 임용이 거부됐을 때 김앤장을 비롯해 두어 군데 법무법인과의 만남을 주선해 준 것도 그였다. 1987년 대선 때 그는 '후보단일화' 운동을 주도했다. 재야의 다수가 김대중 후보에 대해 '비판적 지지'로 기울어 있을 때였다. 나는 부산지역에서 그와 입장을 같이했다. 그때 노무현 변호사는 특별한 입장을 가지지 않고 공정선거 감시 활동에 주력했다. 끝까지 후보단일화가 이뤄지지 않아 결국 노태우 후보가 당선되고 말았을 때 우리는 크게 낙망했다. 얼마 후 '민변'을 창립할 때도 함께 의논했다.

민변을 처음부터 전국 조직으로 만들기 어려워서 '서울민변'을 창립할 때 나는 부산에서 별도로 '부산·경남 민변'을 창립했다. 그는 엄청난 골초였다. 특히 글을 쓸 때 담배를 입에서 떼지 않았다. 그의 명칼럼, 명변호문이 모두 자욱한 담배 연기 속에서 쓰였다. 어느 날 부산에 와서 함께 생선회로 점심을 먹었다. 웬만한 골초라도 음식을 먹는 중에

변호사 시절의 문재인 전 대표와 가족들.
왼쪽부터 아내 김정숙씨, 아들 준용, 딸 다혜, 문 전 대표.

는 담배를 피우지 않는데, 그때 그는 음식을 먹다가도 이야기를 할 때면 담배를 피워 물었다. 담배를 절반쯤 피운 다음 껐다가 나중에 남은 담배를 다시 피우는 흡연 습관도 독특했다. '체인 스모킹'이 심각할 정도로 심해져 내가 걱정을 했는데도 듣지 않았다. 그가 말기 폐암이라는 말을 들은 건 그로부터 20여 일 후였다."

30. 판사 임용 탈락

"1982년 8월 사법연수원을 수료하면서 판사를 지망했다. 연수원 성적이 차석이어서 수료식에서 법무부장관상을 받았다. 그런데 막판에 판사 임용이 안 된다고 했다. 지금도 판사임용 면접 장면이 잊히지 않는다. 판사 지망자들은 법원 행정처 차장과 인터뷰하는 절차가 있다. 대부분 1~2분 정도 됐을까, 의례적인 절차였다. 그런데 유독 나 혼자만 30분 정도 면접을 했다. 질문이 많았던 것은 아니었다. '왜 데모를 했나, 그게 언제였나?' 그게 다였다. 그런데 면접관이 그 상황을 이해하지 못했다."

"시위 전력으로 결국 판사 임용이 안 돼 변호사의 길로 나서게 됐다. 그때 나만 판사 임용이 안 된 게 아니었다. 연수원 동기 중에 여성이 딱 2명 있었다. 그중 한 명이 연수원 전체 3등으로, 대한변협회장상까지 받았다. 그녀의 아버지가 반공법 위반으로 복역 전과가 있고 보호관찰 대상자였는데, 연좌제가 없어지고 난 후였는데도 아버지의 반공법 전과 때문에 판사 임용이 안 됐다. 그 때문에 다른 여성 동기와 함께 검찰로 갔고 둘이 사상 첫 여성 검사가 됐다. 심지어 그때 법원은 소아마비

장애가 있는 동기생 4명을 임용에서 제외해 엄청난 여론의 비판을 받기도 했다. 결국 법원은 3개월 후에 그들을 판사로 추가 임용하는 것으로 손을 들었지만, 당시 법원의 의식 수준이 그 정도였다. 그런 것들을 보면 내가 판사로 임용되지 않은 것은 외압 때문이 아니었다. 법원, 특히 당시 대법원의 시대에 뒤처진 의식이 스스로 낙후된 결정을 내리게 한 것이다."

31. 노무현과의 만남

"그래서 어쩔 수 없이 변호사의 길로 들어서게 됐다. 그 길목에서 노무현 변호사를 만나게 됐다. 나를 변호사가 되게 한 그 모든 과정이, 결국은 노무현 변호사를 만나기 위해 미리 정해진 운명적 수순처럼 느껴진다."

"나와 노 변호사를 연결시켜 준 건, 내 사법고시 동기이자 후임 민정수석을 하기도 한 박정규였다. 그 과정과 인연이 묘하다. 박정규는 사시에 늦게 합격했다. 우리 동기들 가운데 나이가 몇 번째로 많았다. 그래서 일찌감치 연수원 마치면 변호사의 길을 가겠다고 생각했었다. 그는 옛날 김해 장유암에서 노 변호사와 고시공부를 함께했던 인연이 있었다. 당시 먼저 고시에 붙어 판사를 마치고 부산에서 변호사로 활동하는 노 변호사로부터 '같이 일하자'는 제의를 받은 터였다. 노 변호사는 연수원을 마치고 합류할 박정규를 위해 자신의 사무실에 방과 책상까지 모두 마련해 놓았다. 그런데 문제가 생겼다. 내려오기로 한 박정규가 검사로 임용된 것이다. 노 변호사가 준비했던 계획이 시작도

하기 전에 허사가 됐다. 그러니 박정규는 노 변호사에게 미안해하다가 마침 내가 변호사를 하게 되자 자기 대신 나를 소개한 것이었다. 한번 만나보라고 해 노 변호사를 찾아갔다. 나는 그때까지 노 변호사를 전혀 몰랐다. 생판 초면이었다."

32. 첫 대화

"차 한잔을 앞에 놓고 꽤 많은 이야기를 나눴던 기억이 난다. 내가 학창 시절 데모하다 제적당하고 구속됐던 얘기, 그 때문에 판사 임용이 안 된 얘기…. 노 변호사는 자신이 변론했던 '부림사건' 경험을 얘기하면서 그런 일로 판사 임용이 안 된 것에 대해 진심으로 함께 분노해주었다. 그리고 당신의 꿈을 얘기했다. 인권변호사로서 어떻게 하겠다는 얘기는 아니었고 깨끗한 변호사가 되고 싶다는 소망을 얘기했다. 특히 '깨끗한 변호사'는 해보니 마음처럼 쉽지가 않더라고 고백했다. 나하고 같이 일을 하게 되면 그걸 계기로, 함께 깨끗한 변호사를 해보자고 했다. 따뜻한 마음이 와 닿았다. 그날 바로 같이 일을 하기로 결정했다. 사무실을 둘러봤다. 정말이지 나는 몸만 들어가도 될 정도로 준비가 돼 있었다. 〈변호사 노무현·문재인 합동법률사무소〉에서 내 변호사로서의 인생이 시작되는 순간이었다."

33. 선배와 친구

"노 변호사는 나를 편하게 대해줬다. 그분은 나를 '친구'라고 표현했지만 사실이 아니다. 그 표현에는 사연이 있다. 대선을 치르던 2002

1988년 총선에 출마한 노무현 변호사는 "노무현과 함께 사람 사는 세상으로"라는
구호를 내세워 당선됐다.

년 나는 부산 선거대책 본부장을 맡았다. 부산 선대본부 출범식에서 노 후보가 그 표현을 쓰셨다. '사람은 친구를 보면 어떤 사람인지 알 수 있다고 하지 않습니까. 노무현의 친구 문재인이 아니고 문재인의 친구 노무현입니다.' 선대본부장이라는 체질에 맞지 않는 직책을 맡아준 후배에게 고마운 마음을 그렇게 표현한 것이다. 실제로는 나이도 여섯 살 차이가 나고 고시도 5년 위면 대선배다. 그런데 그 말씀 덕분에 나는 지금도 과분하게 '노무현의 친구'라는 호칭을 듣고 있다."

34. 인권변호사, 운동권 변호사

"처음부터 인권변호사의 길을 걸으려고 작정했던 것은 아니었다. 우리를 찾아오는 사건을 피하지 않았고 그들의 말에 공감하면서 열심히 변론했다. 차츰 우리는 부산 지역 노동인권 변론의 중심 역할을 하게 됐다. 부산 지역뿐 아니라 그때까지 인권변호사가 없었던 인근의 울산, 창원, 거제 지역 사건까지 맡게 됐다. 부산과 서울의 학생운동 조직이 함께 기획한 부산 미 문화원 점거 농성 사건, 부산상공회의소 점거 농성 같은 사건도 맡았다."

"부산 재야를 이끈 분이 송기인 신부님과 작고하고 지금은 안 계신 부산중부교회 최성묵 목사님이었다. 소설가 요산 김정한 선생은 연로하셨지만 늘 우리를 격려해 주고 중요할 때엔 직접 나서주기도 했던 정신적 지주였다. 이분들을 중심으로 1984년 무렵부터 재야민주화운동 단체와 인권 단체가 복원되기 시작했다. 석방된 부림사건 멤버들이 주로 실무 역할을 맡았다. 1984년에 처음 복원된 재야민주화운동 단체가 공해문제연구소 부산지부였다. 공해문제연구소는 정호경 신부님이 이사장을 맡았고 최열씨가 실무 일을 꾸렸다. 부산에선 그 이름만 빌렸을 뿐 실제로 그쪽과 연계가 있었던 건 아니었다. 그때까지만 해도 민주화운동을 직접 표방하기가 두려웠던 시기라 에둘러 반공해 단체를 표방한 것이다. 물론 부산의 재야인사들이 거의 다 모인 단체였다. 송기인 신부님이 대표를 맡았다. 처음에는 내가 먼저 발기인으로 참여를 했다. 정식 출범할 땐 노 변호사도 함께 참여했다. 같이 이사직을 맡았다."

"1985년 부산민주시민협의회(약칭 부민협)가 설립됐다. 서울의 민통련과 같은 성격이었다. 부산의 모든 재야를 망라하는 조직이었다. 부산 민주화운동의 구심체를 마련한 것이다. 후에 1987년 6월 항쟁을 주도한 국민운동본부도 부민협이 중심이 됐다. 부민협 대표도 송기인 신부님이 맡아주셨다. 탄압을 각오해야 했던 시기여서 3·1운동 식으로 33명이 비장하게 대표 발기인으로 나섰다. 나는 노 변호사와 처음부터 발기인으로 참여했다. 나중엔 상임위원도 맡았다. 노 변호사는 노동분과 위원장을 맡았고 나는 민생분과 위원장을 맡았다. 그것으로 둘 다 재야 운동에 깊숙이 발을 내디뎠다. 노 변호사나 나나 개신교 신자는 아니었지만 나중에 만들어진 부산NCC인권위원회에도 인권위원으로 함께했다. 사람이 많지 않으니 민주화운동 단체나 인권 단체에 두루 발을 걸치지 않을 수 없었다. 변호사로서의 의무나 사명이라고 생각했다."

"특히 노 변호사는 마치 운동에 처음 뛰어든 대학생처럼 열정이 넘쳤다. 또한 헌신적이었다. 당신의 삶 자체를 민중적인 삶으로 바꿔야

변호사 시절의 문재인 전 대표(왼쪽)와 노무현 전 대통령(오른쪽).
1년에 두 번 사무실 전 직원이 가족 동반 야유회를 가곤 했다.

한다는 생각을 가졌다. 이전의 생활방식을 바꾸려고 노력했다. 식사도 비싼 음식을 피했고 술도 비싼 술을 피했다. 좋아하던 요트 스포츠도 그만뒀다. 그런 모습 때문에 나는 지금까지도 골프를 치지 않는다. 그 시절 골프장 건설을 강력하게 반대하는 환경운동가들의 주장에 동조하면서 다른 한편으로 골프를 친다는 것은 용납할 수 없는 일이라고 생각했었다. 술도 마찬가지다. 양주나 와인보다 소주나 막걸리가 편하다. 술은 1차에서 끝내고 내가 선택할 수 있는 한 폭탄주도 마시지 않는다."

35. 1987년 6월 항쟁

"나는 6월 항쟁이야말로 우리나라 민주화운동사에서 가장 높이 평가받아야 할 운동으로 생각하고 있다. 4·19나 광주항쟁은 다분히 우발적이거나 자연발생적이었던 측면이 있다. 반면 6월 항쟁은 명확한 목표를 설정한 '국본'이라는 연대투쟁기구가 결성돼 그 지휘하에 직선제 개헌의 목표를 쟁취할 때까지 시종일관 계획적이고 조직적으로 운동을 전개했기 때문이다. 우리 민주화운동사에서 유일한 사례가 아닐까 싶다.

또 6월 항쟁은 전국적으로 전개된 민주화운동이었는데, 나는 그 운동의 중심을 서울이 아닌 부산으로 평가해야 마땅하다고 생각한다. 나는 6월 항쟁의 역사를 정리하는 데 있어 부산의 역할이 제대로 평가받지 못하고 서울 지역 중심으로 서술되는 현실이 안타깝다. 서울 중심 사고의 산물이라고 하지 않을 수 없다. 부산 시민들의 책임도 없지 않다. 3당 합당 이후 부산 시민들 의식이 보수화함으로써 6월 항쟁에 대한 정당한 평가를 부산 시민 스스로가 소홀히 하게 됐기 때문이다. 3당 합당 이전의 부산은, 부마항쟁으로 유신독재를 끝내고 6월 항쟁으로 5공 독재를 끝냈듯이, 부산이 일어서면 역사를 바꾼다는 시민들의 자부심이 충만했다. 그런 전통 야도(野都)였던 부산이 3당 합당으로 하루아침에 여도(與都)로 바뀐 후 오늘날까지 한나라당 일색에서 벗어나지 못하고 있는 것이 참으로 안타깝다."

36. 정치인 노무현에게 변호사로 돌아올 것을 권하다

"노 변호사는 당선되자마자 국회 청문회 스타가 돼 우리를 뿌듯하게 만들었다. 그러나 영광도 컸지만 좌절과 고통도 많았다. 나는 그의 좌절과 고통을 볼 때마다 그의 정치 입문을 찬성했던 것을 후회했다. 그도 힘들 때는 '당신들이 정치로 내보냈으니 책임지라'고 농담처럼 말하곤 했다.

실제로 그에게 변호사로 돌아올 것을 권유한 적도 두어 번 있다. 국회의원에 낙선해 원외에 있을 때였다. 정치를 영 그만두라고 권유한 것은 아니다. 고생하며 원외활동을 하니 변호사로 돌아와서 인권변호사 활동과 지역 활동을 하면서 지역 기반을 더 닦고 선거 때가 돼 해볼 만하면 그때 다시 선거에 나서면 되지 않느냐는 논리였다. 그러나 빠져나오지 못했다. 정치를 그만둘 기회가 한 번 있긴 했다. 종로를 버리고 부산 강서에서 출마해 낙선했을 때였다. 그때 그는 내게, 이번에 낙선하면 정치를 그만두겠다고 말했었다. 그런데 낙선하자 오히려 원칙의

2002년 대선에서 당선된 후 지지자들의 환호에 답하는 노무현 당선자.
노 당선자 뒤에 문재인 변호사의 모습이 보인다.

정치인, 바보 노무현으로 국민들에게 감동을 주는 이변이 일어났다. 그 힘으로 재기했고 끝내 대통령이 됐다. 그러나 비운의 일을 겪고 나니 역시 처음부터 정치세계로 들어가는 것을 말렸어야 했다는 회한이 남는다."

37. 부산 동의대 사건과 용산참사

"(동의대 사건) 진압에 투입돼 목숨을 잃은 경찰관이나 그날 농성 중에 사건이 발생해 구속되고 형을 살았던 학생들이나 모두 시대의 피해자들이었다. 가해자가 있다면 그런 상황을 만든 독재정권이었다. 그런데도 아직 그 경찰관들을 학생들에 의한 피해자로 부각시키면서 증오와 적대를 키우려는 시도가 계속되고 있다."

"(동의대 사건) 재판 과정에서 명확히 확인된 것은 경찰의 작전 책임이었다. 사망한 7명의 경찰관 중 4명은 소사(燒死·불에 타죽음)가 아니고 추락사였다. 사고장소는 7층이었다. 고층건물 진압 작전은 투신이나 추락에 대비해 반드시 건물 주변에 매트리스와 안전그물을 설치하게 돼 있다. 그날 경찰은 매트리스와 안전그물을 가져가긴 했으나 건물 입구에 쌓아만 두고 설치는 하지 않은 채 작전을 개시했다."

"작전상의 안전소홀 책임은 또 있었다. 농성 학생들이 7층에서 화염병을 제작해 다량의 화염병과 유류를 보유하고 있다는 사실은 학교당국도 경찰도 모두 알고 있었다. 어쨌든 경찰이 지극히 기본적인 안전수칙에 따라 화염병 불꽃을 끈 다음 수색에 들어가기만 했으면 화재 발생도 인명피해도 생기지 않을 수 있었다."

"그와 같은 경찰의 무반성이 최근의 용산참사를 낳았다. 용산참사 역시 고층 망루 안에 인화성 유류가 잔뜩 있음을 뻔히 알면서도 그에 대한 대비 없이 진압을 서두르다 경찰관까지 포함해 아까운 인명을 잃게 된 점이 동의대 사건과 똑같다."

"다행히 (동의대 사건) 피고인들 모두 복역 중에 형집행정지로 순차적으로 석방됐다. 그리고 국민의 정부 때인 2002년, 그중 46명이 '민주화보상심의위원회'에서 민주화운동 관련자로 인정받았다. 이들이 민주화운동 관련자로 인정됐다고 해서 순직 경찰관에게 모욕이 되는 것은 아니다. 경찰관은 경찰관대로 직무에 충실하다가 순직해 국가유공자가 된 것이다. 그럼에도 이들의 민주화운동 관련자 인정이 순직 경찰관들을 모욕하는 것인 양 오도하면서, 증오를 부추기는 사람들이 있다."

38. 노무현-정몽준 간의 단일화 과정

"후보단일화에서 극적인 반전드라마가 다시 연출됐다. 그러나 난관이 또 기다리고 있었다. 정몽준씨가 '연합정부' 사실상 '권력의 반'을 내놓으라고 요구했다. 뿐만 아니라 그걸 명문화해 달라고 했다. 그냥 반이 아니라 내각의 어느 자리를 나누자고 특정을 하자는 것이었다. 민주당 사람들은 대부분 그냥 그렇게 하자고 했다. 어차피 '정치적 약속'이니 나중에 상황에 따라 대처하면 된다는 논리로 노 후보를 설득했다. 설득 정도가 아니라 압박이었다. 노 후보는 버티는 것을 대단히 힘들어했다. 내게 의견을 물어왔다.

나는 '원칙' 얘기를 했다. '우리가 쭉 살아오면서 여러 번 겪어봤지만 역시 어려울 때는 원칙에 입각해서 가는 것이 가장 정답이었다. 뒤돌아 보면 늘 그것이 최선의 선택이었다. 그땐 힘들어도 나중에 보면 번번이 옳은 것으로 드러났다. 노 후보님의 생각이 옳다고 생각한다'고 말씀 드렸다. 외로우셨던지 당신 생각을 지지하자 매우 기뻐했다."

39. 청와대행(行)

"2003년 1월 13일 이호철과 함께 당선인을 다시 만났다. 사직동 근처 어느 한정식집이었다. 당선인은 무거운 얘기를 꺼냈다. 나에게 청와대 민정수석비서관을 맡아달라고 했다. 달리 맡길 만한 사람이 없다는 말씀이었다. 이호철에게도 무슨 일이든지 맡아서 도와달라고 했다. 우리 반응이 떨떠름하고 미지근하게 보였던지 당선인은 '당신들이 나를 정치로 나가게 했고 대통령을 만들었으니 책임져야 할 것 아니냐'는 말씀까지 했다. …

당선인에게 이렇게 말씀드렸다. '제가 정치를 잘 모르니 정무적 판단이나 역할 같은 것은 잘 못할 것 같습니다. 그러나 원리원칙을 지켜나가는 일이야 할 수 있지 않겠습니까. 제가 해야 하는 역할을 그렇게 생각하신다면 저를 쓰십시오.' 그러면서 두 가지 조건을 말씀드렸다. '민정수석으로 끝내겠습니다.' '정치하라고 하지 마십시오.' 당선인은 매우 기뻐하면서 그러자고 했다."

40. 반기문

"당선인은 외교보좌관을 안정적인 인물로 임명해 균형을 맞추고자

했다. 나는 외교부 고위관료들을 검토한 끝에 반기문 유엔본부 대사를 외교보좌관으로 추천했다. 당선인은 외교안보 분야 자문팀 의견까지 들어본 다음 그를 외교보좌관으로 임명했다. 사실 그는 문민정부 때 이미 외교안보수석을 했고 국민의 정부에서도 차관을 해서 이미 차관급 자리를 두 번이나 거쳤다. 차관급인 외교보좌관을 할 '군번'은 아니었다. 그런데도 그는 외교보좌관 자리를 수락했고 결국 외교부 장관까지 하게 됐다. 그런 다음 노 대통령의 전폭적인 지원에 힘입어 유엔사무총장이 됐다. 문민정부에서 참여정부에 이르기까지 3개 정부에서 정무직을 하고 유엔사무총장까지 됐으니 그는 참으로 관운을 타고난 분이다.

어쨌든 그가 유엔사무총장이 된 첫 출발선이 외교보좌관이었다. 그후 한 번 더 결정적인 기로가 있었다. 외교부 장관 재임 때 발생한 김선일씨 피살 사건이었다. 야당과 적대적인 언론 등에서 장관 사퇴 요구가 거셌다. 민정수석실 조사 결과 문책할 일이 아니라고 결론 내렸다. 나는 두 번 모두 관여한 셈인데 나중에 그가 유엔사무총장이 됐으니 큰 보람이 됐다."

"2006년 10월 13일 밖에서 쉬고 있을 때 반가운 소식이 뉴스로 흘러나왔다. 반기문 전 외교부 장관이 유엔사무총장으로 선출됐다는 소식이었다. 대통령과 청와대가 처음부터 반 총장을 염두에 두고 외교적 노력을 했던 건 아니다. 당초엔 홍석현 주미대사가 그 자리를 꿈꿨다. 차기 사무총장은 아시아 몫이라는 공감대가 있을 때여서 본인이 상당한 노력을 기울이고 있었다. 그러다 안기부 X파일 도청 테이프 사건이 생겨 돌연 낙마했다. 그 바람에 반기문 장관이 후보가 됐다. 참여정부는 그때부터 할 수 있는 외교적 노력을 다했다. 대통령은 모든 순방외교 에서 그의 지지를 부탁했다. 대통령은 김병준 청와대 정책실장을 주요 국에 특사로 보내 지지를 부탁하기도 했다. 임박해서는 다른 국가원수 들에게 전화도 많이 했다. 대통령은 반 총장 선출 소식을 듣고 아주 기 뻐했다. 축하전화로 따뜻한 덕담을 건넸다. 그게 전부였다. 당신이 그 렇게 공을 들여 빛을 본 일이라 생색을 낼 법도 한데 청와대니 부처에 그리 못 하도록 했다. 대통령과 정부가 기울인 그간의 노력이나 비사 (秘史)도, 정부가 생색을 내거나 자축하는 일정도 절제토록 지시했다. 심지어 KBS가 나라의 경사라며 마련한 〈열린음악회〉조차도 정부는 함께하지 말라고 당부했다. 이유는 하나였다. 이제 그가 국제 지도자 로서 소신껏 일을 하도록, 편하게 놔줘야 한다는 이유였다."

41. 분권형 대통령제에 대한 문재인의 시각

"분권형 대통령제 또는 실질 총리제를 위해 국무총리의 국무위원 임 명제청권을 제대로 보장해야 한다는 것이 일반적인 견해인 것 같다. 헌 법에 규정돼 있는 이상 준수하는 것이 마땅하다고 생각한다. 그러나 내가 보기엔 대통령제에 맞지 않는 제도일 뿐 아니라 대단히 위선적인 제도라고 생각한다. 대통령제 아래선 국민에 의해 선출된 대통령이 선거 과정에서 국민들에게 제시했던 정치적, 정책적 정체성에 따라 내 각을 구성할 수 있어야 마땅하다. 국민들에 의해 선출되지 않은 국무 총리가 국무위원 임명에 관여할 합리적 근거가 없다고 본다. 실제로도 연립정부가 아닌 한 대통령의 뜻과 다른 인물의 제청을 고집할 국무총리가 있을 수 있을까? 이는 결코 민주적 제도인 것 같지 않다. 총리의 내각통솔에 필요하다면 총리에게 국무위원 해임건의권을 주는 정도로 충분하다는 생각이다. 언젠가 헌법을 전면적으로 손볼 때가 되면 검토할 필요가 있다고 생각한다."

42. 치아의 직무연관성

"보통 직장은 직책이 높아질수록 일에 여유가 생기는 법인데, 청와대는 행정요원, 행정관, 비서관, 수석비서관 순으로 직책이 높을수록 거꾸로 일이 많았다. 나는 첫 1년 동안 치아를 10개쯤 뽑았다. 나뿐 아니라 이호철 비서관과 양인석 비서관을 비롯해 민정수석실 여러 사람이 치아를 여러 개씩 뺐다. 웃기는 것은 우연찮게도 나부터 시작해서 직급이 높을수록 뺀 치아 수가 많았다. 우리는 이 사실이야말로 직무연관성이 있다는 확실한 증거라며 우스갯소리를 했다."

43. 대북 송금(送金) 특검

"김대중 대통령은 기자회견에서 사전에 (대북 송금 사실을) 몰랐다는 입장을 되풀이했다. 우리는 김 대통령께서 그 일을 직접 지시하시거나 허용하셨다고 해도 당신께 조금도 누가 되지 않는다고 판단했다. 어쨌든 김 대통령의 마지막 기자회견으로 그분의 결단에 의한 통치 행위임을 주장할 여지가 없어졌다. 안타까웠다."

"(대북 송금 특검) 이 문제로 김대중 대통령이나 동교동 측에선 꽤 오랜 시간 서운해했다. 내가 나중에 시민사회수석으로 다시 복귀하면서 인사를 드리러 갔을 때도 김 대통령께서는 내게 섭섭함을 토로하셨다. 기회 있을 때마다 우리의 의도와 진정성을 설명드렸다. 민주당과 열린 우리당의 분당이란 정치상황 때문에 민주당 쪽 정치인들은 두고두고 이 문제를 비난했다."

44. 문재인의 검찰관

"문제의 행사(평검사와의 대화)가 결정될 때 나는 없었다. 장관들과 청와대 수석들이 워크숍을 하는 날이었다. 나는 워크숍에 참석하지 않고 천성산 터널 문제 때문에 1차 단식을 하고 있던 지율 스님을 설득하기 위해 부산에 가 있었다. 대통령이 워크숍 자리에서 전화를 했다. 그런 행사를 하면 어떻겠느냐는 것이었다. 행사는 좋은데 너무 급하게 하지 말고, 사전에 조율해서 하시는 게 좋겠다고 말씀드렸다. 하지만 발표하고 전격적으로 날짜를 잡았다."

"행사가 시작됐는데 이건 목불인견(目不忍見)이었다. 젊은 검사들은 끊임없이 인사 문제만 되풀이해 따지고 물었다. 한 사람이 인사 문제에 대해 질문해서 대통령은 충분히 설명했는데 다음 발언자가 이미 정리하고 넘어간 문제를 똑같이 반복했다. 대통령은 같은 얘기를 계속 반복해야 했다. 인사불만 외에 검찰개혁을 준비해 와 말한 검사는 없었다. 오죽했으면 '검사스럽다'는 말까지 나왔을까."

"참석한 검사들은 각 지역별 또는 그룹별 대표처럼 선출되면서 각자 주문받은 질문이 있었다. 그게 천편일률 인사불만이었다. 게다가

'대통령 앞에서 절대 기죽지 말고 인사 문제를 단단히 따지라'는 요구를 받아온 모양이었다."

"부임했을 때 민정수석실에 검찰과의 핫라인이 있었다. 청와대엔 일반 부처와 연결되는 공용전화 회선이 있다. 유일하게 검찰과의 전용회선이 민정수석실에 연결돼 있었다. 바로 끊도록 했다. 민정수석실엔 검찰이 제공한 차량도 있었다. 청와대 업무차량이 부족해 과거부터 검찰이 편의를 제공해 오던 것이다. 사소한 일 같지만 그런 것들이 검찰의 정치적 중립을 훼손한다고 생각했다."

"이명박 정부 들어서자마자 그들은 순식간에 과거로 되돌아가 버렸다. 이명박 정부 출범과 함께 한꺼번에 퇴행해 버린 것이 어이없고 안타깝다. 검찰을 장악하려 하지 않고 정치적 중립과 독립을 보장해 주려 애썼던 노 대통령이 바로 그 검찰에 의해 정치적 목적의 수사를 당했으니 세상에 이런 허망한 일이 또 있을까 싶다."

"정치검찰의 행태에 대한 확실한 청산을 하고, 그 토대 위에서 검찰의 중립성을 보장했어야 했다. 집권자의 선의로서, 정치권력이 검찰에 간섭하지 않는다는 수준에 머무른 나이브한 자세, 그리고 정권의 교체와 더불어 곧 정치검찰의 폐습으로 역행한 사태는 반성되어야 한다."

"우리나라 검찰은 세계에서 유례없이 많은 권한을 함께 다 가지고 있다. 이 문제를 여기서 소상히 전부 다룰 수는 없다. 단지 두 가지만 지적하고자 한다. 첫째, 수사권은 경찰에, 기소권은 검찰에 분리 귀속시킴으로써 서로를 견제할 수 있게 만들어야 한다. 둘째, 고위공직자비리수사처(공수처)라는 독립기관을 만들어, 검찰을 포함한 모든 고위

공직자를 성역 없이 수사할 수 있게 해야 한다."

45. 국정원 개혁

"나는 (대통령에 대한 국정원장의) 주례 대면보고와 독대보고를 없앤 대통령의 조치를 지지했지만 한편으로는 그런 조치가 국정원의 사기를 떨어뜨리고 국정원장의 조직 장악력을 떨어뜨리지 않을까 염려됐다. 국정원 내부에서 대통령이 관심을 가지지 않는 정보보고를 계속해야 하느냐는 동요의 목소리가 들려왔기 때문이다."

"대통령은 국정원의 탈정치·탈권력 의지가 강한 나머지 거의 강박감을 가진 것처럼 느껴질 정도였다. 청와대 내부에서 일부 사람들이 나를 국정원장으로 추천하고 대통령께 직접 건의까지 한 일이 있었다. 하지만 대통령은 전혀 귀 기울이지 않았다. 대통령에게 충성심이나 애정이 강한 사람이 국정원 조직을 이용해 대통령을 도우려는 욕심을 혹시라도 갖게 되면 그게 바로 망하는 길이라는 판단이었다."

46. 고 남상국 대우건설 사장

"벼르기만 하다 못한 경우가 많아 늘 아쉬웠다. 서해해전 희생 장병 가족들이 어렵다는 얘기를 들었다. 내가 만나보려고 하다가 아예 대통령께 말씀드려 대통령이 직접 만나도록 한 적이 있다. 그중에 누군가는 형편이 어려워서 취업을 알선해 주기도 했다."

"대우건설 고 남상국 사장 가족도 그렇다. 실명이 거론된 후 자살하는 일이 생기는 바람에 임기 내내 미안했다. 그 가족들을 꼭 한 번 만나

위로하고 싶었는데 끝내 못 했다. 청와대 나오고 나서까지 못 찾아간 게 아쉬웠다. 얼마나 우리를 원망할까 싶어 늘 마음이 무거웠다. 나중에 그분 딸이 조기숙 수석의 학교 제자여서 우리 쪽이 갖고 있는 미안한 마음을 간접적으로 전달했다는 얘기를 들었다."

47. 참여정부와 노동계의 충돌

"참여정부 초기 정부와 노동계의 충돌로 노정(勞政)관계는 첫 단추부터 잘못 채워진 면이 있었다. 노동계가 참여정부에 대한 기대 때문에 처음부터 서두르거나 과욕을 부린 것일지도 모르겠다. 결과적으로 노동 분야에 있어서 참여정부 개혁을 촉진한 게 아니라 거꾸로 개혁역량을 손상시킨 측면이 크다고 생각한다.

당시 나이스 문제 때문에 만난 전교조 지도부는 풍모나 자세에서 참으로 헌신적인 분들이었다. 그런데 참여정부가 해야 할 근본적 교육개혁 과제가 산적해 있는 과정에서 어찌 보면 기술적 과제라고 할 만한 나이스 문제에 어찌나 비장한 태도로 임하는지 내가 '만주벌판에서 풍찬노숙하며 독립운동하시는 분들 같다'고 화냈을 정도였다. 첫 조각 때 파격이라는 소리를 들으며 임명했던 교육부 장관은 개혁역량을 제대로 발휘해 보지도 못한 채 물러나고 말았다. 그렇게 되면 그 후엔 점차 안정적 인사로 가게 마련이다. 참여정부가 교육개혁을 기대만큼 하지 못한 이유 중 하나였다고 생각한다."

"(이라크에 대한 국군 파병은) 나도 반대였다. 정의로운 전쟁이라고 보기도 어렵고 파병했다가 희생장병이 생기게 되면 비난여론 또한 감당하기 어렵다고 생각했다."

"훗날 대통령은 파병에 대해 '나도 개인이었다면 반대했을 것이다. 그러나 대통령으로서는 불가피했다'고 술회했다. '옳지 않은 선택이었지만 회피할 수 없는 선택이었나'고도 했다."

문재인은 2016년 12월 26일 대한민국 바로 세우기 제2차 포럼에서 다음과 같이 연설했다.

"대한민국 대통령은 무조건 미국 먼저 가야 한다는 고정관념을 이제 극복해야 합니다."

49. 안희정

"내부적으로 가장 아팠던 사건은 나라종금 사건과 대선자금 수사였다. 안희정씨 등 대통령 측근들은 물론, 대통령 선거를 함께 치렀던 집권의 일등공신들이 줄줄이 십자가를 져야 했다.

당시 검찰의 소환 과정은 정말 문제였다. 안희정씨의 경우 처음에 구속영장이 기각됐다. 나중에 영장이 발부돼 수감될 때까지 거의 한 달가까이를 공개적으로 망신을 줬다. 망신 정도가 아니고 마녀사냥을 하듯 했다. 나는 지금도 안희정씨가 검찰에 출두하던 모습을 잊지 못한다. 희대의 파렴치범이 드디어 검찰청사에 등장이라도 한 듯, 당사자를 한가운데 두고 수많은 기자가 밀고 당기고 그를 누추하고 끔찍한

지경의 처지로 만들었다. 국민들 눈에 엄청난 범죄를 저지른 것처럼 그는 만신창이가 됐다."

"사법 처리된 분들의 처지는 모두 딱하고 억울했다. 특히 안희정씨는 더욱 그랬다. 어쨌든 대선 과정에서 본인이 자금을 책임졌던 데다 나라종금 건도 있고 해서 언젠가는 타깃이 될 가능성이 높았다. 대통령에게 부담을 드리지 않기 위해 아예 청와대에 안 들어왔다. 누구는 그에게 당분간 외국에 나가는 게 어떠냐는 제안도 했다. 그러나 본인은 닥쳐올 상황과 정면으로 부딪치겠다고 했다. 그러곤 정면으로 부딪쳤지만 정말로 가혹하게 당했다. 심지어 본인 책임이 아닌 일까지도 본인이 안아 버렸다. 안희정씨뿐 아니라 강금원, 염동연, 정대철, 이상수, 이재정 등 고초를 겪은 분들을 생각하면 미안하기 짝이 없다."

50. 노무현 탄핵과 문재인의 헌법재판소관(觀)

"네팔 카트만두에서 시장과 인근 사원을 구경 다니며 쉬던 중, 우연히 탄핵 소식을 접했다. (인터내셔널 헤럴드 트리뷴) 기사를 찬찬히 읽어보니 국회에서 야당이 노 대통령 탄핵 소추안을 발의했다는 뜻임을 알 수 있었다. 깜짝 놀랐다."

"귀국한 지 얼마 안 돼 대통령 기자회견이 있었다. 옥의 티는 그날 회견에서 대우건설 남상국 전 사장의 실명을 거명해 투신자살의 빌미가 됐던 점이었다. 내가 나중에 '그건 잘못이었다'고 지적하자 대통령은 그 사실을 기억하지 못했다. 실명을 말한 적이 없다는 것이었다. 내가 틀림없다고 하자 기자회견 녹취록을 가져오게 해 확인했다. 대통령은 처음엔 실명을 언급하지 않았지만 나중에 기자의 질문에 답변하면서 그만 실명을 언급하고 말았다. 대통령도 그 사실을 확인한 후 두고두고 후회했다."

"노 대통령에 대한 탄핵 소추는 다행히 기각됐다. 하지만 만약 인용됐으면 어떻게 됐을까? 실제로 헌법재판관 2명은 인용 의견이었다. 같은 의견을 가진 재판관이 다수였다면 대통령은 탄핵되는 것이다. 그런데 누가 그들에게 그런 권한을 줬을까? 국민이 신출한 대통령을 탄핵할 수 있는 권한의 정당성이 어디에 있을까. 국민이 그들을 헌법재판관으로 선출한 것도 아니다. 그들은 대한민국 최고의 재판관인가. 꼭 그런 것도 아니다. 헌법재판관 9인 중 3인은 국회에서 선출하고 3인은 대통령이 지명하므로 적어도 그 6인은 정치적으로 임명된다. 지금은 많이 좋아졌지만 과거에는 정당에 기여를 많이 한 사람을 임명하거나 심지어 공천 탈락자에 대한 배려 차원에서 헌법재판관으로 임명한 사례도 있다. 탄핵제도는 헌법과 민주주의를 수호하기 위해서 마련된 고도의 헌법적 장치인데 정작 헌법재판을 담당하는 재판관들은 대단히 허술하게 정치적으로 임명될 수도 있다. 그리고 그들의 정치적 판단과 결정으로 국민들이 선출한 대통령을 축출할 수도 있다. 탄핵제도는 필요한 제도이다. 그러나 지금 같은 헌법재판관 임명제도는 정말 위험하다고 생각한다."

51. 고위공직자 비리수사처와 국가보안법

"민정수석 두 번 하면서 끝내 못 한 일, 그래서 아쉬움으로 남는 게 몇 가지 있다. 고위공직자 비리수사처(공수처) 설치 불발과 국가보안법을 폐지하지 못한 일도 그렇다."

"국보법 폐지를 위해 노력하지 않은 건 결코 아니다. 대통령까지도 직접 나서서 모든 노력을 다했다. 여당은 대통령의 '국보법 폐지' 발언 직후에야 부랴부랴 구체적인 작업에 나섰다. 이후 과정은 실망스럽기 짝이 없다. 대안을 내놓겠다고 했으나 결론은커녕 보안법 태스크포스를 해산했다. 당시 여당은 과반수 가까운 의석을 가지고도 당내 충분한 논의와 공감대를 형성하지 못했다. 국민에게 제대로 호소하지 못해 여론으로 압도하지도 못했다. 그 점에 대해선 우리 모두의 반성이 있어야 한다. 우리 역량의 부족을 그대로 보여준 일이다."

52. 부산 정권 발언

"부산에서 지방선거를 도우려다 구설수에 휘말려 크게 혼이 났다. 기자가 '이번 지방선거를 어떻게 예상하고 있으며 어떤 선거가 되기를 바라느냐'고 질문했다. 나는 작심하고 부산 시민들의 지역주의를 비판했다. '노 대통령 당선이 부산의 지역주의를 완화시키는 계기가 될 것으로 기대했는데 오히려 지역주의가 더 강고해져 유감이다. 대통령이 부산 출신이고 또 부산에 애정을 많이 가지고 있으니 부산 시민들이 웬만하면 부산 정권이라 생각하고 애정을 가져줄 만한데 전혀 안 그렇지 않으냐. 나는 부산 사람들이 왜 참여정부를 부산 정권으로 생각하지 않는지 이해가 안 간다. 이번 지방선거가 그러한 강고한 지역주의를 허무는 선거가 됐으면 좋겠다.'

어느 신문이 내가 한 발언 중 '부산 정권' 부분만 끄집어내 내가 부산 정권을 내세우면서 지역주의를 부추겼다고 시비를 걸었다. 그런데 열린우리당 사람들이 그 기사를 보고 발끈해서 정색을 하고 나를 비난하고 나섰다. 망국적인 지역감정을 조장하는 발언이라고도 하고 국민을 모욕하는 발언이라고도 하고 광주·호남 사람들의 지지로 참여정부가 출범한 것을 잊은 부적절한 발언이라고도 했다. 내가 평생 동안 제일 많이 욕먹은 일이어서 그 일은 마음속에 상처로 남아 있다. 정치가 더 싫고 무서워졌다."

53. 남북정상회담

"정상회담 이전에 안희정씨와 문성근씨도 각기 대북 접촉을 하긴 했다. 하지만 안희정씨는 북측에서 먼저 제안이 와 한번 의논해 볼 만한 사안인지 확인해 보러 갔던 것이다. 2006년 가을께였다. 안희정씨 판단에 따르면 별 무게감이 느껴지지 않았다고 했다. 국정원에 알려주고는 그걸로 끝냈다."

"문성근씨도 그에 훨씬 앞서 2003년 가을쯤 대통령의 친서를 갖고 북한을 다녀왔다. 정상회담을 추진하기 위한 것이 아니라 남북관계에 임하는 노 대통령의 진정성을 이해시키는 수준이었다."

"문제는 대통령이 승용차를 타고 군사분계선을 넘는 모습이 너무 밋밋할 것 같았다. 그것이 고민이었는데 북측과의 실무협의팀에 있던 의전비서관실 오승록 행정관이 좋은 아이디어를 냈다. 대통령이 군사분계선을 걸어서 넘도록 하자는 것이었다. 잠깐만 발상을 바꾸면 되는 기막힌 아이디어였다."

"대통령은 평소에도 그런 작위적인 이벤트나 연출해서 보여주는 행사를 매우 싫어했다. 할 수 없이 내가 총대를 메기로 하고 대통령이 참석한 실무회의 때 '북측하고 이미 그렇게 하기로 합의를 했다'고 보고드렸다. 그제야 마지못해 수락했다. 다행히 그 후 북측에서도 군사분계선에 선을 긋고 걸어서 넘는 것을 동의해 줘 허위보고를 면했다. 당일 걸어서 노란 선을 넘는 대통령 내외분의 모습은 대단히 인상적이었다."

54. 정동영의 배신

"가장 아픈 건 여당 의원들이 보여준 이른바 대통령과의 차별화였다. 아무리 정치판이라지만 대의나 원칙은커녕 최소한의 정치적 신의나 인간적 도리조차 사라진 듯했다. 대통령은 분노하기도 했지만 한편으로는 안타까워했다. 특히 대통령이 가장 큰 기대를 걸었던 정동영 전 의장의 행보는 그분을 너무 아프게 했다. 대통령은 정동영 전 의장에 대해 사실 각별한 애정과 기대를 갖고 있었다. 당신과의 대선 경선 레이스에 마지막까지 함께해 줬던 그의 모습을 늘 고맙게 기억하고 있었다. 뭐든 도움을 주려 했다. 정 전 의장이 장관을 할 때든 당의장을 할 때든 청와대 참모들에게 그를 도울 수 있으면 최대한 도우라고 각별히 챙기곤 하셨다.

열린우리당이 분당(分黨) 위기로 치닫고 있을 때 대통령과 정동영 전 의장의 중요한 회동이 있었다. 정 전 의장이 나에게 부탁해 이뤄진 자리였다. 그때 정 전 의장 태도는 지금도 이해하기 어렵다. 당시 정 전 의

문재인 전 대표는 청와대 시민사회수석비서관을 그만둔 후,
네팔을 여행하다가 노무현 탄핵 소식을 접했다.

장 쪽 의원들이 선도 탈당을 하고 있을 때였다. 그런 상황에서 그가 대통령을 만나자고 했으면 뭔가 파국을 피할 방안을 가지고 와 대통령에게 이해도 구하고 협조도 요청하는 자리가 될 것으로 생각했다. 그게 아니어도 두 분 사이에 허심탄회한 대화를 통해 오해를 풀고 상황에 대해 이해를 같이하는 내용의 대화가 이뤄질 줄 알았다. 그런데 막상 만나보니 그게 아니었다. 대통령의 탈당 여부를 묻는 질문에 대해 그는 계속 '당적 문제는 본질이 아니라고 생각한다'는 답변만 되풀이했다. 그 말은 탈당을 하겠다는 말이었고 결국은 탈당을 통보하기 위해 만난 모양새가 돼 버렸다. 게다가 끝난 후 회동을 비밀에 부치기로 했는데 무슨 연유였는지 그가 언론에 회동사실을 밝히고 김대중 전 대통령의 방북 지원을 건의했다는 일부 대화내용까지 털어놓았다. 그것으로 두 분의 만남은 뒤끝까지 좋지 않게 끝났다."

"그런데 그(정동영)가 실제로 탈당한 것은 그로부터 두 달가량 지난 후였다. 왜 그렇게 서둘러서 대통령과의 관계를 파탄시켰는지 모를 일이다."

"'힘이 모자라거나 시운(時運)이 안 되면 패배할 수 있는 것이다. 그러나 패배하더라도 우리의 가치를 부둥켜안고 있어야 다음의 희망이 있는 법이다. 당장 불리해 보인다고 우리의 가치까지 내버린다면 패배는 말할 것도 없고, 희망까지 잃게 된다'는 것이 대통령의 생각이었다. 대통령은 '계산하지 않는 우직한 정치가, 길게 보면 자신의 이익을 위해서도 가장 좋은 길'이라고 늘 강조했다."

"대통령은 이런 강조를 늘 했다. '대선에서 질 수도 있다. 이기면 좋지만 늘 이길 수는 없는 것 아닌가. 그러나 패배하면 패배하는 대로 다음에 대한 희망을 남기는 패배를 해야 한다. 그러려면 대의나 원칙을 지키면서 대선에 임해야 한다. 특히 명분을 버리면 안 된다. 대의도 원칙도 명분도 다 버리고 선거에 임하면 이기기도 어렵고 패배 후의 희망까지 잃게 된다."

55. 정치보복

"미국산 쇠고기 수입 문제로 서울은 물론 전국에서 촛불시위가 벌어졌다. (노무현 전 대통령은) 촛불에서 나온 '대통령 퇴진' 구호나 요구가 사리에 맞지 않고 바람직한 일이 아니라며 공개적으로 비판했다. 촛불문화제 이후 청와대로 몰려가려는 움직임도 바람직하지 않다고 공개적으로 우려를 표시했다. 대통령도 우리도 촛불시위의 후속 대응이 정치보복이고 보복의 칼끝이 우리에게 향하리라고는 상상조차 못 했다. 노 대통령과 참여정부에 대한 이명박 정권의 증오심과 적대감이 그때부터 시작됐다는 것도 한참 후에 알게 됐다."

"정치보복의 시작은 참여정부 사람들에 대한 치졸한 뒷조사였다. 이해찬 전 총리, 한명숙 전 총리에 대한 뒷조사가 이뤄지고 있다는 얘기가 들려왔다. 이병완 전 비서실장과 김병준 전 교육부총리는 아예 주변 인물들을 대놓고 잡아들이며 약점을 캐고 있다는 얘기도 속속 들려왔다."

"칼끝은 슬슬 대통령에게 겨눠지기 시작했다. 먼저 대통령 기록물을 두고 망신 주기가 시작됐다. 역사상 가장 많은 기록물을 남기고 이관한 대통령을 '기록물을 빼돌린 파렴치한 사람'으로 몰아가는 코미디가 벌어졌다."

"대통령과 친분이 있는 사람들과 그들의 기업이 표적이 되기 시작했다. 우리들병원 이상호, 김수경 회장이 세무조사를 받은 데 이어 창신섬유 강금원 회장은 검찰 수사를 받았다. 그러다 강금원 회장은 끝내 구속됐다."

"사실 형님(노건평) 문제도 청와대 있을 때부터 각별히 신경 썼던 일이라 아차 싶었다. 세종증권 문제와 박연차 문제도 안 좋은 낌새가 있긴했다. 청와대 있을 때 불미스런 얘기가 들려왔다. 민정수석실 사정비서관실 내 특감반이 관련 첩보를 입수했다. 철저히 알아보라고 지시했다. 특감반 조사에서 기업 쪽 사람들은 매우 강력하게 부인했다. 형님에게도 확인을 했다. 결코 아니라고 했다. 나중에 보니 기업 쪽 사람들과 형님이 사실을 말하지 않은 것이었다. 그땐 모두들 딱 잡아떼니 방법이 없었다. 구속이 임박해 검찰이 영장을 청구할 때엔, 이미 우리가 어떻게 대응할 수준이 아닐 만큼 형님은 그 일에 고약하게 엮여 있었다."

56. 종말

"형님에 이어 정상문 총무비서관마저 불미스런 일로 엮여 구속됐다. 역시 박연차 회장이 고리였다."

"대통령에게 큰 실수를 저지른 권 여사님은 우리에게 너무 면목 없어 했다. 우리가 사건을 파악하기 위해 논의하는 자리에야 어쩔 수 없이 동석하셨지만 그게 아니면 대통령과 같은 공간에 있는 걸 피했다.

우리와 함께 계시다가도 대통령이 오시면 슬그머니 자리를 피했다."

"그 시기 대통령은 좀 이상했다. 당시 대통령도 사실관계를 정확히 모르다가 우리가 사실관계 파악을 위해 권 여사님께 따져 묻고 권 여사님이 점차 더 자세한 이야기를 하는 과정을 지켜보면서 우리와 같이 사실관계를 알게 되는 경우가 많았다.

그럴 때 평소 같으면 굉장히 야단을 치고 화를 내실 만한데도 단 한 번도 그런 모습을 보이지 않았다. 끝내 우리 앞에서는 큰소리 한 번 안 치셨다. 나는 그게 이상하게 보였다. 도저히 달관할 수 없는 일을 달관한 것처럼 보였기 때문이다."

"결국은 내 책임이다. 내가 오랫동안 경제적으로 무능했고 장래에 대해 아무런 믿음을 못 주니 집사람과 정상문 비서관이 그렇게 한 게 아니겠는가. 다 내 잘못이다'라고 우리에게 말했다. '나는 오래 정치를 하면서 단련이 됐지만 가족들은 단련되지 못했다'는 말도 했다."

"대통령은 여사님뿐 아니라 정상문 비서관에 대해서도, 비록 당신 모르게 벌어진 일이지만 모두 끌어안으려 했다. 정상문 비서관에게는 당신이 시켜서 한 일로 진술하라고 시켰다."

"검찰과 언론이 한통속이 돼 벌이는 여론재판과 마녀사냥은 견디기 힘든 수준이었다. 대통령을 아예 파렴치범으로 몰아갔다. 검찰에서는 홍만표 수사기획관이 아침저녁으로 공식 브리핑을 했다. 중수부장 이하 검사들도 언론에 수사상황을 모두 흘렸다. 심지어 검찰관계자라는 이름의 속칭 '빨대'가 이야기를 더 풍부하게 보탰다. 뇌물로 받은 1억원짜리 시계를 논두렁에 갖다 버렸다는 '논두렁 시계' 소설이 단적인

2009년 4월 30일 대검찰청 중앙수사부에서 조사를 받은 후
검찰청사를 나서는 노무현 전 대통령. 뒤에 문재인 변호사의 모습이 보인다.

예이다."

"무엇보다 아팠던 것은 진보라는 언론들이었다. 기사는 보수 언론과 별 차이가 없었지만 칼럼이나 사설이 어찌 그리 사람의 살점을 후벼파는 것 같은지 무서울 정도였다."

"2009년 4월 30일 아침, 대통령이 조사를 받기 위해 서울 대검청사로 출석하게 됐다. 치욕스런 날이었다. 대통령이 사저를 나섰다. 오랜시간 꾹 참고 있던 여사님이 대통령의 뒷모습을 보다가 더 이상 참지못하고 그만 눈물을 펑펑 쏟고 말았다. 대통령이 가던 길을 돌아와 여사님을 다독였다."

"검찰에 도착했다. 이인규 중수부장이 대통령을 맞이하고 차를 한잔 내놓았다. 그는 대단히 건방졌다. 말투는 공손했지만 태도엔 오만함과 거만함이 가득 묻어 있었다. 중수1과장(우병우 전 청와대 민정수석)이 조사를 시작했다."

"대통령은 어쩌다 그런 곤경에 처하게 됐을까. 나는 대통령을 이해할 수 있었다. 그는 가난했다. 가난이 그를 공부에 매달리게 했다. 가난이 그를 인권변호사의 길로 이끌었다. 그가 가난하지 않았다면 자신처럼 힘들었던 사람들에게 관심을 갖지 않았을지 모른다. 그 진정성이 그를 대통령까지 만들었다. 그래도 여전히 그 자신은 가난에서 벗어나지못했다. 노 대통령 서거 후 상속신고를 하면서 보니 부채가 재산보다 4억원가량 더 많았다."

"나중에야 들었다. 서거 직전 마지막 주말을 혼자 지내셨다. 끝까지손에서 놓지 않으려고 했던 '진보의 미래'라는 책 저술도 포기하셨다.

19일 오전에 함께 저술 작업을 했던 윤태영, 양정철 비서관 등에게도 그동안 고생했다며 모든 일을 놓았다. 여러 사람을 만난 것은 그게 마지막이었다. 21일 저녁 동네에 사는 친구 이재우 조합장이 잠시 들른 걸 제외하면 19일 오후부터 23일 새벽까지 그 누구도 만나지 않으셨다. 전날 사저 안에 비서관들이 있는 공간으로 직접 담배를 가지러 가서 잠시 들르셨다. 마치 마지막 작별이라도 하듯 그들을 한동안 물끄러미 보시곤 아무 말씀도 없이 나가셨다. 그리고 23일 새벽 집을 나서, 그 먼 길을 떠나셨다."

57. 국회 진출과 대권 도전

문재인은 2012년 4월 11일 대한민국 제19대 총선에서 부산 사상구에 출마해 국회의원에 당선됐다. 그는 2012년 6월 17일 서대문 독립공원에서 "보통 사람이 중심 된 정의로운 나라를 만들겠다"며 대선 출마를 공식 선언했다. 슬로건은 '사람이 먼저다', 캠프명은 '담쟁이 캠프'였다. 8월 25일부터 9월 16일까지 열린 국민참여경선에서 손학규, 김두관, 정세균과 겨뤄 전국 순회경선 13회 전승을 거두며 민주통합당의 제18대 대통령 선거 후보로 선출됐다.

2012년 12월 19일 선거에서 탈락 후보 사상 최다이자, 역대 대한민국 대통령 선거의 후보들 중 두 번째로 많은 1469만2632표(48.0%)를 득표했지만 새누리당의 박근혜 후보에게 약 100만 표 차이로 패배하였다. 다음날 문재인은 패배를 승복하는 기자회견을 열었다.

"국민 여러분 죄송합니다. 최선을 다했지만 저의 역부족이었습니다.

정권교체와 새 정치를 바라는 국민들의 열망을 이루지 못했습니다. 국민과의 약속을 지키지 못하게 됐습니다. 모든 것은 다 저의 부족함 때문입니다. 지지해 주신 국민들께 머리 숙여 사과드립니다. 선거를 도왔던 캠프 관계자들과 당원 동지들 그리고 전국의 자원봉사자들에게도 깊은 위로를 전합니다. 패배를 인정합니다. 하지만 저의 실패이지 새 정치를 바라는 모든 분의 실패가 아닙니다. 박근혜 후보에게 축하의 인사를 드립니다. 박근혜 당선인께서 국민통합과 상생의 정치를 펴주실 것을 기대합니다. 나라를 잘 이끌어주시길 부탁드립니다. 국민들께서도 이제 박 당선인을 많이 성원해 주시길 바랍니다. 거듭 죄송합니다. 그리고 감사합니다."

2013년 4월 9일 발표된 민주통합당의 대선평가보고서에 따르면, 패배의 주원인은 캐릭터 정립 실패로 국민들에게 인상을 남기지 못했다는 것이었다.

"문재인 후보는 본인의 이미지와 캐릭터를 명확하게 정립하지 못했다. 따라서 국민들에게 강한 인상을 남기지 못했다. 문재인 후보가 얻은 득표의 45%가 안철수 지지자로부터 왔다. 이는 문 후보가 안 후보와 그 지지자들에게 상당한 빚을 지고 있음을 나타낸다. 문재인 후보보다 박근혜 후보가 능력이 훨씬 더 우월하다는 판단이 박근혜 후보 선택의 쪽으로 이동하게 했다."

2012년 12월 20일 대선 패배를 인정한 후 지지자들과 인사를 나누는
문재인 당시 민주통합당 후보.

문재인을 읽는 권력지도

① 통진당 이석기 특별사면 관련

문재인이 민정수석으로 재직하던 시절, 공안사범 이석기가 특별한 이유 없이 두 차례 사면을 받았다. 이석기는 민혁당 사건으로 2002년 구속돼 2003년 반국가단체 구성 등 혐의로 징역 2년 6개월을 선고받았다. 판결문에 의하면, 이석기는 1980년대 초반 한국외국어대(용인캠퍼스) 중국어과 재학생 시절 "김일성은 절세의 애국자" "주체사상은 영원불멸의 등불" 등의 발언으로 후배들의 사상교육을 주도했으며 1989년 민혁당의 전신인 반제청년동맹과 1992년 민혁당 설립에 참여하면서 김일성주의를 지도이념으로 한 계급투쟁을 강조했다.

이석기는 2003년 노무현 정부의 광복절 특사로 곧바로 가석방됐다. 당시 광복절 특사 대상자는 15만명이었는데 공안사범으로는 이석기가 유일했다. 이석기는 2005년에 또 한 번 광복절 특사로 특별복권돼 국회의원 후보 등 선출직에 나설 수 있게 됐다.

통합진보당 비례대표 국회의원이 된 이석기가 또다시 내란 음모를 기도한 혐의로 의원직을 상실하고 구속되면서 노무현 정부 시절 특별사면이 재조명됐다. 특별사면은 대통령의 지시에 따라 청와대 민정수석이 특별사면 대상자에 대한 가이드라인을 정하고 법무부가 이를 진행하는데, 이석기에 대한 두 차례의 사면이 이뤄졌을 때 실무자는 모두 문재인 당시 민정수석이었다.

② 평창 동계올림픽 남북 공동 진행 주장

2012년 대선 과정에서 문재인이 비무장지대의 지뢰를 제거하고 철조망을 헐어서 평창 동계올림픽의 크로스컨트리 경기장을 강원도 고성 지역에 남북이 공동으로 건설하는 것을 추진하겠다고 밝혀 논란이 일었다. 문재인은 2015년 1월에도 평창 동계올림픽 남북 분산 개최를 옹호하는 발언을 하여 논란을 빚었다.

③ 대북 경제제재 조치 해제 주장

광복 70주년을 맞아 천안함 폭침 배후로 지목된 북한에 대한 정부의 제재인 5·24조치를 해제하자는 문재인의 주장이 논란이 됐다. 이는 2015년 8월 4일 북조선의 DMZ 지뢰 도발 사건 직후 나왔다. 또한 북한의 4차 핵 실험에 대응하는 제재 조치로 박근혜 정부가 2016년 2월 개성공단을 폐쇄시키자 문재인은 이를 강하게 비판했다. 문재인은 개성공단 폐쇄 직후, 트위터에서 '개성공단 폐쇄 결정은 박근혜 정부 최악의 잘못이고 개성공단 폐쇄를 제재 수단으로 사용해선 안 된다'며 폐쇄 철회를 요구하였다.

이후에도 문재인은 개성공단 폐쇄를 멍청한 짓이라고 맹비난하며 대통령이 되면 개성공단을 즉각 재개할 것이라고 언급했다. 한국으로 망명한 태영호 전 영국 주재 북한 공사는 개성공단 폐쇄 논란에 대해 "만약 한국이 개성공단을 폐쇄하지 않았다면 다른 나라들이 대북 제재를 따라 왔을지 의문"이라고 했다.

"개성공단은 즉각 재개해야 한다."(2016년 12월 16일 《중앙일보》 인터뷰)

④ 유엔 대북 인권결의안 기권 논란

노무현 정부의 송민순 전 외교통상부 장관은 2016년 발간된 회고록에서 2007년 당시 대통령 비서실장이었던 문재인이 유엔 총회 대북 인권결의안에 대한 대한민국 정부의 방침을 당사자인 북한 측에 문의한 후 결정하도록 주장했다고 밝혀 파문이 일었다. 송민순은 2007년 11월 18일 관계 장관 회의에서 북측의 의견을 확인해 보자고 정한 후 북측에 의사를 물었고, 20일에 북측의 반대 의사를 확인하고 기권 입장을 최종 결정했다고 밝혔다. 문재인이 김만복 당시 국정원장의 제안을 수용해 북한의 의견을 사전에 물어보자고 회의를 정리했다는 의문도 세기됐다. 김만복 전 국정원장은 자신은 그런 제안을 한 적이 없다고 주장하고 있다.

당시 주한 미국 대사 알렉산더 버시바우가 유엔 대북 인권결의안 표결 이틀 전인 2007년 11월 19일 조중표 외교부 1차관을 찾아와 "한국이 찬성 투표해 줄 것"을 마지막으로 요청했지만 명확한 답을 듣지 못했다는 이야기도 있다. 기밀문서 폭로 사이트인 위키리크스에 의하면, 주한 미국 대사관 정무참사관과 만난 대한민국 외교부 담당자가 기권하기로 한 최종 결정은 표결하기 두 시간 전에야 이뤄졌다고 밝혀, 표결 직전까지 미국에 대북 인권결의안 기권 결정이 알려지지 않았던 것으로 드러났다.

즉 문재인 측의 주장대로 16일에 기권 결정 후 18일에 북측에 통보를 했든, 송민순의 회고록대로 18일에 북측에 의사를 묻고 20일에 답변을 받은 후 기권을 결정했든, 미국 측에는 정보 공유를 하지 않고 북한과는 긴밀히 협의하고 있었다는 것이 된다. 이런 논란에 대해 문재인은 "특전사 출신인 저보고 종북이라는 사람들이 진짜 종북입니다"라고 말했다.

⑤ 방북(訪北) 우선 발언 논란

《중앙일보》에서 진행한 도올 김용옥과 문재인의 대담에서 문재인은 대통령 당선 시 미국과 북한을 모두 갈 수 있다면 북한을 먼저 방문하겠다고 답해 논란이 됐다. 다음은 《중앙일보》 보도(2016년 12월 16일)의 요약이다.

문재인 = 남북 관계를 우리가 주도해 나가고 미국의 위성정보보다 더 긴밀한 실제적 정보를 우리가 확보할 때만이 우리가 미국이나 일본을 외교전에서 리드할 수 있다. 그리고 남북 화해야말로 우리의 민생을 궁극적으로 해결하고 젊은이들에게 헬조선을 탈출하는 무궁한 꿈을 제공할 수 있다는 국가 정책 기조에 관한 신념을 나는 확고하게 가지고 있다. 지난번 대선 때도 나는 임기 첫해에 남북 정상회담을 가지겠다, 아니, 당선된다면 취임식 때 아예 북한을 초청하겠다고 공약했다.

김용옥 = 좋다! 지금 당신이 대통령에 당선되었다고 치자! 그리고 지금 북한도 갈 수 있고 미국도 갈 수 있다고 치자! 어딜 먼저 가겠는가?

문재인 = 주저 없이 말한다. 나는 북한을 먼저 가겠다. 단지 사전에 그 당위성에 관해 미국, 일본, 중국에 충분한 설명을 할 것이다.

김용옥 = 촛불시위, 아니 촛불혁명으로 국민 개개인이 모든 이념을 초월해 국가의 정의로운 모습에 대한 자각을 심화시키고 있는 이 시점은 남북문제를 새로운 민생 활로로서 강렬하게 표출시킬 수 있는 절호의 기회다! 여태까지 종북 운운하면서 국민의 삶의 가치를 왜곡시켜 온 구질서에 대한 근원적 항거를 표방해야만 한다.

문재인 = 나는 참여정부에 참여한 것 때문에 죄인으로 규정된다 할 지라도, 할 말은 해야 한다. 참여정부가 국제적 안목에서 비록 미흡한 점이 있더라도 정치적 민주화, 권위주의 타파, 권력기관의 개혁 이런 부분에서 이룩한 진실은 결코 사라지지 않았다. 그 민주의 정신이, 정권이 바뀌면서 사라진 듯이 보였지만 결국 오늘의 촛불집회의 꺼질 수 없는 불꽃으로 되살아나 우리 민족을 휘덮은 먹구름을 불살랐다. 국민으로서 주권자 의식을 심어주고 국민을 국민답게 만들어준 것은 참여정부였다.

⑥ 문재인의 사드 배치에 대한 시각

"사드 배치는 차기 정권의 과제로 넘겨야 한다. 공론화의 과정을 거쳐 미·중과 상의하면서 합리적인 결정을 내려야 한다."

59. 문재인의 박근혜 대통령 퇴진에 대한 시각

"헌법재판소의 결정을 기다리지 말고 즉각 퇴진해야 한다. 탄핵은 국가가 책임을 묻는 것이고 사임은 스스로 반성하면서 책임지는 것이다. 박근혜 리스크를 조기 종식시키는 것이야말로 그가 할 수 있는 최선의 방책이다."

"국민의 선출에 의한 정통성이 사라지고 선출받지 않은 사람이 대행을 하고 있는 비정상적 불확실성이 초래하는 공백, 특히 외교적·경제적 공백을 의미한다. 이 리스크는 하루속히 종식될수록 좋다. 헌재의 판결도 조속히 이뤄질수록 좋다. 헌재도 그런 방향으로 노력하리라고 믿는다."

(헌재가 탄핵 기각을 결정하면 어쩌나?는 질문에 대해) "국민들의 헌법의

2004년 노무현 대통령에 대한 탄핵소추안이 국회를 통과한 후,
문재인 변호사는 탄핵무효 촛불을 들었다.

식이 곧 헌법이다. 상상하기 어렵지만 그런 판결을 내린다면 다음은 혁명밖에는 없다."

60. 문재인의 경제관

"첫째, 경제적 불평등을 혁파할 것이다. 둘째, 그 원천인 재벌을 개혁하고, 정경유착의 고리를 확실히 끊을 것이다. 그들이 반시장적 행위를 하면 법에 의하여 그들을 시장으로부터 퇴출시킬 것이다. 셋째, 이러한 경제민주화는 정치민주화의 확실한 토대 위에서만 가능하기 때문에 정치민주화를 확고하게 성취할 것이다. 넷째, 우리 사회의 불공정, 기회의 불균등을 해소할 것이다. 다섯째, 반칙과 특권을 타파할 것이다. 친일청산·독재 청산을 아직도 못 했는데 이러한 구조를 혁파하고 단호한 응징을 감행할 것이다. 현재 시점에서 나는 추상적인 얘기밖에는 못 하지만 앞으로 구체적인 제도적 방안을 하나씩 선포해 나갈 것이다."

61. 문재인의 언론관

"공영방송의 객관성을 우선 확보할 것이다. 정권의 홍보방송이 될 수 없도록 제도적 장치를 마련할 것이다. 종편의 특혜를 없애고, 재인가 시기에 원칙대로 심사할 것이다."

62. 문재인이 이재명·박원순·안희정·김부겸·반기문 등 경쟁자를 보는 시각

(정치적 계산을 하지 않는다고 했는데 당내 경선이 벌어질 경우 박원순, 안희

정, 김부겸, 이재명 이런 인물은 모두 훌륭한 인재들이다. 이들 중 누구 하나가 그대를 치고 월등히 올라간다면, 막판에 끝까지 버티는 것보다 자기를 접어 그를 지원하는 것이 더 효과가 크다고 판단될 때는 자신을 희생할 수도 있는가? 라는 질문에 대해)

"확실히 말해두겠다. 나는 정권 교체라는 국민의 열망을 구현하는 대의에만 헌신하겠다. 내가 꼭 대통령을 해야 한다는 직위에 대한 집념은 없다. 단지 현재로서는 내가 가장 유력하다고 생각하기 때문에 최선을 다할 뿐이다. 거론된 5명 사이에서 막판에 협력이 이뤄질지언정 치사한 결말은 없을 것이라고 확신한다."

(이재명 성남시장에 대해) "아름다운 현상이다. 이재명 시장에 대한 지지율이 높아지는 것은 우리 더불어민주당의 외연 확장일 뿐이다. 환영한다. 지지자들 사이에서 일어나는 잡음은 선거를 재미있게 만드는 애교로 봐달라."

(반기문 전 유엔사무총장에 대해) "관심 없다. 전망도 할 수 없다."

63. 문재인의 개헌과 제3지대론에 대한 시각

(개헌에 대해) "헌법이 무슨 죄인가? 헌법을 지키지 않아서 생긴 문제인데 개헌을 빌미로 집권의 기회를 노리는 여의도식 셈법은 민심의 바다를 헤쳐나갈 수 없다."

64. 문재인의 발언록 분석

TV조선은 문재인의 최근 두 달간 발언을 분석해 그가 가장 많이 사용한 단어를 분석했다. 다음은 그 요약이다.

"TV조선 취재진은 가장 유력한 대권 주자인 문 전 대표의 발언들을 심층 분석했다. 박근혜 대통령의 1차 대국민 사과 직후부터 현재까지 두 달 동안 모든 연설과 간담회 내용이다. 총 21만 자, 발언 시간은 8시간에 달한다. 전국을 돌며 촛불집회에 참석했던 문 전 대표가 (가장 많이 입에 담은) 최다 키워드는 '촛불'이다. 409번이나 언급됐다. 378번 나온 '탄핵'보다 많다. '정권 교체'는 41번이다. 늘어나는 촛불에 비례해, 문 전 대표의 발언 강도도 갈수록 세졌다.

문 전 대표는 정치권, 공직자, 검찰, 국정원 등을 모두 대청소의 대상으로 규정했다.

'혁명'은 총 97번, '대청소'는 28번 나왔다. '투쟁'과 '대청산'도 자주 등장한다.

노무현 전 대통령과 마찬가지로, 언론에 대한 불신과 적대감도 드러냈다. '언론'이 90번 언급됐고 '종편'은 6번 거론했다. 현 정권의 실책을 지적하는 말은 세월호가 48번으로 가장 많았다. 교과서가 41번으로 뒤를 이었고, 사드도 34번 나온다.

'보수'는 102차례 등장했다. 역시 개혁의 대상으로 지적됐다. '안보'도 75번, 상당히 자주 언급됐다. 안보관을 비판받는 문 전 대표가, 본인을 변호하기 위해 말한 것으로 보인다.

'최순실' 이름은 37번 거론했는데 '정유라'란 이름을 꺼낸 건 단 두 번뿐이다. 문 전 대표 본인도 아들의 취업특혜 논란에서 자유롭지 않단 점을 의식한 것으로 보인다."

① 문재인씨는 북한의 핵무기 공격으로부터 한국과 미군의 생명을 지켜줄 사드 배치를 중국에 물어보고 결정해야 한다는 태도이다. 친중반미(親中反美)이다.

② 그는 유대인 학살을 방불케 하는 북한 정권의 인권탄압 문제를 유엔이 규탄하는 데 동참할 것이냐 아니냐에 대하여도 북한에 물어보고 정하자는 입장이었다고 한다(송민순 당시 외교통상부 장관 증언). 친북(親北)이다.

③ 그는 북한의 핵 위협으로부터 한국과 일본을 지키는 데 도움이 되는 한일군사보호협정에 반대한다. 친북반한반일(親北反韓反日)이다.

④ 그는 부산의 일본 영사관 앞에 허가도 없이 불법설치물인 소녀상을 세우려는 것을 저지한 정부기관을 비난하였다. 대통령이 되어 이런 조치를 밀고 나간다면 한일(韓日)관계는 파탄이 나고 한미일(韓美日) 동맹도 약해질 것이다. 반일반법(反日反法)이다.

⑤ 그는 보수를 불태워 버리자고 선동하고 대한민국의 근본을 바꿔야 한다면서 헌법기관인 헌재가 대통령 탄핵 소추를 기각하면 혁명을 해야 한다고 주장한다. 반한반민주(反韓反民主)이다.

⑥ 문재인의 노선을 요약하면 친북(親北), 친중(親中), 반미(反美), 반일(反日), 반한(反韓), 반법(反法)이다. 이런 노선에 깔린 두 개의 이념은 민족주의로 위장한 인종주의이고 민주주의로 위장한 계급투쟁론이다. 인종주의로 북한 정권을 편들고 미국과 일본에 반대하며 계급투쟁론으로 국가와 국법(國法)을 무시한다.

⑦ 북한 정권은 히틀러 같은 학살집단이지만 동족(同族)이므로 무조건 편들어야 하고, 일본은 우방국이고 민주국가이지만 이민족(異民族)이므로 무조건 반대해야 한다는 생각은 민족주의가 아닌 인종주의인데 이는 히틀러의 아리안 우월주의 및 유대인 학살의 논거와 통한다. 그러면서도 같은 민족인 한국의 보수층을 불태워 타도해야 한다고 주장하는 것은 인종주의보다 더 나쁜 계급적 인종주의자임을 증명한다.

동족이라도 같은 편이 아니면 말살의 대상으로 삼겠다는 것이다. 이는 북한 정권의 민족론과 일치한다. 북한 정권은 김일성에 충성하는 민족만을 민족의 범주에 넣는다. 김일성식 민족주의는 히틀러의 인종주의보다 더 나쁘다. 그래서 문재인은 히틀러보다 더 위험하다. 그가 자유민주주의 체제의 혜택을 다 누리면서 이런 말을 한다는 점에서 히틀러보다 더 부도덕하다.

문재인의 사람들

문재인 국민주권선거대책위원회
소속 정치인 중 원로그룹

한승헌

1934년 9월 29일(양력)
전북 진안

학력: 전주고, 전북대 정치학과 졸업, 전북대 대학원 명예법학박사

경력: 제8회 고등고시 사법과 합격, 서울지검 검사, 한국기자협회 법률고문, 《한겨레신문》 창간위원회 위원장, 언론중재위원회 중재위원, 제17대 감사원 원장, 법무법인 광장 고문변호사, 문재인 선대위 통합정부추진위원회 단장

저서: 《피고인이 된 변호사》《권력과 필화》《한국의 법치주의를 검증한다》(법조 55년 기념선집), 《의혹과 진실-한승헌의 재판으로 본 현대사》《재판으로 본 한국현대사》《하얀목소리》(시집) 등 29권

제19대 문재인 대통령과의 관계 및 인물평: 한승헌 변호사는 '시국 사건 1호 변호사'로 불리며 동백림 간첩단 사건, 김지하 시인의 '오적' 필화사건 등을 맡았다. 김대중 내란음모 사건 때는 공범으로 몰려 투옥되기도 했다. 그는 변호사 자격 박탈, 실형 선고 등 갖은 고난을 겪으면서도 정의의 편에 서는 것을 주저하지 않으면서 법조계의 살아 있는 양심으로 불려왔다. 이번 대선에서는 문재인 선대위 통합정부추진위원회 단장으로 활동했다.

김원기

1937년 2월 16일(음력)
전북 정읍

학력: 전주고, 연세대 정치외교학과 졸업, 서울대 신문대학원 수료

경력: 《동아일보》기자(정치부, 외신부, 사회부), 신민당 원내 부총무, 민한당 정치훈련원 원장, 평민당 원내총무, 신민당 사무총장, 민주당 공동대표, 새천년민주당 최고위원, 열린우리당 최고상임고문 겸 대통령 정치고문, 노무현 대통령 정치 특별보좌관, 더불어민주당 상임고문, 17대 국회 국회의장(상반기), 제10·11·13·14·16·17대 국회의원(6선)

제19대 문재인 대통령과의 관계 및 인물평: 김원기 전 의장은 기자 출신인데도 기자들에게 기삿거리가 될 만한 말을 잘 하지 않는 것으로 유명하다. 김대중 전 대통령과 정치활동을 함께했으나, 김 전 대통령이 95년 새정치국민회의를 창당할 때 "명분이 없다"며 합류를 거부했다. 96년 국민통합추진회의(통추)를 만들어 공동대표를 맡았으며, 이때 노 대통령과 각별한 인연을 맺었다. 이는 2002년 노무현 대통령 후보의 '정치적 사부' 역할을 하는 계기가 됐다. 19대 대선에서는 문재인 국민주권선거대책위원회 상임고문을 맡아 활동했다.

송현섭

1937년 10월 12일(음력)
전북 정읍

학력: 전주고, 성균관대 정치과 졸업, 일본 경응대·게이오대 대학원 수료

경력: 대한하키협회 회장, 아태평화재단후원회 상근부회장, 《전라일보》회장, 대한민국헌정회 부회장, 더불어민주당 최고위원(노인), 제12·13·15대 국회의원(3선·모두 비례대표)

제19대 문재인 대통령과의 관계 및 인물평: 송현섭 전 의원은 1980년대 평민당원으로 정계에 입문한 야권의 원로 정치인이다. 정계에 발을 들이기 직전까지 서울 종합건설 대표이사를 역임했다. 평민당 시절에는 원내 부총무와 원내 사무처장을 지냈고 1991년에는 민주당 총재 사회담당특보로 활동했다. 이후 아태재단후원회 상근부회장, 새천년민주당 총재특보, 열린우리당 후원회장 등을 맡았다. 2012년에는 처음 전라북도 명예도지사에 위촉됐다. 2016년 4·13총선에서는 당 선거대책위원이자 전국노인위원장으로 활동했다. 오랜 기간 당 활동을 통해 탄탄한 지지기반을 갖고 있으며 문재인 대통령과도 가까운 사이인 것으로 알려졌다.

전윤철

1939년 6월 15일(양력)
전남 목포

학력: 서울고, 서울대 법학과 졸업, 서울대 대학원 최고산업과정 수료
경력: 제4회 행정고시 합격, 제13대 수산청 청장, 제10·11대 공정
거래위원회 위원장, 제19·20대 감사원 원장
제19대 문재인 대통령과의 관계 및 인물평: 전윤철 전 감사원장은
평생 관운(官運)이 승했던 인사다. 1966년 제4회 행정고시에 합격
한 후 무려 43년간이나 공직 생활을 했다. 김영삼 대통령 시절 차관
급인 수산청장에 임명된 후 김대중-노무현-이명박 대통령 시절까지
합쳐 무려 7번이나 장관급 이상의 고위직을 맡았다. 공정거래위원
장, 기획예산처 장관, 대통령 비서실장, 부총리 겸 재정경제부 장관,
감사원장을 차례로 맡았다. 장관급 이상 고위직을 12년간 수행하
는 동안 한 번도 해임된 적이 없었다. 이명박 대통령 시절 감사원장
직에서 물러났지만 이는 정권교체에 의한 어쩔 수 없는 해임이었다.
이번 대선 과정에서는 예선과 본선에서 모두 문재인 대통령을 도왔
다. 경선 캠프에서는 공동선거대책위원회 위원장을, 문재인 선대위
에서는 공동중앙선대위원장을 역임했다.

오충일

1940년 4월 16일(양력)
황해 봉산

학력: 성동고, 연세대 신학과, 연합신학대학원 졸업
경력: 한국 기독학생회총연맹 이사장, 6·10대회 관련 구속, 한국기
독교 사회선교협의회 공동대표, 《노동일보》 회장, 대통합민주신당
대표, 새정치민주연합 사무총장, 더불어민주당 상임고문
제19대 문재인 대통령과의 관계 및 인물평: 오충일씨는 원로 목사
다. 하지만 재야(在野)에서 민주화 운동을 해오면서 현 범여권 진영
이 '신당 창당'을 하거나 '통합'할 때 고개를 내밀었다. 1990년 김
대중 총재의 평화민주당과 이기택·노무현 의원의 '(꼬마)민주당'의
통합 때, 91년 신계륜 전 의원 등 재야가 주축이 돼 만든 신민주연
합당과 평민당 간의 통합 때, 2000년 새천년민주당 창당 때에 모두
관여했다. 노무현 대통령 당선자 시절이던 2003년 1월엔 '정치개혁
을 위한 신당' 창당 운동을 벌여 열린우리당 창당에 힘을 보탰다. 그
는 '기독교 대한복음교회' 교단 소속으로 서울·군산복음교회 등에
서 담임목사로 일했다. 최근에는 목회 활동보다는 시민·사회단체
활동에 많은 시간을 할애해 왔다. 오 목사는 2012년에 이어 2017
년에도 문재인 캠프에서 문재인 대통령 만들기에 올인했다.

이헌재

1944년 4월 17일(양력)
중국 상하이(원적: 서울)

학력: 경기고, 서울대 법과대 졸업, 미국 하버드대 경영대학원 최고경영자과정 수료

경력: 제6회 행정고시 합격, 청와대 대통령 경제비서실 근무, 김&장 법률사무소 고문, 금융감독위원회 초대 위원장(장관급), 제18대 은행감독원 원장, 제8대 증권감독원 원장, 금융감독원 초대 원장, 국무총리 직무대행, 부총리 겸 재정경제부 장관, 싱크탱크 여시재 초대 이사장

제19대 문재인 대통령과의 관계 및 인물평: 이헌재 전 부총리는 우리 사회에서 '초일류 경세가'의 입지를 구축하고 있다. '천재급'으로 통하는 빠른 두뇌, 민관을 아우르는 폭넓은 경험, 최고위 의사결정자 위치에서 경험한 몇 차례의 위기 극복 전력이 그를 '국가 위기 전문가'로 만들었다. 외환위기 한복판에서 금융감독위원장을 맡아 2년간 기업·은행 구조조정을 총지휘했고 노무현 정부 때인 2004년엔 경제부총리로 복귀해 신용카드 사태를 진화하고 대통령 탄핵 심판 기간에는 국가 경제를 추슬렀다. 문재인 대통령이 특히 공들인 인사인 것으로 알려졌다.

문희상

1945년 3월 3일(음력)
경기 의정부

학력: 경복고, 서울대 법학과 졸업

경력: 사단법인 한국 JC 제34대 중앙회장, 민주연합청년동지회 중앙회장, 평민당 총재 비서실 차장, 국민회의 총재특보단 단장, 대통령비서실 정무수석비서관, 국가정보원 기획조정실 실장(1급), 노무현 대통령 당선인 비서실장, 노무현 대통령 정치 특별보좌관, 열린우리당 당의장, 제18대 국회 부의장(전반기), 제14·16·17·18·19·20대 국회의원(6선)

제19대 문재인 대통령과의 관계 및 인물평: 문희상 의원은 정치하는 동안 두 명의 대통령(고 김대중 전 대통령, 고 노무현 전 대통령)에 의해 각각 청와대 정무수석과 대통령 비서실장 등 가볍지 않은 자리에 임명되는 영광을 누렸다. 또 당은 비상시국을 책임져 달라(비대위원장)는 막중한 임무도 두 번이나 맡겼다. 좌우명처럼 확고한 믿음과 친화력, 그러면서도 원칙이 녹아 있었기에 가능했던 일이다. 문 의원은 참여정부 시절 초대 대통령 비서실장을 지내면서 당시 민정수석이던 문재인 대통령과 손발을 맞춘 바 있다.

학력: 대전고, 서울대 경영학과 졸업, 서울대 대학원 경영학 석사, 미국 펜실베이니아대 와튼스쿨 경영학 박사

경력: 한국은행 근무, 금융감독원 부원장보, 금융감독원 국제업무 담당 부원장, 제일은행 이사회 부의장, SC제일은행 이사회 부의장, 글로벌금융학회 회장

제19대 문재인 대통령과의 관계 및 인물평: 오갑수 전 금융감독원 부원장보는 문재인 대통령의 대표적인 금융계 인사다. 오갑수 전 부원장보는 문재인 대통령의 대선캠프가 만든 금융경제위원회 위원장으로 활동했다. 오 위원장은 IMF 외환위기 당시 금융감독원 부원장보로 영입돼 국제기구와의 협상과 국가경제 홍보, 해외채권단과의 협상 등을 주관했다. 대우그룹 붕괴와 카드사태 등 당시 금융·기업구조조정을 위주로 구조개혁 작업에 관여했다.

오갑수

1948년 11월 14일(양력)
충남 논산

학력: 광주제일고, 서울대 경영학과 졸업, 서울대 대학원 경영학 박사

경력: 민주화를 위한 전국교수협의회 공동의장, 전국교수공공부문연구회 회장, 경기도교육청 교육감, 더불어민주당 인재영입위원장

저서: 《경제학자, 교육혁신을 말하다》《더불어 행복한 공화국》《김상곤의 교육편지》《뚜벅뚜벅 김상곤 교육이 민생이다》

제19대 문재인 대통령과의 관계 및 인물평: 김 전 교육감은 문재인 대통령과 새정치민주연합이 분당 위기에 놓였던 2016년 5월 당 혁신위원장을 맡으면서 인연을 맺었다. 그 인연으로 지난해 4·13총선을 앞두고 인재영입위원장을 맡기도 했다. 그가 문재인 국민주권 선거대책위원회 공동선대위원장을 맡은 것은 문재인 대통령의 삼고초려가 있었기 때문이라는 후문이다. 2014년 6·4지방선거 후보 경선에서 김진표 의원에게, 7·30 수원을 재선거 때는 백혜련 의원(전략공천)에게 밀리는 등 정치권과의 궁합은 잘 맞지 않지만, 정치적 야심은 작지 않다는 것이 정치권 인사들 평이다.

김상곤

1949년 12월 5일(양력)
광주

학력: 이화여고, 이화여대 영어영문학과 졸업

경력: 한국여성평우회 공동대표, 한국여성단체연합 상임부회장, 아시아의 평화와 여성의 역할 평양심포지엄 한국대표, 한국여성단체연합 공동대표, 제15·16·17·18·19대 국회의원(5선)

저서: 《한국의 가난한 여성에 관한 연구》《엄마 국회의원 왜 해》《서른한살 당신이 행복한 나라》

제19대 문재인 대통령과의 관계 및 인물평: 5선까지 한 이미경 전 의원은 한명숙 전 국무총리의 이화여대 후배로 그와 한국여성단체연합 등에서 함께 시민운동을 한 인물이다. 지난 20대 총선에서는 공천을 받지 못했다. 국회의원 시절에는 중진 중 손꼽히는 소신 개혁파였다. 그는 이번 문재인 선대위 공동중앙선대위원장을 역임했다.

이미경

1950년 9월 20일(양력)
부산

학력: 남성고, 서울대 법과대 졸업, 서울대 경영대학원 최고경영자과정 수료

경력: 71동지회 회원, 신민당 창당 정책위원, 평민당 창당발기인, 제14·15·17·18·19·20대 국회의원(6선), 19대 국회 후반기 부의장

제19대 문재인 대통령과의 관계 및 인물평: 학생 운동권 출신인 이석현 의원은 '서울의 봄' 당시 민주연합청년동지회(연청) 최연소 운영위원을 시작으로 민주화 운동에 뛰어들었다. 김대중 전 대통령 계열로 분류된다. 김 전 대통령 비서로 3년간 일했다. 이 의원은 1997년 8월 외국인에게 돌릴 목적으로 제작한 명함에 나라 이름을 '남조선'이라고 적어 이른바 '명함파동'을 일으킨 바 있다. 당시 그는 "한자권 공산국 사람들은 남조선이라고 해야 잘 알기 때문에 남조선을 괄호 안에 부기했으며, 이 명함을 로스앤젤레스에서 쓸 때 '남조선'을 지우고 썼다"고 해명했다. 이번 대선 때는 문재인 선대위 공동선대위원장으로 활동했다.

이석현

1951년 3월 16일(음력)
전북 익산

박병석

1952년 1월 25일(음력)
대전

학력: 대전고, 성균관대 법학과 졸업(한국외국어대 중어중문학과 중퇴)

경력: 《중앙일보》 편집국 경제2부 부장, 국제담당 부국장대우, 국민회의 수석 부대변인, 서울시 정무부시장, 제16·17·18·19·20대 국회의원(5선), 제19대 국회 부의장(전반기)

제19대 문재인 대통령과의 관계 및 인물평: 그의 어릴 적 별명은 '대추방망이'다. '어려운 일에 잘 견뎌내고 빈틈이 없다'는 말이다. 아직 그대로다. 머리카락 한 올 흐트러진 모습도 보이기 싫어한다. 박 의원은 《중앙일보》 출신인데, 부국장 겸 경제2부장을 할 때 후배들이 기사를 놓치는 건 용서해도 게으른 건 용납하지 않았다고 한다. 정세균계로 분류되지만 계파 색이 옅다는 평가를 받는 그는 이번 19대 대선 과정에서 당내 충청권 국회의원 중 첫 번째로 문재인 대통령 지지를 선언했다. 문재인 선대위 공동선거위원장으로 활동했다.

이해찬

1952년 7월 10일(양력)
충남 청양

학력: 용산고, 서울대 사회학과 졸업

경력: 민청학련 사건 투옥(10년형 선고, 11개월 복역), 광장서적 대표, 김대중 내란음모 사건 투옥(10년형 선고, 2년6개월 복역), 《한겨레신문》 창간발기인, 제38대 교육부 장관, 제36대 국무총리, 노무현재단 제4대 이사장, 제13·14·15·16·17·19·20대 국회의원(7선)

저서: 《민주와 통일의 길목에서》《광주민중항쟁》《세계환경정치》《광장에서 길을 묻다》《기억하는 자의 광주》

제19대 문재인 대통령과의 관계 및 인물평: 이해찬 의원은 노무현 정부 때 총리를 지내고 야당 내 친노 좌장 역할을 해왔다. 총리 재임(在任) 당시 '독선적이고 오만한 정권 2인자' '리더십과 추진력을 겸비한 개혁 총리'라는 양극단의 평가를 받아왔다. 국회에 나가서도 정책에 대한 소신과 논리적 답변에서는 탁월했으나, 야당 의원들과의 '독설 언쟁' 등으로 수차례 물의를 빚었다.

오거돈

1948년 10월 28일
부산 중구

학력: 경남고, 서울대 철학과 졸업, 서울대 행정대학원 석사, 동아대 대학원 행정학 박사

경력: 제14회 행정고시 합격, 전두환 대통령비서실 행정관, 김영삼 정부 부산 동구 구청장, 부산시 교통관광국 국장, 김대중 정부 부산시 행정부시장, 노무현 정부 6·5재보선 부산시 시장 후보, 열린우리당 부산시장 최고상임고문, 세계해사대 이사, 해양수산부 장관, 부산대 해양연구소 석좌교수, 동명대 제8대 총장

제19대 문재인 대통령과의 관계 및 인물평: 노무현 정부때 해양수산부 장관을 지냈다. 부산시장에 출마했으나 당선까지 되지는 못했다. 지방행정 전문가로 노력파에 추진력이 강한 인물로 평가받고 있다.

강대우

1952년 8월 10일(양력)
경남

학력: 한양대 자원공학과 졸업, 한양대 대학원 자원공학 석·박사
경력: 동아대 공과대 자원공학과 부교수, 자원공학과 교수, 에너지
자원공학과 교수, 제6회 동시지방선거 예비후보자(부산교육감)
제19대 문재인 대통령과의 관계 및 인물평: 강대우 교수는 부산시
교육감에 출마했지만 꿈을 이루지 못했다. '교육의 정상화'와 '공평
교육'의 실현을 내걸고 "교육의 본질을 훼손하는 어떠한 정치적, 이
념적 간섭도 배제하겠다"고 밝혔다. 이를 위해 ▲국제중·자율고·
특목고→일반계 전환 ▲별도 교무행정지원 요원의 교무실 상근 제
도화 ▲등하교 자녀안심 모바일 시스템 구축 ▲임기 내 중학교 무
상급식 추진 ▲관리직 교원(교장·교감·각 부장)에게 시간 외 수당
지급, 유치원·보육교사 처우 개선 위한 행정지도 강화 ▲맞춤형 예
체능 특활교육 강화 등을 공약으로 제시한 바 있다. 이번 대선 과정
에서 그는 문재인 선대위에 합류했다.

성경륭

1954년 10월 2일(양력)
경남 진주

학력: 부산고, 서울대 사회사업학과 졸업, 서울대 행정대학원 행정
학 석사, 스탠퍼드대 대학원 중소기업생산관리학 박사
경력: 노무현 대통령 당선자 취임사준비위원회 위원, 청와대 국가균
형발전위원회 위원장, 대통령비서실 정책실 실장, 한림대 사회과학
대학 학장, 더불어민주당 포용국가위원회 위원장
제19대 문재인 대통령과의 관계 및 인물평: 성경륭 한림대 사회과
학부 교수는 노무현 정부에서 국가균형발전위원장과 마지막 청와
대 정책실장을 지냈다. 그는 18대 대선에서 문재인 대통령을 도왔
던 조대엽 고려대 노동대학원장, 김기정 연세대 행정대학원장, 송재
호 제주대 관광개발학과 교수, 정해구 성공회대 사회과학부 교수,
박승후 경기대 사회복지학과 교수, 김수현 세종대 공공정책대학원
교수와 함께 심천회라는 모임을 만들었다. 2013년 2월 박근혜 전
대통령의 취임식 직후 만들어진 심천회는 문 대통령의 대선 재도전
을 준비했던 모임이다. 한 달에 한 번씩 문 대통령과 4년 내내 만나
며 의견을 교환했다.

이호철

1958년 12월 21일(양력)
부산

학력: 경남고, 부산대 졸업

경력: 부산대 총학생회 회장, 부림사건으로 구속, 노무현 의원 보좌관, 16대 대선 부산 선대본부장 특보, 배재 항공여행사 부산지점장, 대통령비서실 민정수석실 민정비서관, 대통령비서실 제도개선비서관, 대통령비서실 국정상황실 실장

제19대 문재인 대통령과의 관계 및 인물평: '386 참모진'의 맏형격인 이호철 전 민정수석은 문재인 대통령과 같은 부산 출신에 경남고 선후배 사이이다. 1981년 부림사건 피의자로 구속됐을 때 노무현 전 대통령이 변호를 맡으면서 문 대통령과의 인연도 시작됐다. 노무현 정부에서 문 대통령과 동고동락했다. 이번 대선에서는 비선 실세에 대한 비판적인 여론을 감안해 부산에 머물렀다. 이 전 수석은 노무현 정부 당시 '386 군기반장'으로 불릴 정도로 막강 실세로 불렸다. 특히 노무현 정부 시절 '안희정 충남지사의 대북비선접촉' '쌀직불금 감사 은폐 청와대 개입 의혹' 등 논란이 불거질 때마다 의혹의 중심에 있었다.

유영진

1959년 7월 12일
경남 통영

학력: 부산대 제약학과 졸업

경력: 부산광역시 약사회 회장, 제18대 대통령선거 민주통합당 문재인 후보 부산선거대책위원회 공동위원장, 제18대 대통령선거 민주통합당 문재인 후보 직능특보, 대한약사회 부회장, 제20대 국회의원선거 비례대표후보(더불어민주당 20번), 제19대 문재인 선대위 특보단장

제19대 문재인 대통령과의 관계 및 인물평: 유영진 전 부산시약사회장은 '약사포럼'을 구성, 문재인 대통령을 지원했다. 문 대통령의 측근이다.

이정호

1959년 7월 21일
부산

학력: 연세대 정치외교학과 졸업, 미국 일리노이대 시카고대학원 정치학 석·박사

경력: 신라대 국제관계학과 조교수, 제16대 대통령직인수위원회 정무분과위원회 전문위원, 대통령비서실 동북아시대위원회 비서관, 대통령비서실 제도개선비서관, 대통령비서실 시민사회수석실 시민사회수석비서관

제19대 문재인 대통령과의 관계 및 인물평: 16대 대선을 한 달 앞둔 2002년 10월 말 부산 지역 교수 20여 명을 규합해 당시 지지도가 바닥이던 노무현 전 대통령의 지지 선언을 이끌어내는 등 학자그룹 내부에서 큰 역할을 한 것으로 알려졌다. 노 전 대통령 최측근이던 이광재 전 의원의 손위처남으로, 이 전 의원이 2003년 10월 청와대 국정상황실장에서 물러나자 두 달 후 사표를 냈다. 2004년 총선 때 열린우리당 부산선대위 사무처장으로 일했고, 이후 혁신관리수석실 제도개선비서관, 시민사회수석실 시민사회수석비서관을 역임했다. 문재인 대통령의 대표적 '전략통'으로 알려졌다.

정재성

1960년 8월 18일(양력)
부산

학력: 동아고, 서울대 법학과 졸업, 서울대 대학원 노동법 석사

경력: 제26회 사법시험 합격, 군법무관, 법무법인 부산 변호사

저서: 《실무체계 계약법》

제19대 문재인 대통령과의 관계 및 인물평: 정재성 변호사는 노무현 전 대통령의 조카사위이다. 정 변호사와 문재인 대통령은 법무법인 부산에서 함께 일하면서 부산·경남 지역 민주화 운동 사건의 변론을 맡으며 인연을 맺어온 사이다. 문 대통령은 노무현 전 대통령이 정계에 입문한 뒤인 1995년 정 변호사와 법무법인 부산을 설립했다. 정 변호사는 이번 대선에서도 문재인 선대위 상임선대위원장 비서실장 격으로 활동했다.

윤태영

1961년 1월 10일
경남 진해

학력: 대신고, 연세대 경제학과 졸업

경력: 이기택 전 민주당 총재 보좌관, 문희상 국회의원 보좌관, 노무현 대통령 당선인 비서실 공보팀 팀장, 대통령비서실 연설담당 비서관, 대통령비서실 대변인, 대통령비서실 제1부속실 실장, 대통령비서실 연설기획비서관, 노무현재단 노무현 사료연구센터 센터장

저서: 《기록》《바보, 산을 옮기다》《대통령의 말하기》《오래된 생각》

제19대 문재인 대통령과의 관계 및 인물평: **윤태영** 전 대변인은 고 노무현 전 대통령의 심중을 읽고 글로 정확하게 옮길 수 있는 거의 유일한 사람이라는 평을 듣는다. 청와대에서 '노무현의 필사'로 불리며 고 노무현 전 대통령의 각별한 신임을 받았다. 이번 대선 과정에서는 경선 때 안희정 충남지사를 도왔다. 경선 뒤에는 건강상 이유로 선대위 합류를 주저했지만 문재인 대통령 측의 잇단 설득으로 합류를 결정한 것으로 알려졌다. 홍보 업무에 탁월한 만큼 대선에서는 메시지 특보로 활동했다.

민홍철

1961년 4월 18일(양력)
경남 김해

학력: 김해고, 부산대 법과대 법학과 졸업, 부산대 대학원 석사

경력: 제6회 군법무관 임용시험 합격, 육군 법무감, 육군 고등군사법원 법원장(준장), 법률사무소 재유 대표변호사, 제19·20대 국회의원(재선), 더불어민주당 제3정책조정위원장, 문재인 선대위 안보(국방) 특보단장

제19대 문재인 대통령과의 관계 및 인물평: **민홍철** 의원은 지역구 내인 김해 부원동의 단칸 셋방에서 5남매의 장남으로 태어나 자랐다. 김해에서 초·중·고를 나와 부산대 법대를 나왔다. 졸업하던 그해 군 법무관 임용시험에 합격, 23년간 군법무관 생활 끝에 육군 고등군사법원장(준장)을 끝으로 2008년 예편했다. 법원장 승진은 노무현 정권 때인 2006년이었다. 최근 민 의원에겐 '능참봉'이란 별칭이 붙었다. 20대 총선에서 그의 지역구인 김해갑에 노무현 전 대통령의 묘소가 있는 봉하마을이 편입돼서다. 자연스레 노 전 대통령의 사저와 묘소를 관리하는 역할을 맡게 됐다. 그는 중도 성향 정치인답게 여야를 막론하고 두루두루 친하다.

학력: 서울 중동고, 경희대 국민윤리학과 졸업

경력: 국가안전기록부(국가정보원) 임용, 국가정보원 인사처 처장, 제15대 대통령직인수위원회 파견근무, 국가정보원 개혁TF 파견근무(2013년 퇴직), 제20대 국회의원, 문재인 선대위 안보(정보)특보단장

제19대 문재인 대통령과의 관계 및 인물평: 김병기 의원은 문재인 대통령이 당 대표일 당시 직접 영입한 인물이다. 김 의원은 김대중 정부 출범 당시 인수위원회에서, 노무현 정부 당시에는 국정원 개혁 태스크포스(TF)에서 파견근무를 했다. 김 의원은 문 대통령과 경희대 동문이다. 대표적 친노 인사로 "대통령 될 사람은 문재인뿐"이라는 말을 달고 살았다고 한다.

김병기

1961년 7월 10일
경남 사천

학력: 부산 동고, 고려대 영어영문학과 졸업, 고려대 대학원 정치외교학 석사, 고려대 언론대학원 최고위과정 수료

경력: 고려대 총학생회장, 청와대 대통령비서실 정무비서관, 열린우리당 최고위원, 더불어민주당 부산시당 위원장, 문재인 선대위 하나 되는 대한민국위원회 공동위원장, 제16·17·20대 국회의원(3선)

제19대 문재인 대통령과의 관계 및 인물평: 김영춘 의원은 고려대 영문과 81학번으로 1984년 총학생회장을 지냈다. 고 김영삼 전 대통령(YS)이 민주화추진협의회 공동의장을 지낼 때 비서로 발탁돼 상도동계로 들어왔다. 그 후 청와대 비서관을 지내다 YS의 권유로 1996년 15대 총선 때 신한국당 후보로 정치권에 뛰어들었다. 그는 열린우리당 실패의 책임을 지고 18대 총선 불출마를 선언했고, 이후 부산으로 낙향해 19대 총선에 도전했으나 고배를 마신 끝에 이번 20대 총선에서 나성린 새누리당 후보를 누르고 승리했다. 이번 대선 과정에서는 'YS계 수장' 김덕룡 김영삼 민주센터 이사장과 문재인 대통령 간 '가교역할'을 했다. 문 대통령이 안철수 후보와의 '김덕룡 이사장 영입경쟁'에서 승리한 것은 김 의원의 역할이 컸다.

김영춘

1962년 2월 5일(양력)
부산

정윤재

1963년 8월 20일(음력)
경남 고성

학력: 해동고, 부산대 경제학과 졸업, KDE 국제정책대학원 졸업

경력: 부산대 총학생회장, 지방자치실무연구소 정책연구실 실장, 노무현 의원 정책보좌관, 대통령직인수위원회 정무분과 전문위원, 국무총리비서실 민정2비서관 국장, 대통령비서실 의전비서관, 노무현재단 사무처장(공동)

제19대 문재인 대통령과의 관계 및 인물평: 정윤재 전 비서관은 1986년 학생운동을 하다 구속되면서 당시 인권변호사로 활약하던 노무현 전 대통령과 인연을 맺었다. 2002년 대선 때 노 전 대통령의 부산캠프를 지휘한 그에게는 '부산의 노무현 대리인'이라는 별칭이 따라붙었다. 그는 문재인 대통령과도 아주 가깝다. 2012년 4월 총선에 문 대통령이 출마한 부산 사상은 정 전 비서관이 2004년 총선 때 출마했던 지역구다. 정 전 비서관이 노무현재단 사무처장일 때, 문 대통령은 재단 이사장이었다. 더불어민주당 대선 후보 경선 때는 안희정 충남도지사를 도왔다.

김한정

1963년 9월 6일
경남 함안

학력: 휘문고, 서울대 사회과학대 국제경제학과 졸업, 미국 러트거스대 대학원 국제정치학 박사과정 수료

경력: 민주당 김대중 총재 공보비서, 청와대 대통령비서실 제1부속실 실장, 2012년 문재인 대통령후보자 수행단장, 노무현재단 운영위원, 20대 국회의원

저서: 《나의 멘토 김대중》 《남양주, 날다》 《김한정의 길》

제19대 문재인 대통령과의 관계 및 인물평: 더불어민주당 김한정 의원은 김대중 전 대통령과 가장 오랜 시간을 함께한 현역 정치인으로 꼽힌다. 1988년 DJ의 공보비서로 정치권에 발을 들인 이후 대통령 퇴임 후 비서실장까지 총 28년을 보좌했다. 동교동계 정치인이지만 그는 또 친노(노무현), 친문(문재인)계로 분류되기도 한다. 지난 2012년 대선 당시 문재인 후보의 수행단장을 지냈고, 현재까지 노무현재단 운영위원으로 일하고 있다. 이번 대선에서는 전략본부 부본부장직을 수행하며 문재인 대통령을 도왔다.

학력: 부산상고, 동아대 경영학과 졸업, 동아대 대학원 행정학 박사

경력: 제26회 행정고시 합격, 부산시 공보관, 노무현 정부 대통령비서실 정책실장실 국장, 부산시 해양농수산국 국장 3급, 부산시 행정부시장 직무대리

제19대 문재인 대통령과의 관계 및 인물평: **정경진 전 부시장은 노무현 전 대통령과 부산상고 동문으로, 문재인 대통령과도 인연을 맺고 있다. 뛰어난 행정 능력과 원만한 대인 관계로 부산시청 공무원 노조에서 뽑은 '존경받는 간부공무원'에 2010년부터 내리 3년간 1위를 차지, '명예의 전당'(3년 연속 수상자)에 오른 인물이기도 하다.**

정경진

경남 남해

학력: 서강대 공공정책대학원 행정학 석사

경력: 노무현 정부 청와대 행정관 정무기획 국장, '혁신과 통합' 경남운영위원, 문재인 선대위 공보특보

제19대 문재인 대통령과의 관계 및 인물평: **조수정 특보는 노무현 정부 때 청와대 정무기획 국장직을 역임했다. 범 문재인계로 분류된다. 같은 사천 출신인 정태호 전 청와대 대변인과 가깝다.**

조수정

1963년 3월 1일
경남 사천

최인호

1966년 10월 15일(양력)
부산

학력: 부산 동인고, 부산대 정치외교학과 졸업, 부산대 대학원 정치
외교학과 정치학 석사, 부산대 대학원 정치외교학과 박사과정 수료
경력: 부산대 총학생회장, 노무현 국회의원 비서관, 노무현 대통령
후보 보좌역, 청와대 국가균형발전위원회 자문위원, 대통령비서실
국내언론비서관, 더불어민주당 원내 부대표, 제20대 국회의원, 더
불어민주당 최고위원(영남), 문재인 선대위 자치분권균형발전위원
회 부위원장

제19대 문재인 대통령과의 관계 및 인물평: 부산대 총학생회장 출신
인 최인호 의원은 노무현 정부에서 청와대 언론비서관을 지낸 '친노
핵심'이다. 노무현 전 대통령의 서거(2009년 5월 23일)를 불과 보름
여 앞둔 그해 어버이날 노 전 대통령을 만나기도 했다. 그는 2012년
19대 총선 때 부산 사하구갑으로 지역구를 옮겨 출마했지만, 문대성
새누리당 후보에게 2300여 표 차이로 석패했다. 4년 동안 지역의 바
닥 민심을 살뜰히 챙긴 그는 이번 총선(20대)에서는 김척수 새누리당
후보를 꺾었다. 2012년부터 문재인 대통령을 도왔다. 이번 대선을 앞
두고는 캠프 출범 이전부터 지역 유세 전반을 진두지휘했다.

노영구

1967년 2월 5일
부산 서구

학력: 서울대학교 국사학과, 서울대 대학원 국사학과 졸업
경력: 서울대학교 한국문화연구소 선임연구원, 국방대학교 군사전략
학부 교수

제19대 문재인 대통령과의 관계 및 인물평: 노영구 교수는 조선 후기
병서와 전법의 연구로 박사 학위를 취득하였다. 서울대학교 한국문화
연구소 선임연구원 등을 거쳐 현재 국방대학교 군사전략학부 교수로
재직하고 있으며 한국 전근대 전쟁 및 군사사 등의 분야에서 《한국군
사사》(공저, 2012), 《영조대의 한양 도성 수비 정비》(2013), 《조선중
기 무예서 연구》(공저, 2006) 등 다수의 저서와 연구 논문 및 정책보
고서 등을 발표하였다. 노 교수는 더불어민주당 인재영입위원회(위원
장 원혜영 의원)의 1차 영입인사 60명에 포함, 문재인 대통령 만들기
에 앞장섰다.

김경수

1967년 12월 1일
경남 고성

학력: 진주 동명고, 서울대 인류학과 졸업

경력: 노무현 대통령 당선인 비서실 기획팀 비서, 대통령비서실 국정상황실 및 1부속실 행정관, 대통령비서실 연설기획비서관, 노무현재단 봉하사업부 본부장, 20대 국회의원, 문재인 선대위 공보단 수행 대변인

저서: 《사람이 있었네》

제19대 문재인 대통령과의 관계 및 인물평: 1994년 국회에 첫발을 디딘 김 의원은 20년 넘게 국회·국정·정당을 경험했다. 입법·예산·국정감사 등 의정 활동을 익힌 것은 물론 2002년 16대 대통령직 인수위원회 기획팀에서 새 정부의 밑그림을 그렸고, 청와대 국정상황실 행정관·연설기획비서관까지 두루 역임했다. 그는 '노무현의 마지막 비서관'이다. 2012년부터 문재인 대통령의 '입' 역할을 해왔다. 19대 대선에서도 문 대통령을 밀착 수행하면서 일거수일투족을 책임졌다. 수행대변인으로 문 대통령과 가장 많은 시간을 보내는 공식적인 최측근 인사다.

송인배

1968년 12월 3일
경남

학력: 부산 사직고, 부산대 독어독문학과 졸업

경력: 부산대 총학생회장, 국회 노무현 의원실 비서관, 대통령비서실 민정수석실 행정관, 대통령비서실 사회조정2비서관, 문재인 선대위 일정총괄팀장

제19대 문재인 대통령과의 관계 및 인물평: 송인배 팀장은 노무현 정부 때 청와대 사회조정2비서관을 역임했다. 노무현 가문의 막내다. 그는 양산에서 다섯 차례(지방선거 및 국회의원 총선) 출마해 낙선했다. 문재인 대통령의 신임이 매우 두터운 것으로 알려졌다. 이번 대선에서는 문 대통령의 동선(動線)을 책임지는 일정총괄팀장을 맡았다.

전재수

1971년 4월 20일
경남 의령

학력: 구덕고, 동국대 사범대 역사교육과 졸업, 동국대 대학원 정치학과 한국정치학 석사

경력: 제16대 대통령직인수위원회 경제1분과 행정관, 청와대 국정상황실 행정관, 대통령비서실 제2부속실 실장, 노무현재단 기획위원, 20대 국회의원

제19대 문재인 대통령과의 관계 및 인물평: 전 의원은 대표적인 친문 인사다. 2000년 16대 총선에서 노무현 전 대통령이 부산 북강서을에 출마했을 당시 선거 참모로 일하며 인연을 쌓았다. 문재인 대통령과도 이때 알게 됐다. 2000년 국회 환경노동위원회 입법보좌관을 시작으로 2002년 노무현 정부가 들어서자 대통령직 인수위원회 경제1분과 행정관으로 일했다. 2003년에는 부총리 겸 재정경제부 장관 정책보좌관, 2004년에는 청와대 국정상황실 행정관을 거쳐 2006년에는 청와대 제2부속실 실장직을 수행했다. 이후 부산 북구청장 선거, 18·19대 총선에서 낙선한 후 4번의 도전 끝에 20대 총선에서 당선됐다. 이번 대선 과정에서는 문재인 선대위 문화예술교육 특보단장을 맡았다.

김해영

1977년 2월 6일
부산

학력: 개금고, 부산대 법학과 졸업

경력: 제51회 사법시험 합격, 부산지방변호사회 이사, 제20대 국회의원, 문재인 선대위 청년 특보단장

제19대 문재인 대통령과의 관계 및 인물평: 김해영 의원은 사법연수원 시절 법무법인 부산에서 시보로 활동하면서 문재인 대통령과 인연을 맺었다. 2012년 대선 때 문재인 대통령에게 작은 도움이라도 되고 싶어 당원이 됐고, 이후 연제구 지역위원장까지 맡았다. 어린 시절 부모 대신 고모 손에서 자라는 등 어려운 환경 속에서 32세에 '늦깎이 변호사'가 됐다. 고등학교 2학년 때 43명 중 42등까지 해봤다는 김 의원은 직업반에 진학해 미용 기술을 1년 동안 배웠다. 수학능력시험을 불과 50여 일 앞두고 공부해 부산대 법학과에 진학했다. 사법고시를 준비하던 중 자신을 키워준 고모와 아버지가 세상을 떠나는 아픔도 겪었다. 문 대통령은 김 의원의 파란만장한 인생 역정에 대해 "나와 닮았다"고 했다.

학력: 경복고, 서울대 사회과 4년 중퇴, 미국 포틀랜드대 명예인문학 박사, 부경대 명예정치학 박사

경력: 서울대 문리대 학생회장, 김영삼 의원 비서, 신민당, 민주당 총재 비서실장, 정무제1장관, 민자당 사무총장, 6·3동지회 회장, 한나라당 부총재, 한나라당 원내대표, 청와대 국민 통합특별보좌관, 민주와 평화를 위한 국민동행(국민동행) 대표, 제13·14·15·16·17대 국회의원(5선), 문재인 선대위 하나되는대한민국위원회 상임 위원장

김덕룡

1941년 4월 6일
전북 익산

제19대 문재인 대통령과의 관계 및 인물평: 김덕룡 위원장은 상도동계 좌장이다. 88년 13대 총선에서 처음 당선된 뒤 93년 문민정부의 정무1장관으로 재직하면서 공직자 재산 공개를 추진했고 95년에는 민자당 사무총장을 지냈다. 97년 신한국당의 대권 주자인 '9룡' 중 한 명으로 대통령 후보 경선에 나섰으나 패배했다. 이번 대선을 앞두고는 문재인 대통령과 안철수 후보 양측의 러브콜을 받았다. 김 위원장의 선택은 문 대통령이었다. 김 위원장은 "문 대통령은 국책에 참여하는 등 많은 경험과 경륜을 가지고 있기 때문에 통합정국을 만드는 데 가장 적임자"라고 했다.

김효석

1949년 7월 15일(양력)
전남 장성

학력: 광주제일고, 서울대 경영학과 졸업, 미국 조지아대 대학원 경영학 석·박사

경력: 제11회 행정고시 합격, 중앙대 경영대 학장, 정보산업대학원 원장, 제5대 한국정보통신정책연구원 원장, 스위스 세계경제포럼 연례회의(다보스포럼) 경제특사, 민주당 정책위의장, 대통합민주신당 원내대표, 새정치민주연합 최고위원, 제16·17·18대 국회의원(3선)

제19대 문재인 대통령과의 관계 및 인물평: 김효석 전 의원은 2002년 대선 당시 노무현 대통령 당선의 일등 공신이다. 그는 핵심 경제통으로 TV정책토론에 단골로 출연, '노무현 경제정책'을 설파하는 역할을 했다. 노 전 대통령이 그에게 교육부총리를 제안했으나 고사했다. 그는 한때 안철수 사람으로 분류됐다. 2014년 국민의당 안철수 의원의 창당준비기구 새정치추진위 공동위원장을 맡았기 때문이다. 문재인 대통령은 대선 전 그에게 손을 내밀었고, 김 전 의원은 "문 전 대표는 가장 준비돼 있고 사람이 좋다"고 지지를 선언했다. 이후 문재인 국민주권선거대책위원회 공동선대위원장으로 활동했다.

백군기

1950년 2월 12일(양력)
전남 장성

학력: 광주고, 육사 졸업(29기), 경남대 경영대학원 산업경영 석사, 용인대 명예경영학 박사

경력: 육군 특전사령부 1공수여단 여단장, 31사단 사단장, 육군대 총장, 육군 인사사령관, 육군 3군사령관(대장), 제19대 국회의원(비례대표, 민주통합당 8번), 더불어민주당 국방안보센터장

제19대 문재인 대통령과의 관계 및 인물평: 안보·군사 분야에 취약한 더불어민주당의 안보 전문가다. 당의 안보 싱크탱크인 국방안보센터장을 맡았다. 이번 대선에서는 문재인 대통령의 국방정책을 총괄했다.

학력: 광주제일고, 서울대 언어학과 졸업

경력: 경남 거창고 교사, 대통령비서실 인사보좌관, 대통령비서실 인사수석비서관, 문재인 선대위 새 시대를 여는 벗들 위원회 위원장

저서: 《정찬용의 도전》

제19대 문재인 대통령과의 관계 및 인물평: 정찬용씨는 노무현 정부 초대 인사수석이었다. 그는 '함께하는 새날'이라는 단체의 의장으로 활동해 왔다. 이 단체는 전국 17개 광역시·도에 지부를 둔 국민운동본부로 '좋은 대통령'을 국민의 일꾼으로 뽑자는 시민운동을 전개하고 있다. 정씨는 대선 과정에서 '문재인이 호남 홀대했다' '문재인이 청와대에서 호남 청소부까지 잘랐다' 등의 공세에 강력하게 맞섰다. 인사수석이었던 자신이 보증하는데 노무현 정부는 역대 어떤 정권보다도 많은 호남 출신 인사를 발탁했다는 것이다.

정찬용

1951년 6월 9일
전남 영암

학력: 학다리고, 전남대 무역학과 졸업, 미국 미시간대 경제학 석사, 성균관대 대학원 경제학 박사

경력: 제14회 행정고시 합격, 대통령비서실 행정관, 재정경제부 세제실 실장, 관세청 청장(차관급), 국세청 제14대 청장, 대통령비서실 혁신관리수석비서관, 행정자치부 장관, 제14대 건설교통부 장관, 노무현재단 기념관건립추진위원회 위원장, 민주당 대변인, 한반도미래연구원 상임고문, 문재인 선대위 비상경제대책단 단장, 제18·19대 국회의원

제19대 문재인 대통령과의 관계 및 인물평: 이용섭 전 의원은 김대중·노무현 정부에서 재정경제부 세제실장, 관세청장, 국세청장, 행자부 장관, 건교부 장관 등 주요 경제부처 수장을 역임했고, 이후에도 당의 정책위의장, 경제특보, 경제위기극복본부장 등을 맡은 경제정책 전문가다. 문재인 대통령은 노무현 정부 당시 이 전 의원을 노무현 정부 초대 국세청장으로 발탁하는 아이디어를 냈다. 문 대통령은 대선 과정에서 이 전 의원에게 선대위 비상경제대책단 단장을 맡겼다.

이용섭

1951년 8월 11일(양력)
전남 함평

학력: 경희고, 고려대 정치외교학과 졸업, 경희대 언론정보대학원 석사

경력: 《중앙일보》 편집국, 《중앙일보》 편집국 사회담당 부국장, 민주당 노무현 대통령 후보 공보특보, 대통령직인수위원회 대변인, 국정홍보처 처장(차관급), 한국방송광고공사(KOBACO) 사장

제19대 문재인 대통령과의 관계 및 인물평: 《중앙일보》 기자 출신인 정순균 전 KOBACO 사장은 지난 16대 대선 당시 노무현 대통령 당선인 인수위원회 대변인을 시작으로 2004~2005년 국정홍보처장을 역임했다. 2006년부터 KOBACO 사장으로 지내던 중 정권이 바뀌자 사임한 바 있다. 2012년에는 문재인 민주통합당 대선 경선후보 언론특보단장을 맡았다. 이번 대선에서는 경선 시작 전부터 문재인 대통령의 언론 소통 등 조직 강화를 위해 활동했다.

정순균

1951년 10월 25일(양력)
전남 순천

학력: 순창 제일고, 전남대 국어국문학과 졸업, 전남대 대학원 (NGO협동과정) 박사과정 수료

경력: 실천문학사 시선집 《시여무기여》로 문단 등단(필명 권만기), 민주화운동기념사업회 이사, 노무현재단 이사, 제19·20대 국회의원(재선), 문재인 선대위 국민참여본부장

제19대 문재인 대통령과의 관계 및 인물평: 이학영 의원은 1973년 전남대 문리대 학생회장 당시 민청학련 사건으로 제적되면서 '운동권 생활'에 뛰어들게 됐다. 서울로 올라와 반유신독재 투쟁에 뛰어든 이 의원은 1979년 고 김남주 시인 등 동료 4명과 함께 남민전 (남조선민족해방전선준비위원회) 활동에 필요한 자금을 마련하기 위해 대기업 회장의 집에 침입해 금품을 훔치려 한 사건으로 구속되었다. 당시 수사 당국은 이 사건을 시국사건인 남민전 연계 사건으로 판단했다. 20대 총선 당시 상대 후보는 '남민전 강도 사건에 가담한 경위를 고백하라'고 공격했지만, 지역구인 군포 시민은 결국 그의 손을 들어줬다. 그는 1984년 《실천문학》을 통해 등단한 시인이기도 하다.

이학영

1952년 4월 16일(양력)
전북 순창

이낙연

1952년 12월 20일(음력)
전남 영광

학력: 광주제일고, 서울대 법학과 졸업
경력: 《동아일보》 정치부 기자, 《동아일보》 도쿄특파원, 노무현 대통령 당선인 대변인, 민주당 사무총장, 제16·17·18·19대 국회의원(4선), 전라남도 제37대 도지사, 전국시·도지사협의회 부회장
저서: 《어머니의 추억》《食전쟁-한국의 길》《농업은 죽지 않는다》 등 7권
제19대 문재인 대통령과의 관계 및 인물평: 이낙연 전남지사는 언론인을 거쳐 4선 국회의원을 지낸 중진 정치인 출신이다. 군더더기 없는 언변과 정연한 논리는 에나 지금이나 한결같다는 평가를 받는다. 일본 도쿄특파원과 한일의원연맹 간사장 및 수석부회장을 역임한 '일본통'으로도 유명하다. 일본에서 알게 된 각계 인사 수십 명이 아직도 '정신적 후원자' 역할을 한다. 이 지사는 2002년 노무현 후보 선거대책위원회 대변인과 노무현 당선인 대변인 등을 역임했다.

최규식

1953년 11월 17일(양력)
전북 부안

학력: 전주고, 서울대 철학과 졸업, 서울대 대학원 정치학과 수료
경력: 《한국일보》 편집국 기자, 편집국 국장, 열린우리당 정동영 의원 언론특보, 열린우리당 의장 비서실장, 제17·18대 국회의원(재선), 대륙으로 가는 길 소장, 문재인 선대위 홍보특보
저서: 《최규식의 이야기가 담긴 사진》
제19대 문재인 대통령과의 관계 및 인물평: 최규식 전 의원은 《한국일보》 정치부장과 편집국장을 지낸 언론인 출신으로 정동영 의원의 전주고 1년 후배다. 정 의원의 권유로 정계에 입문했다. 그는 정 의원의 언론특보를 맡아 17대 국회에 진출했고 18대에 재선에 성공했다. 19대 총선 불출마 선언을 하며 정치권을 잠시 떠났지만 이번 문재인 선대위에서 홍보특보를 맡으면서 복귀했다.

신경민

1953년 8월 19일(양력)
전북 전주

학력: 전주고, 서울대 사회학과 졸업, 고려대 대학원 언론학 석사과정 수료

경력: MBC 방송기자, MBC 〈뉴스데스크〉 앵커(국장), 민주통합당 대변인, 민주당 최고위원, 더불어민주당 서울시당 위원장, 제19·20대 국회의원(재선), 문재인 선대위 미디어본부 공동본부장

저서: 《신경민, 클로징을 말하다》《대학생이 된 당신을 위하여》《신경민의 개념사회》《국정원을 말한다》

제19대 문재인 대통령과의 관계 및 인물평: 신경민 의원은 2009년 정권의 외압 논란 끝에 MBC 〈뉴스데스크〉 앵커 자리에서 하차한 뒤 정치권에 뛰어들었다. 19·20대 총선에서 여권의 실세인 권영세 전 주중 대사를 꺾었다. 신 의원은 문재인 대선 캠프에서 대선 후보 TV 토론을 진두지휘했다.

신계륜

1954년 8월 13일(양력)
전남 함평

학력: 광주고, 고려대 행정학과 졸업, 고려대 언론대학원 최고위과정 수료

경력: 고려대 총학생회 회장, 전국 민족민주운동연합 상임집행위원, 민주당 김대중 후보 노동담당 특별보좌역, 서울시 정무부시장, 노무현 대통령 당선인 비서실장, 노무현 대통령 당선인 인사특보, 제14·16·17·19대 국회의원(4선), 문재인 선대위 국가정책자문단장

제19대 문재인 대통령과의 관계 및 인물평: 신계륜 전 의원은 고려대 총학생회장 출신으로 92년 14대 국회의원으로 국회에 진출한 후 16대, 17대, 19대 등 4선을 지냈다. 386세대의 맏형이다. 98년 조순 서울시장 시절 서울시 정무부시장을 지냈으며, 2003년 노무현 대통령 당선인 비서실장을 역임했다. '노무현-정몽준 단일화' 당시 주역 중 한 명이다. 이후 노 전 대통령으로부터 청와대 비서실장을 제의받았지만 거절했다. 신 전 의원은 2006년 정치자금법 위반으로 의원직을 잃기도 했다. 이번 대선에서는 문재인 선대위 국가정책자문단장을 맡았다.

김영록

1955년 2월 17일
전남 완도

학력: 광주제일고, 건국대 행정학과 졸업, 미 시러큐스대 대학원 행정학 석사, 조선대 행정대학원 박사과정 수료

경력: 제21회 행정고시 합격, 전남 강진군 군수, 전남 완도군 군수, 전라남도 도지사 비서실 실장, 전라남도 행정부지사, 제18·19대 국회의원(재선), 더불어민주당 수석대변인, 문재인 선대위 총무본부장

제19대 문재인 대통령과의 관계 및 인물평: 김영록 전 의원은 1978년 행정고시 합격 이후, 줄곧 지방자치단체와 행정자치부(현 행정안전부)에서 근무해 온 정통 행정관료 출신이다. 잘나가는 공무원이었던 그는 18대 총선에서 무소속으로 출마, 민주당 후보에 기적 같은 역전승을 일궈내며 국회에 입성했다. 19대 총선에서 재선에 성공했지만 20대 총선에서는 패배했다. 이번 대선에서는 문재인 선대위 총무본부장을 맡아 살림을 책임졌다.

박혜자

1956년 5월 23일(양력)
전남 보성

학력: 전남여고, 이화여대 정치외교학과 졸업, 이화여대 대학원 석사, 서울시립대 대학원 도시행정학 박사

경력: 전라남도 복지 여성국장, 광주CBS 〈매거진〉(시사프로그램) 진행자, 민주당 최고위원(지명직), 19대 국회의원

저서: 《한국지역주의에 관한 실증적 연구》《기획이론과 철학》《정부와 여성참여》《행정학》《사회서비스정책론》《문화정책과 행정》

제19대 문재인 대통령과의 관계 및 인물평: 박 전 의원은 이화여대 정외과를 나와 서울시립대에서 행정학 박사를 취득한 후 호남대 교수로 강단에 섰다가 노무현 정부 시절 지방분권촉진위원회 실무위원을 역임했다. 전남도 복지 여성국장으로 발탁되는 등 자타가 공인하는 복지 행정 전문가로 일하다 2012년 광주 서구갑에서 국회의원에 당선돼 정치권에 입성했다. 20대 총선을 앞두고는 낙천했다.

박광온

1957년 3월 26일(음력)
전남 해남

학력: 광주동성고, 고려대 사회학과 졸업

경력: MBC 입사, MBC 보도국 국장, MBC 〈100분 토론〉 진행, 더불어민주당 당 대표 비서실장, 더불어민주당 수석 대변인, 제 19 · 20대 국회의원(재선)

제19대 문재인 대통령과의 관계 및 인물평: 박광온 의원은 MBC 보도국장 재임 중 이명박 정부가 추진한 미디어 법 개정에 반대하다가 친정을 떠났다. 2012년 치러진 대선에서 문재인 대통령 캠프의 미디어 특보와 공동대변인을 맡았다. 이후 문재인 대통령의 당 대표 시절 비서실장직을 수행했다. 박 의원은 "당시 나는 어느 계파에도 속해 있지 않았다. 당내에 계파가 없어졌으면 하고 바라고 있었는데 문 대통령이 내가 당내 관계가 두루 원만하니 비서실장을 맡아달라고 했다"고 밝혔다. 이번 대선에서는 캠프의 '창과 방패'인 공보단장으로 활동했다. 박 의원은 문 대통령의 의중을 읽을 수 있는 몇 안되는 인사 중 한 명으로 평가받는다.

김철민

1957년 2월 15일(양력)
전북 진안

학력: 대전중, 대입검정고시, 한밭대 건축공학과 졸업, 한양대 산업경영디자인대학원 경영학 석사

경력: 안산 종합건축사사무소 대표, 민주평화통일자문위원회 안산시 자문위원, 경기 안산시 시장(무소속), 20대 국회의원, 문재인 선대위 국가균형발전 특보단장

제19대 문재인 대통령과의 관계 및 인물평: 김철민 의원은 민선 5기 안산시장을 역임했다. 당시 2011 · 2012 · 2013년 3년 연속 한국매니페스토실천본부가 실시한 2013년도 전국 기초단체장 공약 이행 및 정보공개 종합평가에서 최우수(SA) 등급을 받았다. 성실함이 최대 무기다.

안규백

1961년 4월 29일
전북 고창

학력: 서석고, 성균관대 철학과 졸업

경력: 민주당 제15대 대통령선거 중앙선대위 조직국 국장, 제16대 대통령직인수위원회 전문위원, 민주당 제17대 대통령선거 중앙선대위 조직본부 본부장, 새정치민주연합 원내수석부대표, 더불어민주당 사무총장, 제18·19·20대 국회의원(3선), 문재인 선대위 총무본부 본부장

제19대 문재인 대통령과의 관계 및 인물평: 서울 동대문갑에서 3선 고지에 오른 안 의원은 정세균계로 분류되지만 2015년 문재인 대표 체제에서 전략홍보본부장을 맡는 등 문재인 대통령과도 가깝다. 1961년 전북 고창에서 태어난 안 의원은 성균관대 철학과를 졸업하고 성균관대 무역대학원에서 석사과정을 수료했다. 평화민주당 공채 1기로 정계에 입문했으며, 15대 대선 당시 김대중 후보 선거대책본부 조직2국장을 지냈다. 16대 대선에선 노무현 대통령직 인수위원회 전문위원으로 활동했다. 이번 대선 과정에서는 문재인 선대위 총무본부 본부장으로 활동했다.

최충민

1961년 12월 27일(양력)

학력: 광주고 졸업, 성균관대 행정대학원 석사, 명지대 일반대학원 정치학 박사

경력: 국민회의 서울강북갑지구당 사무국장, 평화민주당 김대중 대통령 후보 유세위원회 유세부장, 서울시의회 시의원(민주당, 서울 강북구), 더불어민주당 제1사무부총장

제19대 문재인 대통령과의 관계 및 인물평: 최충민 사무부총장은 서울시의원과 서울시당 정책실장을 역임했다. 현재 더불어민주당의 인사·재정을 담당하는 제1사무부총장을 맡고 있다.

학력: 마산 중앙고, 고려대 법학과 졸업, 고려대 언론대학원

경력: 제29회 사법시험 합격, 법무법인 해마루 대표변호사, 대통령비서실 민정수석실 민정비서관, 대통령비서실 민정수석실 민정수석비서관, 제19·20대 국회의원(재선), 더불어민주당 경기도당위원장, 더불어민주당 최고위원(경기·인천), 문재인 선대위 공동조직특보단 단장

제19대 문재인 대통령과의 관계 및 인물평: 전해철 의원은 천정배 전 의원이 1992년 세운 법무법인 '해마루'에 노무현 전 대통령과 함께 몸담으면서 문재인 대통령과도 자연스레 인연을 맺었다. 노무현 정부 2년 차인 2004년, 민정비서관으로 청와대에 입성했다. 2006년에는 만 44세의 나이로 '최연소 민정수석'이 됐다. 민변(민주사회를 위한 변호사 모임) 출신으로 '386 법조인'으로 불렸다. 19대 국회 입성 이후 지금까지 문 대통령의 최측근으로 활약하고 있다. 문 대통령과 깊은 대화를 나누는 몇 안 되는 측근 중 한 명이다. 전 의원은 문 대통령에 대해 "공식적이고 제도적인 틀을, 어찌 보면 답답할 정도로 정말 준수한다"며 "그 원칙과 원리가 굉장히 강하다. 청와대에 있을 때부터 그랬다. 예외가 전혀 없다"고 말했다.

전해철

1962년 5월 18일(양력)
전남 목포

학력: 부산 기계공고, 성균관대 사회학과 졸업, 고려대 노동대학원 경제학과 석사

경력: 한국노총 부천지역지부 의장, 제16대 노무현 대통령 후보 중앙선거대책위원회 노동위원회 부위원장, 대통령비서실 시민사회수석실 사회조정3비서관, 한국 고용복지센터 상임이사, 더불어민주당 제1정책조정위원장, 제19·20대 국회의원(재선)

제19대 문재인 대통령과의 관계 및 인물평: 김경협 의원은 한국노총 부천지부 의장 출신으로, 노무현 정부 시절 청와대 시민사회수석실 비서관과 노무현재단 기획위원을 지낸 대표적 친노 인사다. 문재인 대통령은 당 대표 시절 김 의원을 공천 실무를 담당하는 수석사무부총장 자리에 앉혔다. 김 의원은 지난 2005년부터 1년간 청와대 사회조정3비서관으로 활동했다. 당시 문 대통령은 민정수석을 맡고 있었는데 한 해 전까지만 해도 시민사회수석을 지냈다. 두 사람 사이의 업무적 공감대가 강하다는 뜻이다.

김경협

1962년 11월 7일
전남 장흥

김현미

1962년 11월 29일(양력)
전북 정읍

학력: 전주여고, 연세대 정치외교학과 졸업, 연세대 언론홍보대학원 수료

경력: 민주당 여성위원회 기획부장, 이우정 의원 비서관, 민주당 여성위원회 기획부 국내언론1비서관실 부장, 제15대 대통령선거 TV 모니터팀 팀장, 새천년민주당 노무현 대통령 당선자 부대변인, 청와대 홍보수석실 국내언론비서관, 청와대 정무수석실 정무2비서관, 열린우리당 대변인, 새정치민주연합 비서실장, 더불어민주당 원내정책수석부대표, 제17·19·20대 국회의원(3선), 문재인 선대위 미디어본부 공동본부장

제19대 문재인 대통령과의 관계 및 인물평: 김현미 의원은 86그룹(80년대 학생운동권 출신) 일원으로 노무현 정부에서 정무2비서관을 역임했으나, 2007년 당시 대통합민주신당 정동영 대선 후보 선대위에서 대변인을 지내면서 정동영계 핵심 그룹으로 분류되기도 했다. 이후 김 의원은 문재인 대통령의 당 대표 시절 초대 비서실장을 역임하면서 친문계로 꼽힌다. 강성 이미지를 가진 여걸이라는 평가를 받는다.

이상직

1963년 1월 30일
전북 김제

학력: 전주고, 동국대 경영학과 졸업, 고려대 대학원 경영학 석사

경력: 현대증권 펀드매니저, 이스타항공 회장, 19대 국회의원, 문재인 선대위 직능본부 부본부장

저서: 《텐배거》《촌놈 하늘을 날다》

제19대 문재인 대통령과의 관계 및 인물평: 이상직 전 의원은 대학 졸업 후 현대증권에 입사해 2001년까지 12년간 증권맨으로 일했다. 이후 케이아이씨 대표이사와 이스타항공 회장을 거쳐 19대 국회의원이 됐다. 이후 20대 총선 당내 경선에서 고배를 마신 그는 이스타 회장직에 복귀했다. 이 전 의원에 대한 문재인 대통령의 신망은 두터운 것으로 알려졌다. 문 대통령은 민생경제 공약을 다듬을 때 이 전 의원에게 조언을 구했다는 후문이다.

김홍걸

1963년 11월 12일
경남 김해

학력: 이화여대부고, 고려대 불문학과 졸업(1982년 12월 휴학), 미국 UCLA대 대학원 국제관계학 석사

경력: 미국 퍼모나대(Pomona College) 태평양연구소(Pacific Basin Institute) 객원연구원, 민주통합당 문재인 대선 후보 선대위 국민통합위원회 부위원장, 연세대 김대중도서관 객원교수, 더불어민주당 국민통합위원장, 문재인 선대위 국민통합위원회 위원장

제19대 문재인 대통령과의 관계 및 인물평: 고 김대중 전 대통령이 이희호 여사를 만나 얻은 아들이 김홍걸 위원장이다. 어려서부터 내성적이었고, 말수가 적어 동교동 자택을 드나들던 비서들과도 거의 대화를 하지 않았다는 것이 동교동 관계자들의 기억이다. 그런 탓에 친구도 없는 편이었다. 이는 감수성이 예민한 10대 시절에 김 전 대통령이 긴급조치 9호 위반으로 구속되고 중앙정보부에 납치돼 구사일생으로 살아 돌아온 후 장기간 가택연금을 당하는 파란과 역경을 겪는 상황을 직접 목격했기 때문이라는 게 주변 사람들의 얘기다. 김 전 대통령 가신그룹을 일컫는 동교동계 좌장 권노갑 상임고문은 더불어민주당을 탈당했지만, 반대로 김 위원장은 더불어민주당에 입당했다.

송기정

1963년 6월 24일
전남 목포

학력: 목포고, 연세대 경영학과 졸업

경력: 노무현 대통령 비서실 행정관, 제17대 대통령선거 강동갑 공동선거대책위원장, 제20대 국회의원선거 예비후보자(더불어민주당, 서울 강동갑)

저서: 《송기정의 맨땅에 헤딩하기》

제19대 문재인 대통령과의 관계 및 인물평: 노무현 정부 청와대 비서실 행정관 출신이다. 17대부터 국회 문을 두드렸지만, 입성에 실패했다. 문재인 대통령의 측근으로 알려졌으며 이번 대선에서는 문재인 선대위 종합상황실 부실장을 맡았다.

은수미

1963년 12월 6일
전북 정읍

학력: 서울대 사회학과 졸업, 서울대 대학원 사회학 석·박사

경력: 노동운동 주도하다 국가보안법 위반 혐의로 6년간 복역, 서울대 사회발전연구소 연구원, 제19·20대 국회의원(재선), 더불어민주당 제4정책조정위원회 위원장

저서: 《IMF 위기》《유통·서비스산업 고용관계》《날아라 노동》《국민의 존엄, 10시 18분》

제19대 문재인 대통령과의 관계 및 인물평: 은수미 의원은 노동 전문가이다. 그는 1983년 서울대 사회학과에 재학 당시 학생운동에 참여했다가 학교에서 제적됐다. 이후 구로공단에서 봉제공장에 다니면서 백태웅·조국 교수 등과 노동운동을 시작했다. 남한사회주의노동자동맹(사노맹) 결성에 참여했다가 국가보안법 위반 혐의로 1992년부터 6년간 복역했다. 당시 국정원의 전신인 국가안전기획부 분실에서 고문을 당해 수술을 받았다. 1997년 출소한 뒤 다시 공부를 시작해 2005년 서울대에서 노동사회학 박사 학위를 받았다. 은 의원은 대표적인 친문재인 인사로 불린다.

윤영찬

1964년 8월 5일
전북 남원

학력: 영등포고, 서울대 지리학과 졸업, 서강대 공공정책대학원 정치학 석사

경력: 《동아일보》 편집국 기자, 편집국 문화부 차장, 네이버 부사장, 《조선일보》 제8기 독자권익보호위원회 위원

제19대 문재인 대통령과의 관계 및 인물평: 전북 남원 출신의 윤 부사장은 《동아일보》 기자를 거쳐 2008년 네이버로 자리를 옮긴 뒤 대외·정책 홍보 등을 총괄해 왔고 2017년 3월 15일 문재인 캠프 합류를 위해 네이버에 사표를 냈다. 윤 부사장은 노무현 정부 때 외교부 장관을 지낸 윤영관 서울대 교수 동생이다. 문재인 대통령 측 관계자는 "언론과 인터넷, 정치 전반에 대한 이해도가 높은 인물"이라고 말했다. 윤 전 부사장은 《동아일보》 재직 당시 평민당 출입기자로 10년 가까이 활동한 경력 때문에 야권에서는 유명인사다. 그는 온화한 인품의 소유자로 후배들에게 인기가 많다.

이훈

1965년 9월 6일
전남 신안

학력: 대원고, 서강대 사학과 졸업

경력: 청와대 대통령비서실 정책특보실 비서관, 청와대 국정상황실 실장, 박원순 서울시장후보 정책특보, 더불어민주당 기획담당 원내부대표, 20대 국회의원, 문재인 선대위 미디어본부 부본부장

제19대 문재인 대통령과의 관계 및 인물평: 이훈 의원은 정치권은 물론 야권에서도 드물게 DJ계, 친노계와 두루 가깝다. 김대중 전 대통령의 고향인 전남 신안 출신인 그는 박지원 의원 비서로 정계에 입문했고, 이후 김대중 총재 공보비서를 지냈다. 김대중 정권 출범 이후에는 대통령비서실 제1부속실 국장, 기획조정국장, 청와대 국정상황실장 등을 지냈다.

안호영

1965년 10월 11일(양력)
전북 진안

학력: 전라고, 연세대 법학과 졸업, 전북대 일반대학원 법학과 박사과정 수료

경력: 제35회 사법시험 합격, 법무법인 백제종합법률사무소 변호사 참여자치전북시민연대 공동대표, 더불어민주당 원내부대표, 20대 국회의원, 문재인 선대위 국가균형발전 특보단장

제19대 문재인 대통령과의 관계 및 인물평: 안호영 의원은 연세대 법대와 전북대 법학과 박사과정을 마쳤으며 변호사로서 사회적 약자와 농민 등을 대변하는 등 시민사회활동을 해왔다. 19대 총선에서는 당내 경선을 넘지 못했다. 20대 총선(전북 완주 · 진안 · 무주 · 장수)에서는 경선보다 더 치열했던 본선까지 연거푸 승리했다.

학력: 서울 용문고, 한양대 무기재료공학과 졸업

경력: 한양대 총학생회 회장, 서총련 2기 의장, 전대협 3기 의장, 새천년민주당 대표 비서실 실장, 열린우리당 대변인, 민주통합당 사무총장, 서울시 정무부시장, 제16·17대 국회의원(재선)

제19대 문재인 대통령과의 관계 및 인물평: 임 전 의원은 89년 전대협 의장을 지낸 '운동권 스타' 출신이다. 임 전 의원은 전대협 의장 당시 임수경씨 방북사건을 주도한 혐의로 장기간 수배를 받으면서도 '신출귀몰'하며 학생운동을 이끌었다. 임 전 의원은 문재인 경선·대선 캠프에서 일정과 메시지를 총괄하는 중책인 비서실장직을 맡았다. 문재인 대통령은 '박원순의 사람'인 그를 영입하기 위해 많은 공을 들였다고 한다. 문 대통령은 노무현 대통령 비서실장 시절 임 전 의원의 내각 중용을 건의하는 등 업무 능력을 높게 평가한 것으로 알려졌다.

임종석

1966년 4월 24일(양력)
전남 장흥

학력: 동암고, 전북대 법학과 졸업

경력: 국회정책연구위원(2급 상당), 민주통합당 전략기획국장, 제19대 국회의원(비례대표, 민주통합당 18번), 더불어민주당 전략기획위원회 위원장

제19대 문재인 대통령과의 관계 및 인물평: 진성준 전 의원은 문재인 대통령의 호위 무사로 불린다. 2012년 대선 당시 문재인 캠프 대변인을 맡으면서 문재인 대통령과 본격적인 인연을 맺었다. 그는 문재인 대표 체제였던 지난 2015년 당시 당에서 전략기획위원장을 맡기도 했다. 당내 '전략통'으로 꼽힌다.

진성준

1967년 4월 19일
전북 전주

진선미

1967년 5월 14일(양력)
전북 순창

학력: 순창여고, 성균관대 법학과 졸업

경력: 제38회 사법시험 합격, 이안 법률사무소 변호사, 여성정보문화
21 무료법률상담, 민변 여성인권위 위원장, 민주통합당 문재인 대선
후보 공동대변인(2012년), 더불어민주당 선거대책위원회 선대위원,
제19·20대 국회의원(재선), 문재인 대선캠프 유세본부 공동수석부본
부장

저서: 《행정법》

제19대 문재인 대통령과의 관계 및 인물평: 법조인 출신의 진선미 의
원은 그간 여성 인권과 양심적 병역 거부자, 성소수자에 대한 변호에
힘을 쏟았다. 19대 총선에 민주당 비례대표로 발탁됐고, 20대 총선을
앞두고는 정계를 은퇴한 이부영 전 국회부의장의 지역구(서울 강동
갑)를 물려받았다. 국회에선 각종 특위와 청문회에서 활동하며 박근혜
정부 저격수 역할을 했다.

황 희

1967년 7월 28일
전남 목포

학력: 강서고, 숭실대 졸업, 연세대 대학원 도시공학과 박사과정 수료

경력: 대통령비서실 정무수석실, 홍보수석실 행정관(3급), 새정치
민주연합 정책위원회 부의장, 더불어민주당 뉴파티위원회 위원, 20
대 국회의원

저서: 《님은 갔지만 보내지 아니하였습니다》

제19대 문재인 대통령과의 관계 및 인물평: 황 의원은 1997년 당
시 새정치국민회의 김대중 총재의 비서실에서 근무했고 노무현 정
부 때는 청와대 보도지원비서관실 행정관을 거쳤다. 당시 문재인 대
통령과 연을 맺었다. 18·19대 총선에서 낙선한 황 의원은 20대 국
회에서 첫 금배지를 달았다. 그는 당내 경선 룰 논의 과정에서 문 대
통령의 대리인 역할을 수행할 정도로 문재인의 최측근이다.

백혜련

1967년 2월 17일
전남 장흥

창덕여고, 고려대 사회학과 졸업

제39회 사법시험 합격, 서울중앙지검 검사, 대구지검 형사3부 수석검사, 백혜련 법률사무소 변호사, 노무현재단 기획위원, 제20대 국회의원, 문재인 선대위 사법개혁 특보단장

백혜련 의원은 대학 시절 학생운동을 한 강골·반골이다. 이 기질은 검사 때도 유명했다. 백 의원은 이명박 정부 시절인 2011년 11월 대구지방검찰청 재직 당시 "검찰이 반성할 점은 반성하고 미래를 위해 버려야 할 것은 과감히 버려야 한다"며 사표를 던졌다. 당내 유일한 여자 검사 출신 국회의원이다. 지난 2012년 대선 당시 문재인 캠프의 반부패특별위원회 위원으로 활동했다. 이번 대선에서도 그와 비슷한 역할인 사법개혁 특보단장을 맡았다.

한병도

1967년 12월 7일
전북 익산

원광고, 원광대 신문방송학과 졸업

6월 항쟁 민주화 발전추진위원회 위원, 원광대 19대 총학생회 총학생회장, 열린우리당 중앙당선대위 국민참여운동본부 부본부장, 노무현재단 자문위원, 17대 국회의원

한 전 의원은 17대 국회의원 선거에서 전국 최연소로 당선됐다. 원광대 총학생회장 출신인 그는 전북 지역에서 전대협 활동을 했다. 대표적인 86그룹이다. 한 전 의원은 2015년 전당대회 이후 문재인 대통령의 전국 조직 구축을 도맡았다.

유송화

1968년 4월 6일
전남 고흥

학력: 송원여고, 이화여대 경제학과 졸업, 연세대 행정대학원 도시 행정 및 지방행정

경력: 이화여대 총학생회장, 서울 노원구의회 구의원(노원 중계4동), 서울 노원구의회 행정복지위원회 위원장, 제16대 대통령직인수위원회 국민참여센터 전문위원, 대통령비서실 시민사회수석비서관실 행정관, 민주평화통일자문회의 사무처 사업추진단 총괄조정관, 문재인 선대위 캠프 수행 2팀 팀장

제19대 문재인 대통령과의 관계 및 인물평: **유송화 수행팀장은 이화여대 총학생회장 출신이다. '8·15 남북청년학생회담 성사투쟁'에 앞장 섰다가 구속돼 5개월여 동안 복역하기도 했다. 졸업 후 재야단체에서 일하다 1992년 대통령 선거 이후 정치를 하겠다고 결심했다. 7년 동안 노원구의회 의원을 역임했다. 2012년과 2017년 대선 모두 문재인 선대위 수행팀 팀장직을 맡았다. 이번 대선에서는 문재인 대통령의 부인인 김정숙 여사 일정을 책임졌다.**

박홍근

1969년 10월 8일
전남 고흥

학력: 순천 효천고, 경희대 국어국문학과 졸업, 경희대 행정대학원 환경행정학과 행정학 석사

경력: 경희대 총학생회장, 전대협 6기 의장대행, 6·15공동선언 실천남측위청년학생본부 공동대표, 국회의원(김상희) 보좌관, 제19·20대 국회의원(재선)

제19대 문재인 대통령과의 관계 및 인물평: **박홍근 의원은 운동권 출신이다. 경희대 총학생회장과 전국대학생대표자회의 의장대행 등을 역임했다. 고 문익환 목사가 만든 '통일맞이연구소'를 거쳐 1994년 시대에 맞는 새로운 방식의 청년운동을 해야 한다며 우상호·임종석 등과 함께 청년정보문화센터를 만들었다. 노무현 정부 말기인 2007년 열린우리당의 갈등과 분열이 심해지며 시민운동권 내부에 "이대로는 대선 후보도 못 낼 것 같다. 우리가 들어가 정치를 바꾸자"는 논의가 활발해지며 정치권에 입문하게 됐다. 이번 대선 문재인 선대위에서는 동물복지특보단장을 맡았다. 문재인 대통령과는 경희대 동문이다.**

강병원

1971년 7월 9일
전북 고창

학력: 대성고, 서울대 농경제학과 졸업

경력: 서울대 총학생회 회장, 대우 근무, 대통령비서실 홍보수석실 행정관, 민주당 전략기획위원회 부위원장, 노무현재단 기획위원, 더불어민주당 원내부대표, 20대 국회의원, 문재인 선대위 유세본부 부본부장

저서: 《어머니의 눈물》

제19대 문재인 대통령과의 관계 및 인물평: 강병원 의원은 서울대학교 총학생회장 출신으로 노무현 대통령 후보 수행비서를 거쳐 노무현 정부 청와대 행정관을 지냈다. 2012년 대선 때는 문재인 캠프의 특보단 부실장을 역임했다. 대표적인 친문 인사로 2016년부터 "문재인 전 대표를 대통령으로 만들겠다"고 공언해 왔다. 이번 대선에서는 유세본부 부본부장직을 맡았다. 서울대 출신 총학생회장 가운데 최초로 감옥 생활을 하지 않은 사람, 최초로 현역에 입대한 사람이라는 특이한 경력이 눈에 띈다.

김광진

1981년 4월 28일
전남 순천

학력: 순천고, 순천대 조경학과 · 경영학과 졸업

경력: 시민통합당 전남도당 대변인, 민족문제연구소 전남사무국장, 제19대 국회의원(비례대표, 민주당 10번), 민주통합당 문재인 대선 후보 캠프 특보단 청년특보실 실장(2012년), 더불어민주당 정책위원회 부의장

제19대 문재인 대통령과의 관계 및 인물평: 김광진 전 의원은 19대 청년비례 대표로 국회에 입성했다. 필리버스터(무제한 토론)의 첫 주자로 여론의 주목을 받았다. 하지만 20대 총선을 앞둔 경선에서 노관규 전 순천시장에게 패배했다. 친문재인계 인사로 분류된다.

학력: 국민대 무역학과 졸업, 국민대 대학원 무역학과 경제학 석사

경력: 제3대 서울시 성북구의회 의원, 대통령비서실 기획조정비서관실 행정관, 정무기획비서관, 민주통합당 문재인 18대 대선 후보 캠프 비서실 일정기획팀 팀장, 문재인 국민주권선거대책위원회 상황실 부실장

제19대 문재인 대통령과의 관계 및 인물평: 노무현 정부 정무기획비서관을 지낸 윤건영 부실장은 그간 문재인 대통령의 일정 및 보좌를 전담해 왔다. 문재인 대통령과 가장 가까운 사람이라는 평가다. 그는 20대 총선정국 공천파문 당시 대표였던 문 대통령과 김종인 대표의 독대 자리에 유일하게 배석하는 등 문 대통령의 전폭적인 신뢰를 얻고 있다. 대선 과정에서도 문 대통령 관련 대부분의 정무 사안을 조율하고, 캠프 안살림을 챙겼다. 당시 선대위 관계자는 "선대위 내부에서 이견 조율이 어려운 상황이 종종 발생하는데, 윤 실장이 나서서 조율하면 금방 정리된다"며 "윤 실장은 선대위의 유기적 운영에 핵심적인 역할을 했다"고 했다.

윤건영

1969년 9월 26일

임찬규

1966년 12월 10일

학력: 국민대 공과대 전자공학과 졸업

경력: 대통령비서실 국정상황실 행정관, 민주통합당 사무부총장, 제19대 국회의원선거 예비후보자(민주통합당, 경기 용인갑), 더불어민주당 사무부총장, 문재인 선대위 전략기획본부 상황팀장

제19대 문재인 대통령과의 관계 및 인물평: 임찬규 전 행정관은 문성근 전 최고위원과 가까운 것으로 알려졌다. 두 사람은 2002년 대선 때부터 서로 안면을 익혔다. 처음엔 다른 길을 걸었다. 임 전 행정관은 유시민 전 장관과 국민참여당 창당을, 문 최고위원은 '국민의 명령(정치연대)'을 주도했다. 이후 두 사람은 2012년 대선을 앞둔 2011년 결성되었던 정치결사체 '혁신과 통합'에서 만났다. 당시 임 행정관은 문 전 최고위원의 비서실장을 맡았다. 이번 대선에서는 문재인 선대위 전략기획본부 상황팀장으로 활동했다.

권혁기

1968년 1월 28일(양력)
서울

학력: 청량고, 국민대 졸업

경력: 대통령비서실 정책수석비서관실 행정관, 홍보수석비서관실 행정관, 민주당 공보국장, 민주통합당 대변인실 실장, 더불어민주당 전략기획국 국장

제19대 문재인 대통령과의 관계 및 인물평: 권혁기 전 행정관은 문재인 대통령과 끈끈한 관계다. 경선 캠프서부터 팀장급으로 활약했다. 권 전 행정관은 임종석 의원 비서관 출신으로 2002년 경선 때는 김근태 후보를 수행하다 경선 직후 노무현 캠프로 옮겼다. 문재인 대통령의 최측근인 윤건영 상황본부 부실장의 국민대학교 후배다. 권 전 행정관은 93년도, 윤 부실장은 91년도에 각각 국민대 총학생회장이었다.

김영주

1955년 7월 27일(음력)
서울

학력: 무학여고, 한국방송통신대 국문학과 졸업, 서강대 경제대학원 경제학 석사

경력: 한국신탁은행 입행, 전국금융노동조합연맹 상임부위원장 겸 여성복지, 교육홍보국 국장, 민주당 16대 대통령 선거대책위원회 국민참여운동본부 부본부장, 열린우리당 제2사무총장, 통합민주당 사무총장, 더불어민주당 서울시당 위원장, 더불어민주당 최고위원, 제17·19·20대 국회의원(3선), 문재인 선대위 조직특보단장

제19대 문재인 대통령과의 관계 및 인물평: 김영주 의원은 더불어민주당 내 정세균계의 핵심 인물이자 친문(친문재인) 진영과도 두루 친분을 갖춘 인물이다. 농구선수 출신이라는 이례적 경력을 갖고 있다. 1999년 김대중 전 대통령의 발탁으로 새천년민주당의 노동특위 부위원장을 맡으며 정계에 진출했다. 17대 총선에서 비례대표로 국회에 입성했으며, 통합민주당에서는 초선으로 사무총장까지 맡았다. 18대 때 낙선한 후 19·20대 총선 영등포갑에서 연달아 승리하며 3선 고지에 올랐다.

학력: 중동고, 연세대 사회학과 졸업, 연세대 대학원 경제학 석사, 경기대 정치전문대학원 정치학 박사

경력: 국회의원 김원길 보좌관, 대통령비서실 정무수석실 정무비서관, 대통령비서실 정책조정위원회 비서관, 민주통합당 문재인 대선 경선후보 비서실장(2012년), 새정치민주연합 원내 부대표, 제19·20대 국회의원(재선), 문재인 선대위 정책본부 부본부장

저서: 《당신이 있어서 행복합니다》《윤후덕의 따뜻한 동행》

제19대 문재인 대통령과의 관계 및 인물평: 윤후덕 의원은 노무현 정부 시절 청와대 기획조정비서관과 정무비서관 등을 지낸 친노 핵심 인사 중 한 명이다. 문재인 대통령과도 아주 가깝다.

윤후덕

1957년 1월 9일(양력)
경기 파주

학력: 제물포고, 고려대 행정학과 졸업, 영국 웨일스대 대학원 교통학 석사

경력: 행시 24회 합격, 대통령비서실 해양수산비서실 행정관(4급), 대통령비서실 국정상황실 실장, 대통령비서실 인사수석실 인사수석비서관, 제19·20대 국회의원(재선), 더불어민주당 인천시당 위원장

제19대 문재인 대통령과의 관계 및 인물평: 박남춘 의원은 노무현 전 대통령의 해양수산부 장관 시절 해수부 총무과장이었다. 당시 노전 대통령에게 능력을 인정받아 청와대에 입성했다. 문재인 대통령이 노무현 정부에서 민정수석과 시민사회수석을 거쳐 법무부 장관으로 거론되며 '회전문 인사' 비판을 받을 당시 문 대통령 인사를 위한 물밑 작업에 공을 들인 것으로 알려졌다. 이번 대선에서는 문재인 선대위 안전행정정책위원회 위원장으로 활동했다.

박남춘

1958년 7월 2일(양력)
인천

신현수

1958년 10월 21일(양력)
서울

학력: 여의도고, 서울대 법과대 졸업

경력: 제26회 사법시험 합격, 서울지검 강력부 마약담당 검사, 대검찰청 마약과 과장, 노무현 대통령비서실 민정수석실 사정비서관, 김앤장법률사무소 변호사

제19대 문재인 대통령과의 관계 및 인물평: 신현수 변호사는 강력수사, 특수수사 분야에 정통한 부장검사 출신이다. 조직관리와 업무추진 능력이 뛰어나고 온건, 합리적인 성품을 지녔다는 평이다.

사시 26회로 여의도고, 서울대 법대를 졸업하고 서울·부산·수원 지검 검사, 대검 검찰연구관, 유엔 법무협력관, 제주지검 부장검사, 대검 정보통신과장 등을 지냈다. 노무현 청와대 민정수석실 사정비서관을 지냈다. 그는 문재인 선대위에서 법률지원단장으로 활약했다. 문재인 대통령 아들인 문준용씨 특혜취업 의혹을 선봉에서 방어했다.

남인순

1958년 11월 5일(양력)
인천

학력: 인일여고, 세종대 국문학과 졸업, 성공회대 시민사회복지대학원 사회복지학 석사

경력: 한국여성단체연합 공동대표, '희망과 대안' 공동운영위원장, '내가 꿈꾸는 나라' 공동대표, 제19·20대 국회의원(재선), 문재인 선대위 여성본부 본부장

저서: 《열린 희망》《여성단체가 가정폭력방지법 제정과정에 미친 영향》

제19대 문재인 대통령과의 관계 및 인물평: 남인순 의원은 80년대 후반부터 활동한 국내 대표적인 여성운동가로, 90년대 중반 한국여성단체연합에서 일하면서 사무총장, 상임대표를 역임했다. 호주제 폐지운동, 성매매 방지법 제정과 보육의 공공성 확대, 여성 정치 진출 확대 등에 기여한 것으로 평가된다. 2012년 비례대표로 국회에 들어온 남 의원은 과거 '남윤인순'이란 이름을 썼지만 2015년 법적 이름인 남인순으로 바꿨다.

홍종학

1959년 5월 12일
인천

학력: 제물포고, 연세대 경제학과 졸업, 미국 캘리포니아주립대 대학원 경제학 박사

경력: 한국종합금융회사 근무, 경실련 정책위원장, 가천대 경제학과 교수, 제19대 국회의원(비례대표, 민주통합당 4번), 더불어민주당 디지털소통본부장, 문재인 대선캠프 선대본부 정책부본부장

저서: 《삼수사수를 해서라도 서울대에 가라》《IMF 사태, 원인을 알면 대책이 보인다(재벌편)》《미시적 경제분석》《한국은 망한다》《자유주의는 진보적일 수 있는가》

제19대 문재인 대통령과의 관계 및 인물평: 홍 전 의원은 재벌개혁에 대한 의지가 누구보다 강하다. 경제정의실천시민연합(경실련) 재벌개혁위원장 출신이다. 이번 20대 대선에서 문재인 대통령의 경제정책 전반을 담당했다.

최민희

1960년 12월 3일
경기도

학력: 혜화여고, 이화여대 사학과 졸업

경력: 월간《말》기자, 민주언론운동시민연합 사무국장, 민주통합당 비서실 실장, 제19대 국회의원(비례대표, 민주통합당 19번)

저서: 《해맑은 피부를 되찾은 아이》《엄마 몸이 주는 뽀얀 사랑》《황금빛 똥을 누는 아기》

제19대 문재인 대통령과의 관계 및 인물평: 최민희 전 의원은 신 친문계다. 월간《말》기자(1985년)를 거쳐 민주언론시민연합(민언련) 사무총장, 언론개혁국민행동 공동집행위원회 위원장, 제3기 방송위원회 부위원장 등을 지냈다. 최 의원이 활동했던 단체 가운데 민언련은 노무현 정부 시절 이른바 4대 입법(국보법, 사립학교법, 과거사진상규명법, 언론관계법)에 반대하는 언론보도를 비난하는 일련의 성명·논평·분석 및 장외집회를 벌인 바 있다. 지난 20대 총선에서 경기 남양주병에 출마한 그는 38.42%를 얻어 주광덕 자유한국당 의원(42.48%)에게 졌다.

윤석열

1960년 12월 18일(양력)
서울

학력: 충암고, 서울대 법과대 졸업

경력: 제33회 사법시험 합격, 대구지검 검사, 대검찰청 중수1과 과장, 서울중앙지검 특수1부 부장검사, 대구고검 검사, '최순실 국정농단사건'(최순실 게이트) 특별수사팀 팀장

제19대 문재인 대통령과의 관계 및 인물평: 윤석열 검사는 박근혜 정부 출범 첫해인 2013년 12월 시작된 '국정원 대선 개입 의혹 사건' 초기 특별수사팀장을 맡았던 강골 검사다. 그는 검찰 지휘부의 반대에도 국정원 직원들에 대한 압수수색과 체포 영장을 집행하면서 당시 조영곤 서울중앙지검장과 국정 감사장에서 정면으로 충돌하는 이른바 '항명 파동'을 일으켰고 이후 대구고검·대전고검 등으로 좌천성 발령을 받았다. '최순실 국정농단사건'(최순실 게이트) 특별수사팀 팀장으로 활동했다.

유영식

1962년 8월 24일
서울

학력: 해군사관학교 졸업(39기), 연세대 언론학 석사, 충남대 군사전략 박사과정 수료

경력: 국방부 공보관실 분석담당, 남북장성급회담 공보담당, 해군본부 공보과장, 해군본부 정훈공보실장(해군 준장)

제19대 문재인 대통령과의 관계 및 인물평: 유영식 전 제독은 1962년생으로 해군사관학교(39기)를 졸업했다. 35년9개월간의 군 생활 가운데 17년간을 해군본부와 국방부 대변인실 등에서 정훈장교로 일했다. 2009년부터 5년 동안 해군 공보과장으로 재직하며, 최장수 해군공보과장이라는 기록을 남겼다. 2014년 해군 준장으로 해군본부 정훈공보실장(해군 대변인)을 지냈다.

이 기간 제1·2차 연평해전, 주한미군 평택 이전, GOP 총격사건, 천안함 폭침, 연평도 포격, 아덴만 여명작전, 세월호 사고 등 국방 및 해군과 관련된 굵직한 사건들이 일어났다. 하루에 전화를 몇백 통씩 받는 것은 기본이었다. 작년 말 전역한 유 제독은 문재인 대통령 측의 요청으로 문 대통령의 국방·안보 정책을 수립하고, 여론을 수렴하는 역할을 맡았다.

학력: 인창고, 서울대 사회복지학과 졸업, 미국 뉴욕주립대 대학원 행정학 석사

경력: 이해찬 국회의원 보좌관, 대통령비서실 비서실장실 정무기획비서관, 대통령비서실 홍보수석실 대변인, 대통령비서실 정무비서관 겸 정무팀 팀장, 대한석탄공사 사외이사, 노무현재단 기획위원, 문재인 선대위 전략기획실 실장

저서: 《대통령 당선인이 해야 할 첫 번째 일》

제19대 문재인 대통령과의 관계 및 인물평: 대표적인 친문 인사다. 정태호 실장은 문재인 대통령의 국회의원 시절 정무특보를 지냈다. 이해찬 의원(세종시)의 보좌관으로 정치권에 발을 들였다. 이 의원은 20대 총선 때 정 실장에게 자신의 지역구(서울 관악을)를 물려줬다. 정 전 실장은 아쉽게 낙선했다. 그는 대표적인 기획통이다. 이번 대선에서는 문재인 선대위와 문재인 싱크탱크인 국민성장을 연결하는 고리 역할을 했다.

정태호

1963년 3월 20일
서울

학력: 춘천고, 서울대 철학과 졸업

경력: 서울대 인문대학보 《지양》 편집장, 국민회의 제15대 대통령선거대책위원회 기획본부 메시지팀, 청와대 민정비서실 국장, 정책기획비서실 국장, 새천년민주당 부대변인, 열린우리당 창당준비위원, 열린우리당 공동 대변인, 민주당 사무총장, 더불어민주당 정책위의장, 문재인 대선캠프 정책본부 본부장, 제17·19·20대 국회의원(3선)

저서: 《한국경제 3.0 시대로 가자》

제19대 문재인 대통령과의 관계 및 인물평: 윤호중 의원은 1988년 당직자로 시작해 전략기획위원장과 사무총장 등을 역임했고 이후 정책위부의장, 민주정책연구원 부원장, 국회 기획재정위원회 위원과 간사, 총선정책공약단 공동본부장 등을 거치며 정책 전문성을 인정받았다. 문재인 대통령과의 인연은 2012년 대선 때 시작됐다. 당시 윤 의원은 안철수 캠프를 상대로 후보 단일화 협상에 나섰다. 문 대통령은 그를 협상에 투입하기 위해 보직을 사무총장에서 선거대책위원회 전략기획실장으로 바꿀 정도로 믿었다. 이번 대선에서는 문 대통령의 정책을 총괄했다.

윤호중

1963년 3월 27일
경기 가평

학력: 단국대 국문학과 졸업, 중앙대 사회개발대학원 사회복지학 석사, 강남대 사회복지전문대학원 사회복지학 박사

경력: 그리스도대학 외래교수, 한국여성의 전화 상임대표, 한국여성단체연합 여성인권위원회 위원장, 서울시 '성' 평등위원회 위원, 제20대 국회의원(비례대표, 더불어민주당 13번), 문재인 선대위 보건복지 특보단장

제19대 문재인 대통령과의 관계 및 인물평: 정춘숙 의원은 여성 문제에 오랜 기간 몸담아 온 사회복지 전문가다. 그는 1992년부터 여성의전화에서 상담소 간사로 일을 시작해 인권부장, 사무국장, 상임대표 등을 지냈다. 단국대학교 국문학과를 졸업한 뒤 중앙대학교에서 사회복지학 석사, 강남대학교 사회복지전문대학원에서 박사학위를 받았다. '부부재산 공동명의 운동'과 '여성의 재산권 확보운동', 여성폭력 근절을 위한 '지역여성운동'을 하는 등 활발한 활동을 이어왔다. 정치권과는 2015년 6월 새정치민주연합 혁신위원을 지내면서 본격적으로 인연을 맺었다.

정춘숙

1964년 1월 8일
서울

학력: 우신고, 한국외국어대 법학과 졸업

경력: 한국외국어대 자민투 위원장, 노무현 후보 언론보좌역, 대통령비서실 홍보수석실 홍보기획비서관, 노무현재단 초대 사무처장, 민주통합당 문재인 대선 후보 캠프 메시지팀 팀장, 노무현재단 상임운영위원, 노무현 시민학교 제5대 교장, 문재인 선대위 비서실 부실장

제19대 문재인 대통령과의 관계 및 인물평: 양 부실장은 문재인 대통령이 모든 일을 상의하는 '복심(腹心)'이다. 양 부실장은 지난해(2016년) 6월 문 대통령이 네팔 히말라야 트레킹을 떠날 때도 동행했다. 문 대통령은 그를 "양비(양 비서관의 줄임말)"라고 친숙하게 부른다. 그래서일까. 양 부실장은 안희정 충남지사를 도왔던 윤원철 전 청와대 행정관, 이재명 시장을 도왔던 장형철 전 행정관과 함께 '신(新) 3철'로 불린다.

양정철

1964년 7월 4일(양력)
서울

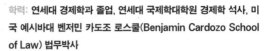

이지수

1964년 8월 21일
서울

학력: 연세대 경제학과 졸업, 연세대 국제학대학원 경제학 석사, 미국 예시바대 벤저민 카도조 로스쿨(Benjamin Cardozo School of Law) 법무박사

경력: 미국 뉴욕주·뉴저지주 변호사 자격 획득, 법무법인 넥서스 외국변호사, 경제개혁연대 실행위원, 더불어민주당 정책위원회 부의장, 문재인 선대위 외신대변인

제19대 문재인 대통령과의 관계 및 인물평: 이지수 변호사는 연세대 경제학과를 졸업하고 경제학 석사를 딴 뒤 미국에서 MBA와 법무박사 학위를 받았다. 이후 '좋은기업지배구조' 연구위원, 경제개혁연대 실행위원, 참여연대 경제민주화센터 실행위원, OECD 지배구조 컨설턴트를 역임, 경제민주화와 재벌개혁을 이루기 위해 온몸으로 뛴 인사로 평가받는다. 대기업의 주총장에서 소액주주의 목소리를 대변해 왔고, OECD와 같은 국제기구에서 지배구조 전문가로서 국가제도를 연구하기도 했다. 그는 2016년 2월 15일 영입인사로 더불어민주당에 입당했다. 20대 총선에 서울 중구 성동을에 공천을 받았지만 낙선했다.

최재성

1965년 9월 9일
경기 가평

학력: 서울고, 동국대 졸업, 동국대 대학원 행정학과 박사과정 수료

경력: 동국대 총학생회장, 전국대학생 대표자협의회 학원자주화 투쟁위원장, 노무현 대통령 후보 선대위 돼지꿈유세단 유세원, 열린우리당 공동대변인, 대통합민주신당 부대표, 새정치민주연합 사무총장, 제17·18·19대 국회의원(3선), 문재인 국민주권선거대책위원회 종합 상황1실 실장

제19대 문재인 대통령과의 관계 및 인물평: 최재성 전 의원은 문재인 대통령의 '신복심'으로 불린다. 초선 시절 정세균 당시 열린우리당 의장에 의해 대변인으로 발탁된 인연으로 대표적 정세균계 인사로 꼽혔다. 하지만 2012년 대선 국면 때 문재인-안철수 후보 간 단일화 성사를 촉구, 기득권 포기를 내세워 20대 총선 불출마를 선언했고 혁신을 강조해 온 문 대통령은 그의 선택을 높이 샀다.

인재 영입이 장점이다. 열린우리당 대변인을 비롯해 당내에서 대변인만 총 4번을 지낼 만큼 정치적 판단력과 순발력이 뛰어나다는 평가도 받는다.

오영식

1967년 2월 28일(양력)
서울

학력: 양정고, 고려대 법학과 졸업, 고려대 경영대학원 금융경제학 석사, 고려대 대학원 경영학 박사과정 수료

경력: 전대협 2기 의장, 열린우리당 원내부대표, 새정치민주연합 최고위원, 제16·17·19대 국회의원(3선), 문재인 대선캠프 조직수석본부 본부장

제19대 문재인 대통령과의 관계 및 인물평: 오영식 전 의원은 전대협 2기 의장을 지낸 운동권 스타 출신이다. 김대중 전 대통령은 2000년 총선을 앞두고 그를 정치권으로 불러들였다. 새천년민주당의 '새 피 수혈' 작업이었다. 2002년 16대 대선에선 노무현 후보의 선거대책위 청년위원장으로 활약했다. 오 전 의원은 노무현 정부의 실세였다. 그는 '합리적 진보'를 주장한다. 당내 운동권 출신 중에선 온건파에 속하고, 실제로 합리적이란 평가를 듣는다. 막말도 지양한다. 20대 총선을 앞두고 낙천한 뒤 미국으로 떠났던 오 전 의원은 문재인 대통령 측의 요청에 귀국, 선대위에 합류했다. 대선 기간 호남 조직 관리에 집중했던 것으로 알려졌다.

박찬대

1967년 5월 10일
인천

학력: 동인천고, 인하대 경영학과 졸업, 서울대 대학원 경영학과 경영학 석사

경력: 인천 도시관광 감사, 삼일회계법인 국제부, 금융감독원 회계감독국/공시감독국, 인하대 경영학과 겸임교수, 인천환경공단 감사, 제20대 국회의원, 문재인 선대위 경제산업특보단장

제19대 문재인 대통령과의 관계 및 인물평: 박찬대 의원은 1967년 인천에서 태어났다. 인하대 근처 피란민 마을이라 불리는 가난한 동네에서 나고 자란 토박이다. 그는 20대 총선에서 민주당 계열이 단한 번도 승리하지 못한 곳(인천 연수갑)에서 승리했다. 노무현 전 대통령의 죽음을 계기로 정치권에 입문했다.

금태섭

1967년 9월 29일(양력)
서울

학력: 여의도고, 서울대 공법학과 졸업, 미국 코넬대 로스쿨 법학석사
경력: 제34회 사법시험 합격, 서울지검 동부지청 검사, 대검찰청 기획조정연구관, 서울중앙지검 검사, 안철수 대선후보 캠프 상황실장, 서울시장 박원순 후보 대변인, 더불어민주당 전략기획위원장, 20대 국회의원
저서: 《디케의 눈》《궁금해요! 변호사가 사는 세상》《확신의 함정》《이기는 야당을 갖고 싶다》
제19대 문재인 대통령과의 관계 및 인물평: 금태섭 의원은 지난 2012년 대선 당시 안철수 캠프의 상황실장이었다. 하지만 그는 박경철 안동 신세계연합클리닉원장을 '비선 실세'로 지목하고 "2012년 대선 당시 진심 캠프(안철수)의 가장 큰 문제는 소통의 부재였다"고 비판하며 안철수 후보를 떠났다. 이번 대선에서는 문재인 캠프 전략본부 부본부장으로 '안철수 저격'에 나섰다.

홍익표

1967년 11월 20일
서울

학력: 관악고, 한양대 정치외교학과 졸업, 한양대 대학원 정치학 박사
경력: 통일부 장관정책보좌관, 북한대학원 겸임교수, 민주당 원내대변인, 더불어민주당 정책위원회 수석부의장, 제19·20대 국회의원 (재선)
저서: 《한국의 대몽골 개발협력방안에 관한 연구》《중국 석유화학 산업의 현황과 전망》《북한의 외국인투자유치 정책과 투자환경》 등
제19대 문재인 대통령과의 관계 및 인물평: 홍 의원은 당내 대표적인 북한·통일문제 전문가로 꼽히는 재선의원이다. 대외경제정책연구원 전문연구원, 북한대학원 겸임교수 등을 거쳤다. 노무현 정부에서는 이재정 전 통일부 장관의 정책보좌관을 맡아 남북경협과 10·4남북정상회담 등에서 실무에 참여했고, 2012년 대선 국면에서는 문재인 대통령의 남북관계특보를 맡았다. 이번 대선에서는 수석 대변인 역할을 했으며, 2007년 유엔의 북한인권 결의안 표결 문제에 문재인 대통령이 찬성 의견을 냈다는 증언을 했다. 송민순 전 장관의 회고록이 사실과 다르다고 한 것이다.

곽상언

1971년 11월 18일(양력)
서울

학력: 신목고, 서울대 국제경제학과 졸업, 서울대 대학원 법학과 수료, 하버드대 로스쿨 PIL 과정 수료, 뉴욕대 로스쿨 법학석사(회사법 전공), 서울대 대학원 법학석사(공정거래법 전공)
경력: 제43회 사법시험 합격, 제1회 가맹거래사 자격시험 합격(제1기 가맹거래사), 곽상언법률사무소 변호사, 법무법인 인강 대표변호사

제19대 문재인 대통령과의 관계 및 인물평: 곽상언 변호사는 노무현 전 대통령의 사위다. 그는 2003년 2월 노 전 대통령의 딸 노정연씨와 결혼했다. 노 전 대통령은 생전 곽 변호사에 대해 "평범한 집안 출신으로, 일찍 아버지를 여의고 학창시절 본인이 아르바이트를 하며 학비와 용돈을 조달한 것으로 알고 있다"고 말하기도 했다. 곽 변호사는 친노·친문 핵심인 박범계 의원과 함께 개업을 할 정도로 가깝다. 곽 변호사는 '박근혜·최순실 게이트'에 대한 책임을 묻기 위해 박근혜 전 대통령을 상대로 한 위자료 청구소송을 진행하기도 했다.

문재인 국민주권선거대책위원회
대구·경북 인맥

학력: 경북고, 서울대 정치학과 졸업

경력: 11월 서울대 유신반대시위 주동, 긴급조치 9호 위반 구속, 서울의 봄 당시 서울대 복학생 대표로 학내외 민주화 시위 주도, 민주당 수석부대변인, 신한국당-민주당 합당으로 한나라당 입당, 홍성우, 제정구, 이철, 김홍신 등과 신정치연합 결성, 열린우리당 입당, 제16·17·18·20대 국회의원(4선)

제19대 문재인 대통령과의 관계 및 인물평: **김부겸 의원의 정치역정은 순탄치 않았다. 1995년 정계에 복귀한 김대중 전 대통령을 따라가지 않았고, 세 번이나 당선시켜 준 경기 군포를 떠나 야권 불모지 대구에 도전장을 냈다. 세 번의 도전 끝에 그는 마침내 지난 4월 20대 총선에서 대구에서 당선되며 단숨에 야권 잠룡으로 부상했다. 하지만 그는 2017년 2월 "시대적 요구와 과제를 감당하기에 부족함을 절감했다"며 대선 불출마를 선언했다. 문재인 대통령은 "우리는 하나"라며 손을 내밀었고, 김 의원은 문재인 국민주권선거대책위원회 공동선대위원장으로 활동했다.**

김부겸

1958년 1월 21일(양력)
경북 상주

학력: 경북여고, 한양대 법과대 졸업, 한양대 대학원 법학 수료, 연세대 경제대학원 경제학 석사

경력: 제24회 사법시험 합격, 춘천지법, 광주고법 판사, 국민회의 부대변인, 국민회의 김대중 총재 특별보좌역, 노무현 대통령 당선인 북핵 대미특사단, 지역구 5선(15·16·18·19·20대·여성정치인 최초), 더불어민주당 대표, 문재인 국민주권선거대책위원회 상임공동중앙선대위원장

제19대 문재인 대통령과의 관계 및 인물평: 판사의 길을 걷던 추미애 더불어민주당 대표가 정계에 입문한 계기는 고 김대중 전 대통령과의 인연 덕분이다. 1995년 김 전 대통령의 권유로 추 신임 당 대표는 새정치국민회의 부대변인으로 정치 무대에 데뷔했다. 추 대표는 2016년 8월 전당대회에서 친노·친문의 지지를 얻어 대표직에 올랐다. 문재인 대통령이 당 대표를 맡았을 당시 최고위원을 맡아 문 신임 대통령을 적극적으로 도운 바 있다. 19대 대선에서도 문재인 대통령 만들기에 크게 기여했다.

추미애

1958년 10월 23일(양력)
대구

학력: 달성고, 고려대 행정학과 졸업

경력: 외환은행 신용카드사 노조위원장, 노무현 대통령 후보 정무보좌역, 대통령비서실 시민사회수석실 선임행정관, 국무총리실 민정수석비서관, 안희정 충남도지사 후보 총괄특보, 더불어민주당 남북교류협력특별위원회 부위원장, 20대 국회의원, 문재인 선대위 국민참여본부 수석부본부장

제19대 문재인 대통령과의 관계 및 인물평: 정재호 의원은 노무현 정부 때 사회조정비서관과 국무총리실 민정수석을 역임했다. 그는 지난 두 번의 지방선거에서 안희정 충남도지사 총괄특보와 총괄본부장을 맡았었다. 2014년 지방선거 당시 안 지사의 선거대책위원회 총괄본부장을 맡아 재선을 이끌었다. 더불어민주당 대선 후보 경선 과정에서는 안희정 캠프에서 조직을 담당했다. 정 의원은 안 지사의 대학 동창으로 함께 학생운동을 한 30년 지기다. 정 의원은 외환은행 노조위원장 시절 노 전 대통령과 인연을 맺어 당시 노무현 후보 정무보좌역으로 정계에 입문했다.

정재호

1965년 10월 22일
대구

권칠승

1965년 11월 18일
경북 영천

학력: 경북고, 고려대 정경대 경제학과 졸업

경력: 대통령비서실 민정수석실 행정관(3급), 경기도의회 도의원(민주당, 화성시 제3선거구, 득표율 45.81%), 20대 국회의원

제19대 문재인 대통령과의 관계 및 인물평: 권칠승 의원의 홈페이지에 들어가면 '사람이 먼저입니다. 민생이 먼저입니다'라는 문구가 맨 먼저 눈에 들어온다. 어쩐지 낯이 익다 싶은 이 문구는 문재인 대통령이 전매특허처럼 써온 '사람이 먼저'라는 말과 연관이 있다. 권 의원은 2003년 노무현 정부 초대 민정수석인 문재인 대통령이 민정수석으로 있을 당시 민정수석실 행정관을 하면서 본격 정치를 시작했다. 20대 총선에서 당선, 국회에 처음 입성했다. 여정은 간단치 않았다. 권 의원은 당내 경선에서 유력 경쟁자를 불과 1표 차이로 제쳤다.

전혜숙

1955년 5월 5일(양력)
경북 칠곡

학력: 경북대사대부고, 영남대 약학과 졸업, 성균관대 임상약학대학원 약학석사

경력: 경북약사회 제29·30대 회장, 제16대 대통령직인수위원회 사회문화여성 분야 자문위원, 열린우리당 경북여성위원장, 건강보험심사평가원 감사, 제18·20대 국회의원(재선), 문재인 선대위 보건복지 특보단장

저서: 《잘 지내시지요?》

제19대 문재인 대통령과의 관계 및 인물평: 약사 출신인 전혜숙 의원은 지난 2008년 18대 총선에서 민주통합당 비례대표(순번 5번)로 금배지를 달았다. 경북약사회장을 역임하는 등 의약계에서 왕성하게 활동한 경력이 도움됐다. 이후 19대 공천에서는 다 잡았던 공천권을 억울하게 날렸다. 단수후보로 공천됐다가 금품제공 문제로 후보 자격이 취소됐다. 억울함을 호소했지만, 당은 진상조사도 없이 후보를 교체했다. 문제의 금품제공 사건은 신고자의 자작극으로 밝혀졌다. 절치부심한 전 의원은 20대 총선에서 새누리당 후보를 2410표 차로 제치고 국회 입성에 성공했다.

정희수

1953년 10월 25일(양력)
경북 영천

대구상고(現 대구 상원고), 성균관대 사회학(경제학)과 졸업, 미국 일리노이대 대학원 경제학 박사

대우경제연구소 지방산업경영센터 본부장, 한나라당 경상북도당 위원장, 한나라당 제1사무부총장, 제17·18·19대 국회의원(3선), 제19대 국회 기획재정위원회 위원장(후반기), 문재인 선대위 통합정부추진위원회 부단장

정희수 전 의원은 '경제통'이다. 2005년 4월 30일 시행된 경북 영천 국회의원 재선거에서 한나라당(새누리당의 전신) 공천을 받아 출마하면서 17대 국회에 입성한 정 의원은 해당 지역에서 18·19대 총선에서 잇따라 당선됐다. 2007년 대선을 앞두고는 한나라당 경제 분야 대선공약 개발 태스크포스팀에서 활동하며 정책공약을 발굴하는 데 힘썼다. 이번 대선을 앞두고는 문재인 대통령, 박영선 더불어민주당 의원 요청으로 문재인 선대위 통합정부추진위원회 부단장직을 맡았다.

김수일

1953년 1월 20일(음력)
경북 상주

경남공고, 한국외국어대 졸업, 부산대 대학원 석사, 한국외국어대 대학원 국제관계학 박사

외무고등고시 출제위원, 부산외국어대 취업보도실장, 부산외국어대 문화연구소장, 부산 인도네시아영사관 명예영사, 부산외대 동양어대학 학장, 민주평통 자문위원, 문화관광부 홍보대사, 전국 행정대학원장 및 관련 대학원장 협의회 회장, 노무현 정부 동티모르 대사관 대사, 이명박 정부 인도네시아관광청 한국대표, 대구외국어대 제5대 총장

문재인 대통령과 가까운 인물이다. 유창한 영어 능력과 글로벌 감각이 뛰어나다는 평가를 받는다.

김현권

1964년 5월 17일
경북 의성

학력: 충암고, 서울대 천문학과 졸업, 경북대 행정대학원 행정학 석사
경력: 귀향 후 영농에 종사, 민주당 노무현 대통령 후보 경선 대책위
원, 노무현 대통령 만들기 국민참여운동본부 대구·경북 부본부장,
한국농촌공사 사외이사, 문재인 선대위 농수축산 특보단장
제19대 문재인 대통령과의 관계 및 인물평: 서울대 천문학과 출신
인 김현권 의원은 학생운동을 하다 2년가량 징역을 살았다. 부인은
이화여대 경제학과 출신으로 1987년 이화여대 총학생회장을 지냈
다. 2015년 김상곤 혁신위원회에 참여한 임미애씨가 그의 부인이
다. 김씨는 결혼 직후인 1992년 고향인 의성으로 내려가 묵묵히 사
과를 따고 소를 키우며 살았다. 그러다 2002년 민주당 경선 때 '노
무현 바람'이 불자 그도 먼지 나는 시골길을 발품 팔며 돌아다니며
국민선거인단 신청서를 받았다. 김 의원은 조국 서울대 교수와 친구
사이이다.

최재왕

1962년 9월 11일

학력: 연세대 졸업
경력: 《매일신문》 편집국 정치부 부장, 《대구신문》 사장, 문재인 선
대위 공보특보
제19대 문재인 대통령과의 관계 및 인물평: 최재왕 공보특보는 대
구 《매일신문》 정치부장 출신으로, 여야를 막론하고 대구 경북 출신
정치인들과의 친분이 두텁다. 그는 더불어민주당 대구선거대책위원
회 공보단장에 임명되기도 했다. 문재인 대구 선대위에서는 배한동
경북대 명예교수와 이재용 전 환경부 장관, 김진태 경북관광개발공
사 사장, 안원구 전 대구국세청장, 이상식 전 부산경찰청장, 김상용
전 부산교대 총장, 이재동 전 대구변협회장, 허노목 전 대구변협회
장 등이 활동했다.

이상식

1968년
경북 경주

학력: 대구 경신고, 경찰대 졸업, 서울대 대학원 행정학 석사, 동국대 대학원 경찰행정학 박사

경력: 제34회 행정고시 합격, 경찰청 마약지능수사과 과장, 제12대 서울수서경찰서 서장, 이명박 정부 대통령실 민정1비서관실, 경찰청 정보심의관, 경찰청 정보국장, 제25대 대구지방경찰청 청장, 제26대 부산지방경찰청 청장, 문재인 선대위 대구·부산 공동선대위원장

제19대 문재인 대통령과의 관계 및 인물평: 경찰대학교(5기)를 수석 입학했다. 영국 주재관과 대통령실 민정1비서관실 근무를 거쳐 안전행정부, 치안정책관, 정보심의관, 경찰청장을 지냈다. 문재인 캠프에서는 영남을 아우르며 지지층 확장에 힘썼다.

염홍철

1944년 9월 6일(양력)
충남 논산

학력: 대전공고, 경희대 정치외교학과 졸업, 중앙대 대학원 정치학 박사, 미국 컬럼비아대 대학원 정치학 수료

경력: 청와대 대통령비서실 정무비서관, 대전광역시 시장, 국립 한밭대 총장

제19대 문재인 대통령과의 관계 및 인물평: **염홍철** 전 대전시장은 이번 대선에서 문재인 대통령을 도왔다. 염 전 시장과 문 대통령의 직접적인 인연은 10년 전쯤으로 거슬러 올라간다. 2006년 지방선거 낙선 이후 중소기업특별위원장에 임명된 염 전 시장은 당시 노무현 대통령 비서실장인 문 대통령을 청와대에서 자주 만났다. 이때부터 인연을 쌓아왔고 염 전 시장의 시장 재직 시절에도 연락을 주고받았던 것으로 전해진다. 염 전 시장은 더불어민주당에 입당하지 않고 무소속인 상태에서 문 대통령을 지원했다.

송영무

1949년 2월 24일(음력)
충남 논산

학력: 대전고, 해사 졸업(27기), 해군대 정규과정, 국방대학원 안보과정, 고려대 최고경영자과정
경력: 제2전투전단장(제1연평해전), 해군 기획관리참모부장, 합동참모본부 전략기획본부 본부장, 해군본부 제26대 참모총장(대장), 문재인 선대위 국방안보특별위원회 위원장
제19대 문재인 대통령과의 관계 및 인물평: 송영무 문재인 민주당 대통령 후보 국방안보특별위원회 위원장은 2006년부터 2008년까지 해군 참모총장을 지냈다. 1973년 해군사관학교 27기로 졸업해 1999년 우리 측 대승으로 끝난 제1차 연평해전에 제2전투전단장으로 참전했다. 이 공로로 정부는 당시 송 준장에게 충무무공훈장을 수여했다. 해사생도 시절부터 그의 별명은 '충무공'이었다고 한다. 추진력이 뛰어나고, 군기가 엄격해 후배와 동료가 붙여준 것으로 알려졌다. 4성 장군 출신인 그는 이번 대선 때 문재인 선대위에서 군 인사 영입을 총괄했다.

김용익

1952년 8월 22일
충남 논산

학력: 서울고, 서울대 의학과 졸업, 서울대 대학원 의학과 예방의학 전공 의학박사, 영국 런던대 보건대학원 보건정책학 박사후과정
경력: 서울대 의과대 의료관리학교실 교수, 대한예방의학회 이사, 국민건강보험공단 이사, 한국보건행정학회 회장, 청와대 사회정책수석비서관, 제19대 국회의원(비례대표·더불어민주당), 민주정책연구원 원장
저서: 《10권의 책으로 노무현을 말하다》《노무현이 꿈꾼 나라》《복지도시를 만드는 6가지 방법》《차상위계층의 의료보장, 보건복지정책: 과제와 전망》《건강증진, 보건교육, 질병예방 프로그램 평가》 등 11권
제19대 문재인 대통령과의 관계 및 인물평: 김용익 전 의원은 노무현 정부 때 대통령 자문 고령화 및 미래사회위원장, 청와대 사회정책수석을 지냈다. 그는 2002년 대선 당시 노무현 후보의 보건의료 분야 자문 교수 역할을 하기도 했다. 이번 대선에서는 문재인 대통령의 정책 공약 수립을 총괄하는 선대위 정책본부장을 맡아 활동했다.

도종환

1954년 9월 27일
충북 청주

학력: 원주고, 충북대 국어교육과 졸업, 충남대 대학원 국문학 박사

경력: 《분단시대》 동인지 데뷔, 전교조 충북지부장, 민주통합당 공천심사위원회 위원, 민주통합당 문재인 대선 경선후보 캠프 대변인, 제19·20대 국회의원(재선), 더불어민주당 대변인, 문재인 선대위 문화예술교육 특보단장

제19대 문재인 대통령과의 관계 및 인물평: 시인인 도종환 의원은 진보 성향인 한국작가회의 사무총장을 역임했고 비례대표로 19대 국회에 입성했다. 더불어민주당의 한 중진 의원은 도 의원에 대해 "(도 의원이) 말을 많이 하는 스타일은 아니며, 노무현 정신이 상당히 투철하다"고 평가했다. 문재인 대통령은 2012년 대선 당시 '담쟁이캠프'를 경선 캠프 이름으로 사용했다. 캠프 대변인 역할을 한 도종환 의원의 시 '담쟁이'에서 따온 것이었다. 도 의원은 이번 대선 과정에서도 문재인 선대위 문화예술정책 분야의 핵심 키 역할을 했다.

장경욱

1957년 2월 1일
충남 서산

학력: 송도고, 육사 졸업(36기)

경력: 합동참모본부 정보생산처장, 국군정보사령관, 한미연합사령부 부참모장(소장), 국군기무사령부 사령관(소장)

제19대 문재인 대통령과의 관계 및 인물평: 충남 서산 출신인 장경욱 전 사령관은 육군사관학교(36기)를 나와 5군단 705연대장과 합동참모본부 정보생산처장, 국군정보사령관, 합참 군사정보부장 등을 지내며 정보 분야 전문가로 인정받았다. 장 전 사령관은 자신의 부하들을 꼼꼼히 잘 챙기는 등 너그러운 인품을 가졌지만 업무에는 한 치의 오차도 없는 완벽주의 스타일인 것으로 알려졌다. 특히 성품이 강직해 윗사람의 눈치를 보지 않고 특정한 군맥에 줄 서지 않는다고 전해진다. 그는 자신을 기무사령관에서 낙마시킨 인사를 직접 비난하기도 했다. 이 때문에 군 내부에서는 장 전 사령관을 두고 "강직한 군인"이라는 평가와 함께 "융통성 없는 인물"이라는 평가가 나오기도 한다.

학력: 청주고, 연세대 경영학과 졸업

경력: 연세대 복학생협의회 회장, 열린우리당 정무 사무부총장, 민주당 대변인, 민주당 원내수석부대표, 국회 산업통상자원위원회 위원장, 더불어민주당 충청북도당 위원장, 문재인 대선캠프 선대본부 조직본부 본부장, 제17·18·19대 국회의원(3선)

저서: 《싯다르타에서 빌 게이츠까지》《현대사의 비극들》《시대를 일깨운 편지들》《내 삶에 다가온 열개의 성서 구절》《하늘 아래 딱 한 송이》

제19대 문재인 대통령과의 관계 및 인물평: 노무현 정부에서 대통령정책실 신행정수도건설추진기획단 자문위원을 맡았던 노영민 본부장은 문재인 후보의 기존 참모조직 좌장 역할을 맡으며 업무를 총괄했다. 그는 2012년 대선 캠프 때 비서실장을 지내 친문(친문재인) 핵심이자 '문재인의 남자'로 불린다. 문 후보의 지지자 모임 '더불어포럼'을 꾸리는 데 주도적으로 관여했다.

노영민

1957년 11월 25일
충북 청주

학력: 신일고, 서울대 법학과 졸업, 서울대 행정대학원 석사과정

경력: 제26회 사법시험 합격, 인천지검 강력부 부장검사, 대검찰청 공안3과 과장, 서울중앙지검 형사3부 부장검사, 노무현 대통령비서실 민정수석실 사정비서관, 서울고검 검사, 법무법인 강남 변호사

제19대 문재인 대통령과의 관계 및 인물평: 이재순 변호사는 신일고, 서울대 법대를 졸업하고 사법시험(26회)에 합격한 뒤 지난 1990년 서울지검 검사로 출발해 인천지검 강력부장, 대검 공안3과장, 의정부지검 형사2부장 등을 거쳤다. 그는 2012년 유력 대선 후보였던 문재인 전 더불어민주당 대표 공식 지지 선언에 참여해 대선 캠프에서 법률멘토단 일원으로 활동했다. 앞서 2005년 노무현 정부 당시엔 청와대 민정수석실 사정비서관으로도 근무해 문 전 대표와의 인연은 깊다. 이 변호사는 박영수 특검, 채동욱 전 검찰총장과도 개인적인 친분이 매우 깊다. 2013년 채 전 총장이 검찰을 그만두고 전북 전주에 머물며 서양화를 배울 때 그를 경제적으로 지원한 것으로 알려졌다.

이재순

1958년 3월 6일(양력)
충북 영동

전병헌

1958년 3월 17일(양력)
충남 홍성

학력: 휘문고, 고려대 정치외교학과 졸업(경제학 복수전공), 고려대 정책대학원 경제학 석사

경력: 청와대 대통령비서실 국내언론담당 행정관, 국정홍보조사비서관(2급), 국정상황실 실장, 국정홍보처 차장, 열린우리당 대변인, 민주당 원내대표, 새정치민주연합 최고위원, 더불어민주당 최고위원, 제17·18·19대 국회의원(3선), 제19대 대통령선거 문재인 대선캠프 전략본부 본부장

제19대 문재인 대통령과의 관계 및 인물평: 3선 의원 출신인 전 전 의원은 김대중 정부에서 대통령 정무비서관, 대통령 정책기획비서관, 청와대 국정상황실장을 맡는 등 동교동계와 인연이 깊다. 김대중 정부 임기 내내 청와대에서 줄곧 근무하는 등 김대중 전 대통령의 가신그룹인 동교동계에 뿌리를 두고 있다. 이후 정치 행보에서도 정세균 국회의장과 친분이 두터워 '정세균계'로 분류된다. 애초 '전략통'으로 알려진 만큼 문재인 대선 캠프에서는 전략기획 업무를 담당했다.

양승조

1959년 3월 21일(양력)
충남 천안

학력: 중동고, 성균관대 법학과 졸업

경력: 제37회 사법시험 합격, 양승조법률사무소 변호사, 새정치민주연합 사무총장, 더불어민주당 비상대책위원회 위원, 제20대 국회 전반기 보건복지위원회 위원장, 제17·18·19·20대 국회의원(4선)

제19대 문재인 대통령과의 관계 및 인물평: 충남 천안갑 지역의 4선인 양승조 의원은 6전 7기 도전 끝에 사법고시 37회에 합격했다. 2010년 세종시 원안 사수를 위해 삭발과 22일간 단식을 하기도 해 외유내강형이라는 평가를 받는다. 문재인 대통령 당 대표 당시 사무총장을 역임했다. 그는 이번 대선 과정에서 국민의나라위원회 부위원장을 맡아 활약했다.

박범계

1963년 4월 27일(양력)
충북 영동

학력: 남강고 중퇴, 대입검정고시 합격, 연세대 법과대 졸업

경력: 제33회 사법시험 합격, 서울지법 판사, 새천년민주당 노무현 대통령 후보 법률특보, 청와대 민정수석실 민정2비서관, 법무비서관, 문재인 국민주권선거대책위원회 종합 상황2실 실장, 제19·20대 국회의원(재선)

저서: 《어머니의 손발이 되어》《박범계 내 인생의 선택》

제19대 문재인 대통령과의 관계 및 인물평: 제33회 사법시험 합격 후 판사의 길을 걷던 박 의원은 16대 대선에서 노무현 전 대통령이 위기에 처하자 법복을 벗고 정치에 뛰어들었다. 노 전 대통령이 당선되면서 박 의원은 참여정부 초기 민정 제2비서관, 법무비서관으로 일하며 '친노'의 길을 걷는다. 이후 2004년 17대 총선에서 대전 서울에 도전장을 냈으나 당내 경선에서 고배를 마셨다. 2007년 4·25 재보궐선거, 2008년 18대 총선에서도 국회 입성에 실패했다. 절치부심하던 박 의원은 2012년 19대 총선에서 '의원 배지'를 달았다. 이어 20대 총선에서 '재선' 타이틀을 얻게 됐다. 이후 박 의원은 정치 내공을 쌓으며 충청권 대표 친노·친문으로 성장했다.

한정애

1965년 1월 8일
충북 단양

학력: 해운대여고, 부산대 환경공학과 졸업, 영국 노팅엄대 공과대 산업공학 박사

경력: 안전보건공단 입사, 한국산업안전공단 노조위원장, 한국노동조합총연맹 대외협력본부 본부장 겸 중앙연구원 연구위원, 민주당 대변인, 더불어민주당 정책위원회 수석부의장, 더불어민주당 제4정책조정위원장, 제19·20대 국회의원(재선), 문재인 대선캠프 홍보본부 공동본부장

제19대 문재인 대통령과의 관계 및 인물평: 한정애 의원은 해운대여고와 부산대를 졸업했으며 한국노총 공공연맹(한국노총) 수석부위원장을 지낸 노동계 출신 인사다. 친노로 분류되지만 친노 색이 강하진 않다는 평이다. 문재인 대통령은 한국노총과의 인연을 강조해 왔다. 문 대통령은 한국노총과 함께 민주통합당을 창당했고, 1987년 노동자 대투쟁 당시 한국노총 부산지역본부 고문변호사였다.

학력: 공주대사대부고, 경희대 법학과, 경희대 행정대학원 졸업
경력: 경희대 총학생회장, 김옥두 의원 비서관, 서울메트로 감사, 더불어민주당 제3사무부총장, 문재인 선대위 직능본부 부본부장
저서: 《남북한 통일정책에 관한 비교연구》
제19대 문재인 대통령과의 관계 및 인물평: 지용호 사무부총장은 문재인 대통령과 경희대학교 동문이다. '문재인을 사랑하는 경희인의 모임' 회장을 지냈다.

지용호

1965년 2월 3일(음력)
충남 부여

학력: 보문고, 건국대 산업공학과 졸업, 고려대 교육대학원 사회교육경영과최고위과정 수료, 서강대 공공정책대학원 통일정책전공 정치학 석사
경력: 건국대 총학생회장 선거운동본부장, 건국대 인권위원회 위원장, 전대협 동우회 부회장, 열린우리당 청년대표 중앙위원, 더불어민주당 최고위원, 문재인 선대위 국민참여본부 공동본부장
제19대 문재인 대통령과의 관계 및 인물평: 정청래 전 의원의 책 《거침없이 정청래》를 읽으면 얼마나 잘나갔던 학원 원장이었는지 알 수 있다. 돈도 많이 벌었다. 정치 공간에 나선 것은 2002년 대선 정국에서다. 2004년 탄핵 열풍 속에 그는 노사모의 지원과 지역 주민의 신뢰를 얻어 국회(17대)에 처음 입성했다. 18대 국회의원 선거에서 낙선했지만 19대 때는 재선에 성공했다. 20대 총선을 앞두고는 '김종인 대표' 체제의 공천에서 컷오프(공천 배제)됐다. 대표적인 친문 인사다.

정청래

1965년 4월 18일
충남 금산

강원·제주 등 인맥(선대위 소속 안 된 인원 포함)

한명숙

1944년 3월 24일(양력)
평양

학력: 정신여고, 이화여대 불문학과 졸업, 이화여대 대학원 여성학 박사

경력: 한국여성단체연합 공동대표, 참여연대 공동대표, 국민회의 신당 창당 발기인, 제37대 국무총리, 제16·17·19대 국회의원(3선)

제19대 문재인 대통령과의 관계 및 인물평: 한명숙 전 총리는 1993년 한국여성단체연합 공동대표로 선출되면서 여성운동의 대모 자리를 굳혔다. 지난 1999년 김대중 전 대통령이 창당한 민주당 비례대표로 '제도권' 정치에 입문했다. 2001년 여성부 초대장관으로 자리를 옮긴 한 전 총리는 여성근로자의 출산휴가 기간을 30일 연장하고, 출산휴가 급여를 신설하는 내용의 모성보호법 개정의 산파역을 맡아 여성권익 신장을 위한 법적, 제도적 초석을 마련하기도 했다. 노무현 정부 때 첫 여성총리를 지냈다. 그는 불법 정치자금 수수 혐의로 징역 2년과 추징금 8억8000만 원을 선고받고 복역 중이다. 수감 중이면서도 한 전 총리는 문재인 캠프와 접촉, 조언을 아끼지 않았다.

문성근

1953년 5월 28일(양력)
일본 도쿄

학력: 보성고, 서강대 무역학과 졸업
경력: 현대양행 근무, 한라건설 근무, 연극 〈한씨연대기〉로 데뷔, SBS 〈그것이 알고 싶다〉 진행, 민주통합당 최고위원, 상임고문, '백만송이 국민의 명령' 상임운영위원장

제19대 문재인 대통령과의 관계 및 인물평: 문성근씨는 2002년 '노무현을 사랑하는 사람들의 모임(노사모)' 결성을 주도하면서 정치 운동에 뛰어든 대표적 친노 인사다. 그는 1953년 일본 도쿄에서 재야 운동가 고 문익환 목사의 셋째 아들로 태어났다. 2002년 노사모 결성을 계기로 장외(場外) 정치를 시작, 노무현 후보의 승리에 기여했다. 2003년 가을 노 대통령의 진서를 들고 방북, 김용순 노동당 대남담당비서를 만나기도 했다. 노 대통령이 문화부 장관을 시키려 했으나, 노사모 멤버인 이창동 영화감독을 추천했다. 문씨는 2009년 5월 노 전 대통령 서거 후 "정당을 직접 바꾸겠다"며 야권통합 운동에 뛰어들었다. 2010년 8월 야권 통합 추진 단체 '백만송이 국민의 명령'을 만들었다. 그는 현재 '백만송이 국민의 명령' 상임운영위원장이다. 외곽에서 조용히 문재인 대통령을 도왔다.

소문상

1964년 9월 22일(양력)

학력: 한국외국어대 영문학과 졸업
경력: 문희상 국회의원 보좌관, 대통령비서실장 보좌관, 대통령비서실 국내언론비서관, 기획조정비서관, 정무기획비서관, 대통령정무팀 팀장 겸 정무비서관, 광명전기 기획실 전무

제19대 문재인 대통령과의 관계 및 인물평: 소문상 전 비서관은 검정고시와 한국외국어대 영문과를 거쳐 문희상 의원 보좌관과 대통령비서실 기획조정비서관, 대통령비서실 정무기획비서관 등을 지냈다. 2012년 대선 때 문재인 대통령 캠프 정무행정팀 팀장으로 활약했다. 문 대통령의 최측근으로 분류된다.

문용욱

1966년
제주

학력: 대아고, 연세대 문헌정보학과 졸업

경력: 노무현 대통령 후보 수행비서, 대통령비서실 비서실장실 근무, 국정상황실 근무, 제1부속실 선임행정관, 제1부속실 실장

제19대 문재인 대통령과의 관계 및 인물평: 노무현 정부 때 최연소 청와대 제1부속실장을 맡았다. 제주도 남제주 출신인 문 전 실장은 연세대학교 문헌정보학과를 졸업, 노무현 정부 출범 이후 대통령 기획비서를 지내는 등 노무현 전 대통령을 지근에서 보좌해 온 친노 청와대 핵심 참모 중 한 명이었다.

이은미

1968년 5월 19일(양력)

학력: 동명여고 졸업

경력: 1집 '기억속으로'로 데뷔, 푸르메재단 홍보대사, 세종대 실용음악학과 교수

제19대 문재인 대통령과의 관계 및 인물평: 가수 이은미씨는 연예계 대표적인 폴리싱어다. 더불어민주당 문재인 대통령의 지지자이며 고 노무현 전 대통령의 추모곡 '인간적인, 너무나 인간적인'을 발표했다. 2016년 12월 7차 촛불집회의 무대에 올랐고, 2월 17차 촛불집회에서 자원봉사자로 모금활동을 펼쳤다. 스스로 '범야권 지지자'라고 칭한 이은미는 자신의 정치색을 드러내는 것에 부담이 없다고 했다. 문재인 대통령은 가장 좋아하는 가수로 항상 이은미씨를 꼽아 왔다.

고성규

학력: 서울대 약대 졸업

경력: 약사, 노무현 의원 영어교사, 노무현 의원 수행비서, 문재인 민정수석 보좌관

제19대 문재인 대통령과의 관계 및 인물평: **고성규씨는 문재인 대통령의 숨겨진 측근이다.** 노무현 정부 당시 민정수석이던 문 대통령을 보좌했다. 97년 노무현 전 대통령의 개인 영어교사로 연을 맺었다. 노 전 대통령이 개인 사무실도, 차도 없던 시절이라 두 사람은 남의 사무실에서 주 3회 정도 만나 영어 공부를 했다고 한다. 이후 고씨는 민주당 경선 직전까지 그림자처럼 수행했다. 이호철 전 민정수석과 함께 노 전 대통령에게 직언할 수 있는 인물이었으며, 2002년 4월 노 전 대통령이 민주당 대선 후보로 결정되자 그는 미련 없이 정치권을 떠났다. 당시 그를 청와대로 불러들인 게 문 대통령이었다. 이번 대선 과정에서 그의 모습을 선대위에서 본 사람은 없다고 한다. 그는 자신에 관한 기사나 사진이 언론에 실리는 걸 극히 꺼리는 것으로 알려졌다. 정치권에서는 그의 행보를 주목하라는 이야기가 돈다.

정구철

학력: 한성고, 성균관대 중어중문학과 졸업

경력: 《기자협회보》 편집국 국장, 《미디어오늘》 편집국 차장, 《언론노보》 기자, 대통령비서실 국정홍보비서관실 행정관 3급, 국정홍보서기관 직대, 국내언론비서관, 문재인 선대위 SNS본부 총괄실장

제19대 문재인 대통령과의 관계 및 인물평: **정구철 실장은 노무현 정부 때 국내언론비서관을 지냈다.** 노무현 정부 때 언론정책을 주도한 인물 중 하나다. 이번 대선 때는 문재인 선대위 SNS본부 총괄실장직을 맡았다.

학력: 한성여고, 이화여대 정치외교학과 졸업, 미국 아이오와대 정치학 석사, 미국 인디애나대 정치학 박사

경력: 이화여대 국제대학원 교수, 노무현 대통령 당선인 취임사 준비위원회 위원, 대통령비서실 홍보수석실 홍보수석비서관, 노무현재단 해외 온라인위원회 위원장, 이화여대 국제학부 국제학 전공 교수

저서: 《미국정치의 과정과 정책》《지방의회와 여성엘리트》《정당, 선거, 대의민주주의, 세계를 움직인 열두 명의 여성》《지역주의 선거와 합리적 유권자》《여성과학자 글로벌리더십》

제19대 문재인 대통령과의 관계 및 인물평: 조기숙 교수는 정치개혁과 언론개혁에 열의를 갖고 여성 학자로서의 소신을 펼쳐온 현실 참여형 정치학 교수로 평가받는다. 노무현 정부 때 홍보수석비서관을 역임했다. 노무현 전 대통령과는 지난 2000년 한 사적인 모임에서 현실정치를 놓고 논쟁을 벌인 게 인연이 됐다. 탁월한 정치감각과 함께 강단도 지녔다는 평이다. 대선 과정에서 조 교수는 문재인 대통령에게 각종 조언을 한 것으로 알려졌다.

조기숙

1959년 5월 14일(양력)
경기 안양

학력: 혜광고, 서울대 법과대 졸업, 서울대 대학원 법학과 박사과정 수료, 미국 캘리포니아대 버클리교 대학원 법학 석·박사

경력: 서울대 법과대 조교수, 참여연대 사법감시센터 소장, 서울대 법과대 부교수, 대법원 양형전문위원회 위원, 국가인권위원회 인권위원, 한국경찰법학회 회장

제19대 문재인 대통령과의 관계 및 인물평: 조국 서울대 교수는 1993년 '남한사회주의노동자동맹'(약칭 사노맹) 산하 '남한사회주의과학원' 사건에 연루돼 국보법 위반으로 5개월간 옥고를 치렀다. 조 교수는 옥고를 치르며 국제사면위원회로부터 양심수로 선정되기도 했다. 서울대 법대 대학원을 나와 미국 UC버클리대에서 박사를 취득한 뒤 영국 옥스퍼드대와 리즈(Leeds)대학 등에서 연구활동을 해온 국내에서는 드문 영·미 형법 전공자다. 지난 87년 경찰고문으로 숨진 서울대생 박종철씨의 고교 및 대학선배이기도 한 그는 문재인 대통령에게 각종 조언을 한 것으로 알려졌다. 조 교수는 대선 과정에서 문재인 대통령 지원 유세에 나서기도 했다.

조국

1965년 4월 6일(양력)
부산

학력: 강릉여고, 한양대 사학과 졸업
경력: 제16대 대통령직인수위원회 대변인실 행정관, 대통령비서실 홍보수석실 보도지원비서관 겸 춘추관장, 민주통합당 대변인, 19대 국회의원
저서: 《님은 갔지만 보내지 아니하였습니다》 《세상이 달라졌어요》 《김현 25시 파란수첩》
제19대 문재인 대통령과의 관계 및 인물평: 김현 전 의원은 문재인 대통령의 최측근이다. 청와대 춘추관장 시절부터 문 대통령과 호흡을 맞췄다. 청와대 춘추관장 퇴임 시 출입기자들이 "엄마라고 부른 마지막 춘추관장"이라는 내용의 기념패를 만들어 준 것으로 유명하다.

김현

1965년 10월 15일
강원 강릉

학력: 서귀포고, 제주대 원예학과 졸업, 제주대 행정대학원 정치외교학과 정치학 석사 수료
경력: 제주대 총학생회장, 제주4·3도민연대 운영위원, 제주특별자치도의회 도의원(새정치민주연합, 제주도 제22선거구, 득표율 66.44%), 20대 국회의원, 문재인 선대위 농수축산 특보단장
제19대 문재인 대통령과의 관계 및 인물평: 위성곤 의원은 1991년 제주대학교 총학생회장을 지낼 당시 4·3진상규명 투쟁 및 제주도 개발특별법 반대투쟁 등으로 옥고를 치르면서 도민사회에 청년리더 그룹으로 주목을 받아왔다. 대학졸업 후 《서귀포신문》 창간에 참여했고, 지난 2006년 지방선거에서 서귀포시 동홍동 선거구에서 첫 지방 의원 배지를 달고서 내리 세 번 당선됐다. 20대 총선을 통해 국회 입성에 성공, 제주 지역 선거사상 같은 정당 소속 현역의원이 한 지역구에서 4회 연속 당선되는 금자탑을 쌓아올렸다.

위성곤

1968년 1월 20일(양력)
제주 서귀포

김현철

1962년

학력: 서울대 경영대 졸업, 서울대 대학원 경영학 석사, 일본 게이오 비즈니스스쿨 경영학 박사

경력: 일본 나고야 상과대 부교수, 서울대 국제대학원 부교수, 서울대 국제대학원 부원장, 문재인 싱크탱크 '정책공간 국민성장' 국민성장추진단장

제19대 문재인 대통령과의 관계 및 인물평: **김현철 교수는 우리나라의 대표적 주류 경제학자다.** 김 교수는 서울대 경영대학원을 졸업한 후 일본 명문대인 게이오비즈니스스쿨에서 박사 학위를 취득했다. 귀국 후 2002년부터 삼성물산, 애경그룹, 아모레퍼시픽, 현대백화점, LG생활건강 등 주요 대기업의 자문을 맡았으며 한국 자동차산업학회장으로도 활동 중이다. 수년 전부터 인구절벽과 고령화 관련 대책을 마련해야 한다고 정부에 쓴소리를 한 인물이기도 하다. 이번 대선에서는 문재인 선대위 국민성장 추진단장을 맡았다. 문재인 대통령의 성장 담론인 국민성장론의 밑그림을 설계했다.

문재인 대통령의
대표 영입인사

유영민

1951년 8월 27일(양력)
부산

학력: 동래고, 부산대 수학과 졸업, 서울대 대학원 EC 최고경영자 과정 수료

경력: LG전자 전산실 입사, LG CNS 사업지원본부장 겸 IT아웃소싱사업본부장 부사장, 포스코ICT 사업총괄 사장(COO) 겸 IT서비스본부 본부장, 전경련 자유와 창의교육원 교수, 오륙도연구소 소장, 문재인 대선캠프 SNS본부 본부장

저서: 《상상, 현실이 되다》

제19대 문재인 대통령과의 관계 및 인물평: 유영민 위원장은 LG전자 출신 1호 CIO(정보화최고임원), LG CNS 부사장을 거쳐 소프트웨어진흥원장, 포스코 경영연구소장을 역임하며 최고 경영진까지 올랐다. 2007년에는 산업 기여를 인정받아 동탑산업훈장까지 받았다. 은퇴 후에는 책을 집필하고 강연을 하며 후학 양성에 힘을 쏟았다. 문재인 대통령은 2016년 1월 그를 11번째로 영입했다. 유 위원장은 20대 총선에서 유리했던 인천 송도 지역 출마를 뒤로한 채 부산 해운대갑을 지역구로 택했다. 40% 넘는 지지를 받았지만 아쉽게 낙선했다.

이용득

1953년 9월 13일(양력)
경북 안동

학력: 덕수상고, 성균관대 경영학과 졸업, 고려대 노동대학원 석사

경력: 한국산업은행 입행, 전국금융노동조합연맹 상임부위원장, 전국금융산업노동조합 위원장, 한국노동조합총연맹 위원장, 20대 국회의원(비례대표 12번)

제19대 문재인 대통령과의 관계 및 인물평: **이용득** 의원은 노동운동의 대부(代父) 격인 인물이다. 지난 35년 동안 현장에서 노동운동을 하면서, 3번이나 한국노총 위원장을 지냈다. 그가 이끈 노동운동은 파격적이었지만 그 방법이 늘 강성(强性)이었던 것은 아니다. 2004년 당시 이용득 한노총 위원장은 외국인 투자를 끌어오기 위해 외국기업 관계자들과 대화에 나섰고, 2006년에는 외국 자본을 유치하기 위해 노동계 수장 자격으로 해외 국가설명회(IR)에 참석하는 등 합리적인 면모를 보였다. 2007년 대선에서는 친(親)기업 정책을 내세운 이명박 후보와 정책연대를 선언하기도 했다. 더불어민주당 비례대표 12번으로 20대 국회에 진출한 그는 문재인 대통령의 당 대표 시절 원외인사로 최고위원을 지냈다.

예종석

1953년 12월 13일
부산

학력: 부산고, 미국 캘리포니아주립대 경제학과 졸업, 미국 인디애나대 대학원 경영학 박사

경력: 한국 마케팅 연구원 연구위원, 《한겨레신문》 사외이사, 아름다운재단 이사장, 한양대학교 경영대학 학장, 학교법인 국민학원 이사, 문재인 선대위 홍보본부 공동본부장

제19대 문재인 대통령과의 관계 및 인물평: **예종석** 이사장은 한국마케팅협회 부회장을 지내는 등 마케팅 전문가로 활동했다. 재야 원로 예춘호 선생의 장남이기도 하다. 문재인 선대위에 합류한 것은 손혜원 의원 때문이다. 손 의원은 마케팅 업계에서 오랜 교분을 나눠온 예 이사장을 직접 설득했다. 문재인 대통령도 삼고초려 했다. 그는 '국내 1호 음식문화평론가'로도 알려졌다. 기부 예찬론자로 나눔국민운동본부 공동대표, 국가인권위원회 정책자문위원 등을 맡기도 했다.

손혜원

1955년 1월 23일(양력)
서울

학력: 숙명여고, 홍익대 응용미술학과 졸업

경력: 현대양행(현 한라그룹) 기획실 디자이너, 크로스포인트 대표, 국가브랜드위원회 위원, 한국나전칠기박물관 관장, 더불어민주당 홍보위원장, 20대 국회의원, 문재인 선대위 홍보본부 부본부장

저서: 《꿈꾀끼꼴깡》《브랜드와 디자인의 힘》

제19대 문재인 대통령과의 관계 및 인물평: 손혜원 의원은 문재인 대통령이 홍보 전문가로 영입한 인사로 문 후보 부인인 김정숙씨와 중·고교 동창이다. 손 의원은 '친문 실세' '최후의 호위무사'로 불린다. 손 의원은 "문재인을 대통령 만들러 들어왔다"고 발언하기도 했다. 현 '더불어민주당' 당명과 로고 변경을 주도했고, 이후 20대 총선에서 정청래 전 의원의 지역구인 서울 마포을에 전략공천돼 국회에 입성했다. 손 의원은 홍익대에서 응용미술학을 전공한 디자인 전문가로, 아파트 '힐스테이트', 소주 '처음처럼' '참이슬' 같은 히트상품의 브랜드 네이밍을 해왔다.

정철

1960년 3월 23일(음력)

학력: 고려대 경제학과 졸업

경력: MBC애드컴 카피라이터, 서울카피라이터즈클럽 부회장, 단국대학교 언론영상학부 겸임 교수, 정철카피 대표

저서: 《씹어먹는 책 이빨》《불행은 따로국밥이다》《카피라이터 정철의 머리를 9하라》

제19대 문재인 대통령과의 관계 및 인물평: 정철은 '문재인의 카피라이터'로 불린다. 2012년 총선과 대선에서 문재인 캠프가 사용한 '바람이 다르다' '사람이 먼저다' 등 슬로건을 만들었다. 2010년 서울시장 선거 당시 민주당 한명숙 후보의 슬로건 '사람특별시'도 그의 작품이다. 이번 대선에서 문재인 대통령의 선거구호인 '나라를 나라답게, 든든한 대통령 문재인'도 그에게서 탄생했다.

조응천

1962년 9월 17일(양력)
대구

학력: 성광고, 서울대 공법학과 졸업

경력: 제28회 사법시험 합격, 해군 법무관, 서울지검 남부지청 검사, 서울북부지검 부부장검사(부패방지위원회 파견), 법무부 장관 정책보좌관, 김앤장법률사무소 변호사, 제18대 대통령직 인수위원회 법질서·사회안전 전문위원, 청와대 대통령비서실 민정수석실 공직기강비서관, 제20대 국회의원, 문재인 선대위 법률지원단장

제19대 문재인 대통령과의 관계 및 인물평: 2014년 말 '청와대 정윤회 문건 유출 사건'으로 널리 알려진 조응천 의원(박근혜 정부 청와대 공직기강비서관 역임)은 이번 대선에서 선대위 법률 지원단장으로 네거티브 대응을 맡았다. 2016년 조 의원의 더불어민주당 입당은 문재인 대통령 측의 3개월에 걸친 설득 작업에 따른 것으로 전해진다. 조 의원은 "문재인 대통령이 '내가 겪은 아픔을 다른 사람이 겪게 하지 않는 것, 그것이 바로 우리가 해야 할 정치의 시작 아니겠냐'고 이야기했고, 그 말이 우리 부부의 마음을 흔들었다. (문재인 대통령이) 우리 부부가 운영하던 식당에 수시로 찾아왔다"고 말한 바 있다.

권인숙

1964년
강원도

학력: 원주여고, 서울대 의류학과 졸업, 미국 러트거스대 여성학 석사, 미국 클라크대 여성학 박사

경력: '노동인권회관' 대표간사, 미국 사우스플로리다주립대 여성학과 조교수, 명지대 방목기초교육대 교수

저서: 《선택》《대한민국은 군대다》《권인숙 선생님의 양성평등 이야기》 등

제19대 문재인 대통령과의 관계 및 인물평: 서울대 의류학과에 재학 중이던 1986년 부천 의류공장에 위장취업 했던 권 교수는 공문서위조 등의 혐의로 부천경찰서에서 조사를 받던 중 성고문을 당했다. 권 교수는 그를 고문한 형사 문귀동을 고발했지만, 검찰은 '혁명을 위해 성적 수치심을 이용했다'며 그를 무혐의 처리하고 권 교수만 구속기소했다. 이후 재정신청을 통해 특별검사 격인 공소유지담당 변호사가 임명되면서 문귀동은 유죄가 인정돼 징역 5년형을 선고받았다. '페미니스트 대통령'을 표방한 문재인 대통령은 세계 여성의 날을 맞아 여성인권 운동을 촉발한 권 교수를 영입했다.

김태년

1965년 3월 20일(양력)
전남 순천

학력: **순천고, 경희대 행정학과 졸업, 경희대 행정대학원 행정학 석사**

경력: **경희대 총학생회 회장, 노무현 후보 성남 국민참여운동본부 공동본부장, 대통령 직속 국가발전위원회 자문위원, 민주당 대표 비서실장, 제17·19·20대 국회의원(3선)**

저서: **《성찰과 혁신》**

제19대 문재인 대통령과의 관계 및 인물평: **김태년 의원은 친노 직계로 분류된다. 문재인 대통령과는 경희대 동문이다. 2002년 그는 김원웅, 유시민이 몸담았던 개혁적 국민정당에서 전국운영위원장을 맡기도 했다. 문재인 대통령의 최측근 인사로서 이번 대선 과정에서 문재인 선대위 특보단 전체를 총괄하는 중책을 맡았다.**

표창원

1966년 5월 3일(양력)
경북 포항

학력: **고려고, 경찰대 행정학과 졸업, 영국 엑서터대 대학원 경찰학 석·박사**

경력: **경기지방경찰청 보안과 외사계 경위, 경찰대 경찰학과 교관, 경찰대 행정학과 교수, 경찰청 마약수사자문위원, 표창원범죄과학연구소 소장, 더불어민주당 정책위 부의장, 제20대 국회의원**

제19대 문재인 대통령과의 관계 및 인물평: **표창원 의원은 문재인 대통령이 당 대표를 역임할 당시 1호로 영입한 인사다. 표 의원은 1985년 당시 용인시 기흥구에 있던 경찰대학에 입학, 졸업 이후 국내의 내로라하는 범죄심리분석가(프로파일러)로 활동했다. 1998년에는 국비유학으로 영국 서부의 명문 엑서터대학교에서 박사 학위를 받아 국내 최초의 경찰학 박사로 이름을 올렸다. 경찰대 행정학과 교수로 재직하던 표 당선인은 2012년 '국정원 댓글사건'과 관련 경찰의 즉각적인 진입과 수사가 필요했다는 견해를 밝힌 것이 논란이 되면서 스스로 교수직을 내려놨다. 문 대통령에 의해 정치권에 발 디딘 그는 20대 총선에서 신설 선거구인 경기 용인정 후보로 전략공천 받아 당선됐다.**

양향자

1967년 4월 4일
전남 화순

학력: 광주여상, 삼성전자기술대 반도체공학과 졸업, 성균관대 대학원 전기전자컴퓨터공학 석사

경력: 삼성반도체 메모리설계실, 삼성전자 메모리사업부 Flash설계팀 수석연구원, 부장, 삼성전자 메모리사업부 Flash개발실 상무, 더불어민주당 최고위원(여성), 문재인 선대위 여성본부 본부장

제19대 문재인 대통령과의 관계 및 인물평: 양향자 최고위원은 문재인 대통령이 당 대표 시절 영입한 외부인사다. 7번째로 영입했다고 해서 '외부인사 영입 7호'로 불렸다. 문 대통령은 양 위원과 일면식도 없었지만, 영입을 위해 끈질기게 설득했다. 삼성전자 최초 상고 출신 여성 임원이다. 1985년 삼성전자 반도체 메모리설계실 연구 보조원으로 입사한 그는, 설계팀 책임연구원·수석연구원·부장 등을 거쳐 2014년 상무로 승진했다. 20대 총선에서는 국민의당 천정배 의원을 상대하기 위해 광주 서구을에 전략공천 됐지만 고배를 마셨다. 2016년 8월 27일 열린 전국대의원대회에서 현직 재선의원인 유은혜 후보를 꺾고 더불어민주당 여성최고위원으로 당선되는 파란을 일으켰다.

배재정

1968년 2월 16일
부산

학력: 데레사여고, 부산대 영문학과 졸업, 부산대 대학원 예술·문화와 영상매체협동과정 석사 수료

경력: 《부산일보》입사, 부산문화재단 기획홍보팀 팀장, 제19대 국회의원(비례대표, 민주통합당 7번), 민주당 대변인, 부산대 초빙교수(정치·미디어 교양학부, 임기 3년)

제19대 문재인 대통령과의 관계 및 인물평: 배재정 전 의원은 지난 1989년부터 2007년까지 《부산일보》기자로 오랫동안 언론인의 길을 걸었으며, 부산여기자회 회장을 맡기도 했다. 2011년까지 부산국제광고제조직위원회 홍보실장, 2012년 부산문화재단 기획홍보팀장 등 미디어·문화 분야에서의 눈에 띄는 활동을 거쳐 2012년 제19대 국회의원(비례대표)으로 뽑혀 정치권에서 활약했다. 문재인 대통령이 영입했다. 배 전 의원은 20대 총선에서 문 대통령의 지역구였던 부산 사상구에 출마했지만 낙선했다.

문미옥

1968년 12월 20일
경남 산청

학력: 포항공대 물리학과 졸업, 포항공대 대학원 물리학과 석·박사
경력: 연세대 물리 및 응용 물리사업단 연구교수, 한국여성과학기술
인지원센터 기획정책실 실장, 더불어민주당 원내부대표, 문재인 선대
위 과학기술 특보단장
저서: 《과학기술 여성정책》
제19대 문재인 대통령과의 관계 및 인물평: 문미옥 의원은 문재인
대통령이 당 대표 당시 여성 과학 기술인 몫으로 영입한 인사다. 문
재인 대표 체제에서의 마지막 영입인사로 '인재영입 19호'다. 경남
산청 출신으로 포항공대에서 '다금속간 초전도체 연구'로 물리학
박사 학위를 받고, 연세대·이화여대에서 연구교수를 거쳤다. 2003
년부터는 과학기술인재정책 분야에서 일했다. 여성과학기술인지원
센터 기획정책실장 출신이다. 과학자인 문 의원이 연구자들을 지원
하는 일에 눈을 돌리게 된 시작은 IMF였다. 문 의원은 "97년 IMF
뒤 많은 연구소와 기업들에서 가장 먼저 잘려나간 게 연구인력이었
다. 이후 이공계 기피 현상이 본격적으로 시작됐다"고 회고했다.

김병관

1973년 1월 15일
전북

학력: 이리고, 서울대 경영학과 졸업
경력: 넷마블게임즈, NHN게임스 대표이사 사장, 웹젠 대표이사,
제20대 국회의원, 더불어민주당 최고위원(청년), 문재인 선대위 청
년위원회 위원장
제19대 문재인 대통령과의 관계 및 인물평: 김병관 의원은 문재인
대통령이 당 대표 시절 '2호'로 영입한 인사다. 서울대 경영학과를
졸업한 뒤 네이버 계열사인 NHN게임스 대표이사 등을 지냈다.
그는 여야 국회의원 통틀어 최대 자산가다. '2016년도 국회의원 재
산변동 신고내역'에 따르면 김병관 의원의 재산은 1678억원에 달
한다. 그가 정치를 시작하게 된 이유는 게임산업 현장에서 느낀 위
기감 때문이다. 김 의원은 "중국의 텐센트는 시가총액이 210조원,
바이두도 90조원 정도 되는데 한국에서 제일 큰 네이버는 21조원,
게임회사 중 제일 큰 넥슨이나 NC는 8조원, 5조원 정도다. 중국 자
본이 워낙 많기 때문에 게임 쪽도 잠식당하고 있다"고 전했다.

박주민

1973년 11월 21일
서울

학력: 대원외고, 서울대 사법학과 졸업

경력: 제45회 사법시험 합격, 민주사회를 위한 변호사 모임 사무처장, 참여연대 부집행위원장, 세월호피해자가족협의회 법률대리인, 20대 국회의원, 문재인 선대위 법률 특보단장

저서: 《호모 레지스탕스》《시민을 고소하는 나라》

제19대 문재인 대통령과의 관계 및 인물평: 박주민 의원은 세월호 변호사로 불린다. 그는 문재인 대통령의 당 대표 시절 인재영입 17호 인사로 정치권에 발을 들였다. 박 의원은 2012년부터 2년간 민주사회를 위한 변호사 모임(이하 민변) 사무처장을 역임했으며, 밀양 송전탑 피해 주민과 제주 강정마을 주민, 쌍용차 해고노동자 등 공권력에 의해 시민의 권리가 훼손되는 현장에 있었다. 그는 "박원순 서울시장은 제가 민변, 참여연대 활동할 때 인연이 있고, 이재명 성남시장은 세월호 문제를 누구보다 열심히 챙겨줬다. 문재인 대통령은 내게 정치할 기회를 줬다"고 했다.

장진수

경북 문경

학력: 점촌고등학교 졸업

경력: 철도청, 국무총리실 공직윤리지원실 주무관, 국무총리실 재경 금융심의관실, 문재인 선대위 총무지원팀장

제19대 문재인 대통령과의 관계 및 인물평: 장진수 전 주무관은 2010년 민간인 불법사찰 의혹이 불거졌을 때 증거인멸 혐의로 기소됐다가 2012년 3월 "청와대가 민간인 사찰 증거를 인멸했다"고 폭로해 검찰이 민간인 불법사찰 사건을 재수사하는 계기를 만들었다. 그는 2017년 2월 문재인 선대위에 합류했다. 문재인 대통령은 해직당한 그에게 정권교체를 통해 깨끗하고 공정한 세상을 만드는 데 함께해 달라고 요청했다고 한다. 그는 캠프 내부 운영을 담당하는 총무지원팀장으로 활동했다.

신지연

학력: 미시간대 국제정치학 졸업, 뉴욕 로스쿨

경력: 미국 뉴욕주 변호사, 삼성중공업 법무실 수석변호사, 법무법인 태평양 외국변호사

제19대 문재인 대통령과의 관계 및 인물평: 정치 문외한인 그는 2011년 문재인 대통령의 자서전 《문재인의 운명》을 읽고 감동하여 11년간 일한 대기업에 사표를 던지고 2012년 문재인 대통령의 4·11총선을 도왔다. 2012년 총선 때 그는 문 대통령의 지역구(부산 사상)에서 선거법 자문을 맡았다. 동네 주민들의 민원 상담도 도맡았다. 당 대선 후보 경선 때부터 외신 담당 부대변인으로 변신했다. 이번 대선에서는 문 대통령의 스타일링을 도맡았다. 원래 부인 김정숙씨가 해왔지만 2016년 10월부터 신 변호사가 PI(Personal Image) 팀장직을 맡아 전담했다. 대선 과정에서 문 대통령은 인상이 한결 부드러워졌다는 평가를 받았다. 흰머리와 검은색 머리가 적절히 어우러져 '은발 신사'의 중후한 매력을 이끌어냈기 때문이다. 또 무채색 일색이던 의상도 감색(네이비블루) 톤을 중심으로 바뀌었는데, 무겁지 않으면서도 세련된 이미지를 준다는 호평을 받았다.

고민정

1979년 10월 13일
서울

학력: 분당고, 경희대 중어중문학과 졸업

경력: KBS 30기 공채 아나운서, KBS 〈인간극장 마이크의 전사들〉, KBS 〈뉴스광장 문화뉴스〉 진행, KBS 2TV 〈지구촌뉴스〉 진행, KBS 1TV 〈국악한마당〉 진행

저서: 《샹그릴라는 거기 없었다 – 비우고 채웠던 1년의 지독한 성장통》(수필)

제19대 문재인 대통령과의 관계 및 인물평: 2004년 KBS 공채 30기로 입사한 고민정 전 아나운서는 희귀병(강직성 척추염)을 앓는 남편 조씨와의 순애보로도 유명하다. 문재인 대통령은 대선 캠프 영입 1호로 고 전 아나운서를 택했다. 문 대통령은 직접 고 전 아나운서를 찾아가 지원을 요청했다. 고 전 아나운서는 문 대통령과 같은 경희대 동문으로 중어중문학과를 졸업했다. 그는 "해직 언론인을 보며 자괴감을 느꼈다"며 문재인 캠프 합류 이유를 밝혔다.

학력: 동국대학교 국제통상학과, 동국대 대학원 졸업

경력: 한국청년창업취업연구소 대표, 더불어민주당 민주정책연구원 부설 청년정책연구소 연구위원, 더불어민주당 전국청년위원회 청년창업위원장, 문재인 선대위 청년일자리본부장

제19대 문재인 대통령과의 관계 및 인물평: 권혁 본부장은 외부 특강과 대학 강의를 통해 창업, 미래설계, 취업 관련 강의 등을 하고 있고, 청년문제에 대해 지속적인 연구를 해온 인물이다. 특전사 출신이다. 지난 제20대 국회의원 선거 청년비례대표에 출마한 바 있다. 이번 대선에서는 문재인 선대위 청년 일자리본부장으로 활동했다.

권 혁

1985년 9월 9일
경기도 부천

학력: 한국외국어대학교 일본학부 졸업

경력: 프로바둑기사, 1999년 제2회 삼성카드배 여류아마최강부 준우승, 전바협 유단자부 준우승, 2006년 제8기 여류명인전 준우승, 2013년 tvN 〈더 지니어스: 룰 브레이커〉 출연

제19대 문재인 대통령과의 관계 및 인물평: 이다혜 4단은 2000년 입단 이후 2005년 제4회 정관장배, 2006년 제1회 대리배 등에서 한국 대표로 활약했으며 2008년 제8기 여류명인전에서 준우승했다. 이 4단은 이세돌 9단과 알파고의 대국 당시 심판과 해설을 맡은 바 있다. 이세돌 9단은 안희정 충남지사 후원회장으로 활동했다. 이 4단은 문재인 국민주권선거대책위원회 공동선대위원장으로 활동했다.

이다혜

1985년 10월 27일
서울특별시

문재인 국민주권선거대책위원회에 합류한
비문 인사

김원웅

1944년 3월 8일(음력)
중국 충칭

학력: 대전고, 서울대 정치학과 졸업, 중국 국립정치대학원 정치연구소 석사, 미국 미주리대 컬럼비아교 대학원 수료

경력: 공화당사무처 제7기 합격, 독립기념관 이사, 한나라당 대전 대덕지구당위원장, 개혁국민정당 대표, 민화협 공동의장, 제14·16·17대 국회의원(3선)

제19대 문재인 대통령과의 관계 및 인물평: 김 전 의원은 박정희 정권 시절이던 1972년 공화당 사무처 직원으로 정치계에 발을 들였다. 이후 민정당에 몸을 담았고 90년에는 3당 합당에 반대하며 홍사덕·이철·노무현 등과 '꼬마민주당'을 창당, 3김 정치와 거리를 둬왔다. 3선을 하면서 매번 소속 정당이 달랐다. 14대 때 민주당 소속으로 처음 국회에 입성했고, 이후에는 한나라당(16대)과 열린우리당(17대) 소속으로 금배지를 달았다. 또 2002년 대선에서는 한나라당을 탈당해 유시민 현 보건복지부 장관과 개혁당을 창당하기도 했다. 김 전 의원은 독립지사 김근수 선생과 여성광복군 전월선 여사의 장남이다.

학력: 속초고, 고려대 행정학과 졸업

경력: 대우건설, 경기도 의왕시 시장(초대 민선), 대통령비서실 환경정책비서관(2급), 더불어민주당 당 대표(추미애) 비서실장, 20대 국회의원

저서: 《갈등영향 분석 이렇게 한다》

제19대 문재인 대통령과의 관계 및 인물평: 신창현 의원은 김대중 정부에서 청와대 환경비서관과 의왕시장을 지냈다. 계파 색이 비교적 엷은 범 친노로 분류된다. 추미애 더불어민주당 대표 사람으로 꼽힌다.

신창현

1953년 6월 27일(음력)
전북 익산

학력: 인일여고, 이화여대 사회학과 졸업

경력: 한반도재단 이사장, 김근태 재단 이사장, 제19·20대 국회의원(재선)

제19대 문재인 대통령과의 관계 및 인물평: 인재근 의원은 고 김근태 전 의원의 부인이다. 인 의원은 이화여대 재학 시절 학생운동에 뛰어들어 민주화운동실천가족협의회(민가협), 민주통일민중운동연합(민통련) 활동 등을 해왔다. 1987년에는 김 전 고문과 함께 로버트 케네디 인권상을 공동 수상했다. 문재인 선대위에서는 인권신장 정책위원회를 맡았다.

인재근

1953년 11월 11일
인천

이종걸

1957년 5월 22일(양력)
서울

학력: 경기고, 서울대 공법학과 졸업

경력: 제30회 사법시험 합격, 역사문제연구소 운영위원, 민주사회를 위한 변호사 모임 기획간사, 법무법인 나라종합법률사무소 변호사, 제16·17·18·19·20대 국회의원(5선), 새정치민주연합(더불어민주당) 원내대표

저서: 《인터넷정책론》 《희망의 정치, 따뜻한 개혁》 등

제19대 문재인 대통령과의 관계 및 인물평: 이 의원은 선조 때의 백사 이항복 이래로 성재 이시영 부통령까지 따지면 무려 10명의 정승을 배출한 명문가의 후손이다. '삼한갑족(三韓甲族)'이다. 이종걸의 조부가 그 유명한 우당 이회영 선생이다. 집안에 대대로 내려오던 전 재산을 털어서 만주에 신흥무관학교를 세운 집안의 후손이다. 대표적인 비문(비문재인) 계열 중진으로 후보 경선 때는 이재명 성남시장 지지를 공개 선언하고 캠프 총괄 선대위원장을 맡았다. 경선 이후 문재인 선대위 공동선대위원장으로 활동했다.

노웅래

1957년 8월 3일(양력)
서울

학력: 대성고, 중앙대 철학과 졸업, 동국대 언론정보대학원 석사

경력: 《매일경제신문》 기자, MBC 보도국 기자(사회부, 경제부, 〈시사매거진 2580〉, 대통령선거방송 기획단), 전국언론노동조합 부위원장, 열린우리당 공보담당 원내부대표, 민주당 대표 비서실장, 민주당 사무총장, 제17·19·20대 국회의원(3선)

제19대 문재인 대통령과의 관계 및 인물평: 노웅래 의원은 1983년 《매일경제신문》을 거쳐 MBC에 입사, 시사고발 프로그램인 〈시사매거진 2580〉을 탄생시키는 등 언론인으로서 탄탄대로를 걸었다. 그는 부친이자 마포에서만 5선 국회의원을 지낸 노승환 전 국회부의장의 뒤를 이어 17대 총선 당시 마포갑에서 당선돼 정치권에 발을 들였다. 18대 총선에서는 당시 강승규 새누리당 후보에게 '낙선의 고배'를 마셨지만 19·20대 총선에서는 연속으로 승리했다. 당내 대표적 비노 인사다. 이번 대선 과정에서는 문재인 대통령의 유세를 총괄했다.

학력: 경동고, 연세대 토목공학과 졸업, 연세대 공학대학원 환경공학 석사

경력: 연세대 기독학생회 회장, 연세대 복학대책위원회 부위원장, 임채정 의원 보좌관, 16대 대통령직 인수위원회 자문위원, 열린우리당 원내부대표, 박원순 서울시장후보 선거대책본부 조직본부장, 제17·19·20대 국회의원(3선)

제19대 문재인 대통령과의 관계 및 인물평: 우원식 의원은 민주평화국민연대(민평련) 출신으로 대표적인 김근태계다. 우 의원이 현실정치에 뛰어든 것은 1988년 1월. 김대중 전 대통령이 대선에서 낙선하고 평화민주당을 만들었을 때다. 김 전 대통령이 2선으로 후퇴해선 안 된다는 생각에 재야 활동가 100여 명과 평민당에 입당했다. 김 전 대통령을 돕기 위해 당에 들어왔지만, 정치권 내가 아니라 다른 방법으로도 사회에 기여할 수 있겠다는 생각을 했고, 환경운동에 뛰어들었다. 문재인 대통령이 그에게 을지로('을'을 지키는 길) 민생본부 공동 본부장 직을 맡긴 것도 이런 이유에서다.

우원식

1957년 9월 18일(양력)
서울

학력: 경기고, 성균관대 무역학과 졸업

경력: 민주화 운동으로 2차례 구속, 《문화일보》 입사, 열린우리당 선거대책위원회 공동대변인, 민주당 전략홍보본부 본부장, 민주정책연구원 원장, 문재인 선대위 총괄 공동특보단장, 제17·19·20대 국회의원(3선)

저서: 《신문경제기사 읽는 법》

제19대 문재인 대통령과의 관계 및 인물평: 민병두 의원은 운동권의 대부로 불린다. 서울 난곡의 '낙골 야학'에서 활동한 뒤 81년 '학림사건', 87년 '제헌의회(CA)그룹 사건'으로 두 차례, 총 3년6개월 옥살이를 했다. 이후 《문화일보》에 입사, 기자 생활을 했다. 언론인 시절 상력과 통찰력을 중시했다. 2004년 열린우리당 비례대표로 제17대 국회의원이 되면서 여의도에 입성했다. 이후 그는 크고작은 선거마다 전략과 기획에 뛰어들었다. 자연히 민 의원의 이름 앞에는 '전략통'이란 수식어가 붙었다. 당내 비주류로 분류되지만 이번 대선 과정에서도 그는 문재인 선대위 특보단 전체를 총괄하는 중책을 맡았다.

민병두

1958년 6월 10일
강원 횡성

이개호

1959년 6월 23일(양력)
전남 담양

학력: 금호고, 전남대 경영학과 졸업

경력: 제24회 행정고시 합격, 내무부 지방자치기획단 운영담당관, 전남 광양시 부시장, 전라남도 제35대 행정부지사 고위공무원, 제19·20대 국회의원, 문재인 선대위 국가균형발전 특보단장

저서: 《나는 일꾼이다》

제19대 문재인 대통령과의 관계 및 인물평: 이개호 의원은 2014년 7·30 전남 담양·함평·영광·장성 보궐선거에서 승리, 국회에 입성했다. 행정고시에 합격한 뒤 전남도 행정부지사를 지낸 그는 정통 관료 출신이다. 재직 시절 민원 해결 능력과 친화력이 뛰어나다는 평가를 받았다. 손학규계로 분류된다. 이 의원은 손 전 대표의 권유로 정치권에 발을 들였다.

문용식

1959년 9월 23일
광주

학력: 전주고, 서울대 국사학과 졸업, 서울대 대학원 정치외교학 석사

경력: 나우콤 대표이사 사장, 한반도재단 사무총장, 김근태 재단 부이사장, 더불어민주당 고양시 덕양을 지역위원장, 더불어민주당 디지털소통위원장, 문재인 선대위 SNS본부 부본부장

제19대 문재인 대통령과의 관계 및 인물평: 문용식 부본부장은 서울대 운동권 출신이다. 1985년 민주화 추진위원회의 '깃발' 사건 등으로 20대의 절반을 감옥에서 보냈다. 이후 그는 인터넷이 제대로 보급되기도 전인 1994년 유선 전화망을 이용한 PC통신 '나우누리'를 선보이면서 IT계의 기린아로 주목받았다. 2001년 벤처 거품이 빠질 당시에는 나우콤의 대표로 취임했고, 피디박스와 아프리카 등의 신규 사업을 통해 경영의 혁신과 변화를 시도해 만성 적자에 시달리던 회사를 흑자 기업으로 돌리기도 했다. 언론사 정치부 기자들은 그를 '김근태의 분신'으로 기억하기도 한다. 그가 2003년 5월부터 2007년 김근태 전 의원이 대선 불출마 선언을 할 때까지 50개월이 넘는 기간, 김 전 의원의 후원그룹인 한반도재단 사무총장을 맡았기 때문이다.

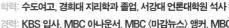

학력: 수도여고, 경희대 지리학과 졸업, 서강대 언론대학원 석사

경력: KBS 입사, MBC 아나운서, MBC 〈마감뉴스〉 앵커, MBC 보도국 경제부 기자, 경제부 부장, 열린우리당 대변인, 제17·18·19·20대 국회의원(4선), 새정치민주연합(현 더불어민주당) 원내대표

제19대 문재인 대통령과의 관계 및 인물평: 그는 1981년 KBS에 입사하며 방송 기자의 길로 들어섰다. 1982년 아나운서로 MBC에 입사했고 이듬해 기자가 돼 LA 특파원, 경제부장, 주말 〈뉴스데스크〉 앵커 등을 잇달아 맡았다. 2004년 MBC 선배이자 열린우리당 의장이었던 정동영 현 국민의당 의원의 권유에 따라 열린우리당 대변인으로 정계에 입문했다. 그는 "너무 준비 없이 정계에 들어온 것 같았다"면서 "한 번만 의원을 하고 그만두자는 생각밖에 없었고, 실제로 보따리도 쌌고, 떠나려고 비행기표까지 끊었었다"고 했다. 19대 대선 경선 때 안희정 충남지사를 공개지지 했다. 그는 안 지사 캠프의 의원멘토단장을 맡았다. 경선 직후 민주당이 발표한 공동선대위원장에 포함됐음에도 "정식으로 연락받은 바 없다"며 합류를 선언하지 않았지만, 문재인 대통령의 삼고초려 이후 합류 의사를 밝혔다.

박영선

1960년 1월 22일(양력)
경남 창녕

학력: 보성고, 한양대 신문방송학과 졸업

경력: 열린우리당 인천시당 사무처장, 민주개혁을 위한 인천시민연대 사무처장, 민주통합당 원내대변인, 더불어민주당 수석대변인, 제19·20대 국회의원(재선)

제19대 문재인 대통령과의 관계 및 인물평: 윤관석 의원은 26세의 젊은 나이에 주안공단, 부평공단, 남동공단 등을 도는 노동운동에 투신했다. 용접공 생활을 하면서 광각막염과 진폐증을 얻었다. 이후 인천 시민연대, 실업극복국민운동 인천본부 등 시민사회단체에 몸담으며 왕성한 지역사회 운동을 주도했다. 윤 의원을 정치로 이끈 것은 2002년 대선이었다. 노무현 전 대통령의 선거운동을 돕기 위한 '국민참여운동 인천본부'에 참여한 그는 이듬해 시민의 실질적인 정치 참여를 위한 '인천 시민네트'를 조직해 목소리를 키웠다. 그 과정에서 소위 '오세훈법'으로 불린 정당개혁법이 통과되자 정치를 하기로 마음을 굳혔다. 19대 국회 입성에 성공, 현재 재선 의원이다. 그는 송영길 의원의 측근이다. 문재인 대통령은 '통합'을 위해 윤 의원을 공보단 단장으로 기용했다.

윤관석

1960년 8월 17일
서울

학력: 전라고, 연세대 경영학과 졸업

경력: 인천도시공사 상임감사, 유동수세무회계사무소 대표, 하우징텐 대표이사, 더불어민주당 원내부대표, 20대 국회의원, 문재인 선대위 직능본부 부본부장

제19대 문재인 대통령과의 관계 및 인물평: 유동수 의원은 1961년 전북 부안에서 태어났다. 전라고, 연세대 경영학과를 나왔다. 대학교 4학년 때 공인회계사 시험에 합격한 뒤 인덕회계법인 인천지점 대표회계사를 지냈다. 이후 인천은 유 의원의 '제2의 고향'이 됐다. 아내가 인천에 개인병원을 열었고, 딸 둘도 얻었다. 그는 정세균계로 분류된다. 더불어민주당 인천 계양갑 20대 국회의원 예비후보자였을 당시 후원회장이 정세균 국회의장이었다. 이번 대선에서는 문재인 선대위 직능본부 부본부장을 맡았다.

유동수

1961년 9월 18일
전북 부안

학력: 전북 기계공고, 경희대 치과대 졸업, 서울대 대학원 치의학 석사, 서울대 대학원 치의학 박사과정 수료

경력: 경희대 삼민투위원장, 민주화 운동 관련 유공자 선정, 검단e-좋은치과의원 원장, 한국청년연합회 감사, 참여연대 운영위원, 열린우리당 창당준비위원, 인천시 정무부시장, 제19·20대 국회의원, 문재인 선대위 보건복지 특보단장

저서: 《불꽃은 늙지 않는다》

제19대 문재인 대통령과의 관계 및 인물평: 신동근 의원은 다섯 번의 도전 끝에 국회 입성에 성공했다. 여당 중진 황우여 전 대표와 맞붙었던 신 의원은 인천시 정무부시장을 역임하고 새정치민주연합 인천시당위원장을 지낸 바 있다. 그는 선거구가 조정되기 전 인천 서구 강화군에서 4차례 선거에 나서 모두 패배했었다. 치과 의사 출신인 신 의원은 2002년 고 김근태 전 국회의원의 권유로 당시 인천 서구을 국회의원 보궐선거에 출마하며 처음으로 제도정치권에 발을 내디뎠다.

신동근

1961년 12월 22일(양력)
경남 하동

서갑원

1962년 6월 24일(양력)
전남 순천

학력: 순천 매산고, 국민대 법대 졸업, 국민대 대학원 법학석사, 국민대 대학원 법학과 박사과정 수료

경력: 노무현 의원 보좌관, 지방자치실무연구소 연구원, 노무현 대통령 당선인 비서실 의전팀장, 청와대 비서실 의전비서관, 청와대 정무수석실 정무1비서관, 열린우리당 원내부대표, 제17·18대 국회의원(재선), 문재인 선대위 공동특보단장

제19대 문재인 대통령과의 관계 및 인물평: 서갑원 전 의원은 1992년 당시 민주당 최고위원이던 노무현 전 대통령에게 "정치 현실을 바꾸고 싶다"고 했다. 노 전 대통령은 그를 참모로 받아들였다. 이후 그는 '노무현의 그림자'로 불렸다. 서 전 의원은 노 전 대통령의 대선 후보 시절부터 당선 이후까지 비서실에서 의전팀장을 지냈다. 17·18대 총선 때 당선됐지만 이른바 '박연차 게이트'에 휘말리면서 19대 총선에는 출마하지 못했다. 더불어민주당 대선 경선 과정에서는 안희정 충남도지사 캠프의 총괄본부장을 맡아 활동했다. 문재인 대통령은 대선을 2주가량 앞두고 서 전 의원을 특보단장으로 임명했다.

김수현

1962년 7월 1일(양력)

학력: 서울대 도시공학과 졸업, 서울대 대학원 도시공학 석사, 서울대 환경대학원 환경계획학 박사

경력: 서울시정개발연구원 연구위원, 제16대 대통령직인수위원회 경제2분과 전문위원, 대통령비서실 국민경제비서관, 사회정책비서관, 제10대 환경부 차관, 세종대 도시부동산대학원 대학원장, 서울연구원 제14대 원장, 문재인 선대위 국민의나라위원회 간사

제19대 문재인 대통령과의 관계 및 인물평: 국민의나라위원회는 문재인 대통령 선대위의 최고 실세 조직으로 꼽혔다. 조직원들의 선대위 내 위상을 보면 국민의나라위원회가 문재인 선대위 내에서 최고 정책 결정권을 갖고 있는 조직이라는 점을 알 수 있다. 김수현 서울연구원 원장은 이 위원회의 간사를 맡아 활동했다. 그는 노무현 정부 임기 내내 청와대와 정부에서 일한 경제·사회 분야 정책 전문가다. 노 전 대통령 비서실에서 사회정책비서관·국민경제비서관·국정과제비서관을 지냈고, 국민경제자문회의 사무차장과 환경부 차관도 지냈다. 그는 문재인 대통령이 공식 선거운동 기간 첫 번째로 발표한 공약인 도시재생 뉴딜정책의 입안자이기도 하다.

유은혜

1962년 10월 2일
서울

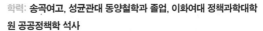

학력: 송곡여고, 성균관대 동양철학과 졸업, 이화여대 정책과학대학원 공공정책학 석사

경력: 조순 서울시장 선대본부 여성위원회 기획위원, 고건 서울시장 선대본부 총무위원회 총무부장, 국회의원 김근태 후원회 사무국장, 국회의원 김근태 보좌관, 열린우리당 부대변인, 새정치민주연합 대변인, 더불어민주당 대변인, 제19·20대 국회의원(재선)

제19대 문재인 대통령과의 관계 및 인물평: 성균관대 동양철학과 출신인 유 의원은 1985년 2월 민정당 독재 반대 시위를 주도한 혐의로 서울 서대문구치소에 구금됐다가 한 달여 만에 기소유예로 풀려났다. 이후 학생운동 대신 노동현장에 투신했다. 유 의원을 정치로 이끈 것은 고 김근태 전 고문이다. 1990년대 초반 성균관대 민주동문회 사무국장으로 일하다 김 전 고문과 만났다. 1996년 김 전 고문이 국회의원이 되자 유 의원은 보좌관으로 곁을 지켰다. 유 의원은 지금도 'GT(김근태)의 최측근' '영원한 GT맨'으로 불린다. 문재인 대통령은 이러한 유 의원을 당 대표 시절 가장 먼저 대변인으로 지명했다. 대선 과정에서도 캠프 수석대변인은 유 의원이었다.

우상호

1962년 12월 12일
강원 철원

학력: 용문고, 연세대 국문학과 졸업

경력: 연세대 총학생회 회장, 전국대학생대표자협의회 1기 부의장, 월간《말》지 기획위원, 새천년민주당 부대변인, 열린우리당 대변인, 제17·19·20대 국회의원(3선), 더불어민주당 원내대표

제19대 문재인 대통령과의 관계 및 인물평: 우상호 의원은 더불어민주당 '86(80년대 학번·60년대생) 운동권 그룹'의 대표주자다. 2000년 김대중 전 대통령이 전대협 출신인 이인영, 오영식 의원과 함께 '젊은 피'로 영입하면서 제도권 정치를 시작했다. 국어국문학과 출신으로 등단 시인인 우 원내대표는 조리 있는 말솜씨를 인정받아 열린우리당, 통합민주당, 민주당 대변인에 이어 2011년 박원순 서울시장 후보 대변인까지 지냈다. 방송개혁위원회 대변인 등 당 외 보직을 포함하면 총 8번의 대변인을 역임했다. 개인적으로는 문재인 대통령보다는 경쟁자였던 안희정 충남지사와 가깝다. 우 의원은 안 지사 결혼 당시 함진아비를 했던 30년 지기다. 두 사람은 학생운동을 하다 함께 서울구치소에 수감됐던 전력도 있다. 우 의원은 대선 과정에서 문재인 선대위 공동선대위원장으로 활동했다.

학력: 천안북일고, 순천향대 독어독문학과 졸업, 오스트리아빈국립대 경제학과 졸업, 오스트리아빈국립대 대학원 경제학 박사

경력: 순천향대 총학생회 회장, 고려대 경제연구소 연구교수, 민주당 정책위원회 부의장, 20대 국회의원

제19대 문재인 대통령과의 관계 및 인물평: 어 의원의 이력은 남다르다. 교수 출신이라 계파 색이 없을 것 같지만, 손학규 전 대표와 가깝다. 학문적으로는 노동경제학을 전공한 진보적 의원으로 분류된다. 더불어민주당 대선 후보 경선에서는 안희정 충남지사를 지원했다. 경선 이후에는 문재인 선대위에 조직본부 부본부장으로 합류했다.

어기구

1963년 1월 10일(음력)
충남 당진

학력: 광주대동고, 연세대 경영학과 졸업

경력: 연세대 총학생회 회장, 전국대학생대표자협의회 대변인, 제36회 사법시험 합격, 송영길·나완수 합동법률사무소 개업, 민주사회를 위한 변호사 모임 회원, 참여연대 회원, 열린우리당 사무총장, 민선 5기 인천시 시장, 제16·17·18·20대 국회의원(4선)

저서: 《벽을 문으로》《룰을 지배하라》《경제수도 인천 미래 보고서》《송영길의 누구나 집 프로젝트》 등 7권

제19대 문재인 대통령과의 관계 및 인물평: 연세대 총학생회장 출신으로 '86그룹'의 맏형 격인 송 의원은 인천시장을 지낸 4선(16·17·18·20대) 중진이다. 그는 대선 과정에서 문재인 선대위의 '컨트롤타워'인 총괄 선대본부장을 맡았다. 경선 캠프에서도 총괄 선대본부장직을 수행했다. 선대위 최고위직은 선대위원장이지만 이는 상징적인 역할을 하는 경우가 대부분이고 실제 선거운동을 끌고 가는 자리는 총괄 선대본부장이다. 문재인 대통령이 '강성 비문계'인 송 의원을 총괄 선대본부장으로 발탁한 것은 '친문 패권주의' 시비를 불식하기 위한 '탕평책'이라는 분석이다.

송영길

1963년 3월 21일
전남 고흥

황이수

1964년 4월 4일
서울

학력: 세종고, 서울대 인류학과 졸업

경력: 서울대 학생회장, 김홍신 의원 보좌관, 민주당 노무현 대통령 후보 PI 기획국 부국장, 대통령비서실 행사기획비서관

제19대 문재인 대통령과의 관계 및 인물평: 황이수 전 비서관은 노무현 전 대통령이 1994년 만든 지방자치실무연구소의 연구원으로 활동했다. 노무현 참모 1세대다. 그는 안희정 충남도지사와 친구다. 그는 안 지사의 2002년 대선 당시 불법 정치자금 수수에 대해 "당시 (이)광재나 내가 만들어 온 돈도 희정이가 다 관리했고 결국은 독박을 쓴 것이다. 대선 승리 후 희정이가 '대선 수사가 시작되면 누군가는 책임을 져야 한다. 내가 감옥에 가겠다'고 했다"고 했다. 서울대 학생회장 출신인 황 전 비서관은 김홍신 의원 보좌관을 지냈으며, 복지 분야와 선거법 전문가로 통한다.

김종민

1964년 5월 12일(양력)
충남 논산

학력: 장훈고, 서울대 국문학과 졸업

경력: 《내일신문》《시사저널》 정치부 기자, 대통령비서실 홍보수석실 대변인, 국정홍보비서관 2급, 충청남도 정무부지사, 20대 국회의원, 문재인 대선 캠프 홍보본부 수석부본부장

제19대 문재인 대통령과의 관계 및 인물평: 김종민 의원은 안희정 충남도지사의 오랜 친구이자 정치적 동지다. 안 지사와 같은 충남 논산 연무대 출신이기도 하다. 그는 노무현 정부에서 대변인을 맡았다. 안 지사가 충남지사가 된 후에는 정무부지사를 역임했다. 오랜 기간 안 지사와 동고동락한 만큼 안 지사를 가장 잘 아는 인물로 꼽힌다. 김 의원은 2016년 4·13총선에서 충남 논산·계룡·금산 지역구에 출마해 이 지역 6선 의원인 이인제 전 자유한국당 의원을 꺾고 국회에 입성했다. 그는 더불어민주당 대선 후보 경선 당시 안 지사 캠프에서 홍보본부장을 맡았다.

이인영

1964년 6월 28일(양력)
충북 충주

학력: 충주고, 고려대 국문학과 졸업, 고려대 언론대학원 정보통신학 석사과정 수료

경력: 고려대 총학생회 회장, 전국대학생대표자협의회 1기 의장, 국민회의 신당 창당 발기인, 노무현 대통령 후보 중앙선거대책위원회 인터넷선거 특별본부 기획위원장, 민주당 최고위원, 제17·19·20대 국회의원(3선)

저서: 《동백꽃 피는 마을》《동인일기》

제19대 문재인 대통령과의 관계 및 인물평: 3선의 이인영 의원은 전대협 1기 의장으로 이른바 '486(80년대 학번, 60년대생) 정치인'의 대표주자로 꼽힌다. 민주화 운동의 대부인 김근태 전 고문계다. 김 전 고문의 젊은 시절부터 그를 지근거리에서 보필해 온 이 의원은 자타공인 김 전 고문의 정치적 후계자다. 그가 정계에 입문하게 된 것도 김 전 고문의 권유 때문이었다. '리틀 김근태'라고 불린 것도 이런 이유에서다. 이번 대선에서 문재인 선대위 국민주권개헌특위 위원장을 맡았다.

고용진

1964년 8월 6일(양력)
서울

학력: 대광고, 서울대 신문학과 졸업

경력: 국회부의장 비서관(4급), 서울시의회 시의원, 대통령정무수석비서관실 행정관, 한국환경공단 기획관리이사, 더불어민주당 대변인, 20대 국회의원

제19대 문재인 대통령과의 관계 및 인물평: 고 의원은 1995년 서울시의원(노원갑 제4·5대)을 시작으로 국회 부의장실 비서관, 민주당 원내총무실 전문위원을 역임했다. 노무현 정부 청와대 행정관으로서 지방자치국장의 임무를 수행하기도 했다. 지난 대선에는 문재인 캠프 소통본부 운영지원단장을 맡았고, 이번 대선에서는 공보실 대변인으로 활동했다. 손학규 민주당 대표 시절 대표실 부실장을 역임, 손학규계로 분류된다.

박수현

1964년 8월 14일
충남 공주

학력: 공주대 사범대부속고 졸업, 서울대 서양사학과 3년 제적, 서울대 해양정책고위과정 수료

경력: 충남발전협의회 위원, 안희정 충남 도지사 정책특별보좌관, 민주당 원내대변인, 새정치민주연합 대변인, 더불어민주당 비상대책위원장 비서실장, 19대 국회의원

제19대 문재인 대통령과의 관계 및 인물평: 박 전 의원은 이인제 의원 등의 보좌관으로 일하다 낙향, 공주 지역 정가에서 활동했다. 이후 안희정 충남지사 정책특별보좌관을 지냈고, 19대 국회의원 선거에 출마해 당선됐다. 당시 박 전 의원은 버스를 이용해 출퇴근했다. '당선 후에도 초심을 잃지 않는 국회의원의 모습을 보여주겠다'는 다짐에 시작한 것이었다. 박 전 의원은 안희정계의 대표주자다. 사석에선 서로 "사랑하는 친구"라고 부른다. 대선 과정에서 문재인 대통령의 입으로 활동했다.

백재욱

1964년 9월 10일
전남 신안

학력: 연세대 행정대학원 행정학 석사

경력: 서울시장 박원순 후보 정책특보, 새정치민주연합 정책위원회 부의장, 더불어민주당 제2사무부총장, 문재인 선대위 조직본부 부본부장

제19대 문재인 대통령과의 관계 및 인물평: 백재욱 제2사무부총장은 서울시장 박원순 후보 정책특보를 지낸 인물이다. '박원순 사람'으로 통한다. 19·20대 총선 때 고향인 전남 무안·영암·신안 지역에 예비후보로 등록했지만, 국회 입성에 실패했다.

전현희

1964년 11월 4일(양력)
경남 통영

학력: 데레사여고, 서울대 치의학과 졸업, 고려대 특수법무대학원 의료법학과 수료, 고려대 법무대학원 의료법학석사

경력: 치과의사 국가고시 합격, 제38회 사법시험 합격, 대한의사협회 자문변호사, 대외법률사무소 변호사, 더불어민주당 전국직능대표자회의 총괄본부장, 제18·20대 국회의원(재선)

저서: 《도전, 너무도 매혹적인》《살아가는 동안, 지치지 않도록》

제19대 문재인 대통령과의 관계 및 인물평: 전현희 의원은 최초의 치과의사 출신 변호사다. 정치권의 러브콜이 날아들었다. 2000년 16대 총선 때 당시 이회창 한나라당 총재 측으로부터 영입 제안이 들어왔다. 2004년 17대 총선 때는 여야로부터 모두 제안이 왔다. 2008년 18대 총선 때는 그에게 먼저 손을 내미는 정당이 없었다. 스스로 인터넷에서 비례대표 신청서를 출력해 통합민주당을 찾았고, 결국 비례대표 7번으로 국회 입성에 성공했다. 당시는 '손학규 체제'였다. 때문에 본인 의사와 무관하게 '손학규계'로 분류된다. 지난 20대 총선에서 보수 진영의 철옹성인 '강남 벨트' 가운데 핵심인 강남구에서 당선됐다.

이철희

1964년 11월 20일
경북 영일

학력: 동인고, 고려대 정치외교학과 졸업, 고려대 정치외교학과 대학원 석사과정 수료

경력: 노무현 대통령 당선인 비서실 전문위원, 두문정치전략연구소 소장, 더불어민주당 전략기획본부 본부장, 20대 국회의원(비례대표, 더불어민주당 8번)

저서: 《박근혜 현상》《불량사회 그 적들》《무엇을 어떻게 할 것인가》《누가 해도 당신들보다 낫겠다》《뭐라도 합시다》 등 12권

제19대 문재인 대통령과의 관계 및 인물평: 이철희 의원은 1993년 국회의원 비서로 정치에 입문해 현재 국민의당에 있는 김한길 의원의 보좌관을 거쳤다. 김대중 정부 시절에는 청와대 행정관으로 근무하기도 했다. 더불어민주당 대선 후보 경선 과정에서는 안희정 충남지사를 지지했다. 이와는 별도로 정치평론가 출신인 이 의원은 대선 3개월 전 "1대1이든, 다자구도든 상당한 격차로 이긴다. 대세는 맞다. 초강세라고도 할 수 있다"고 문재인 대통령 당선을 예측했다.

학력: 배정고, 한양대 법대 졸업, 국민대 대학원 경영학 박사

경력: 국회의원 손학규 정책특보, 이재명 성남시장 선거대책위원장, 국민대 겸임교수, 더불어민주당 원내부대표, 20대 국회의원

저서: 《김병욱, 분당에 서다》

제19대 문재인 대통령과의 관계 및 인물평: 김 의원은 손학규 전 대표의 측근이다. 손 전 대표의 정책특보를 지냈으며, 손 전 대표의 싱크탱크인 동아시아미래재단 사무총장도 맡았었다. 전남 강진에서 칩거 중이었던 손 전 대표가 20대 총선에서 가장 먼저 찾아간 곳이 김 의원의 지역구(성남 분당을)였다. 김 의원은 지역구를 고리로 2010년 지방선거 때부터 이재명 성남시장과 인연을 맺기도 했다. 그는 "2010년 지방선거를 앞두고 당내 세력이 취약했던 이 시장이 좋은 성남시를 만드는 데 같이 노력하자며 도와달라고 했다"고 말했다. 더불어민주당 경선 과정에서 김 의원은 이 시장의 대변인으로 활동했다.

김병욱

1965년 4월 15일
경남 산청

학력: 경원전문대 실내건축학과 졸업, 한양대 행정·자치대학원 고령화 사회복지학 석사

경력: 경기 광주청년회의소(JC) 29대 회장, 경기도의회 도의원(민주당, 경기 광주 제1선거구), 더불어민주당 정책위원회 부의장, 20대 국회의원, 문재인 선대위 유세본부 부본부장

제19대 문재인 대통령과의 관계 및 인물평: 임종성 의원은 부친인 임성균씨에 이어 대를 이은 도의원 출신으로 1965년 경기 광주에서 태어나 광주초·중학교를 거쳐 경원전문대를 졸업했다. 7·8대 도의원을 역임했고, 민주당 경기도당 청년위원장, 무상급식 실현 광주시운동본부 공동대표, 경기도 광주시 학교운영위원협의회장, 경기도 광주시 청소년 오케스트라 단장 등을 지냈다. 손학규계로 분류된다. 손 전 대표와의 인연은 2007년 시작됐다. 임 의원은 당시 대선 경선 후보였던 손 전 대표의 경기도 선대본부장을 맡았고 그 인연을 지금까지 끈끈하게 이어오고 있다.

임종성

1965년 8월 5일

박경미

1965년 10월 15일(양력)

학력: 서울대 사범대 수학교육과 졸업, 미국 일리노이대 대학원 수학교육학 박사

경력: 금옥여고, 대영고 수학교사, 미국 캘리포니아대 버클리교 연구원, 한국교육과정평가원 책임연구원, 홍익대 사범대 수학교육과 부교수, 교수, 제20대 국회의원(비례대표, 더불어민주당 1번), 더불어민주당 대변인

제19대 문재인 대통령과의 관계 및 인물평: 박 의원은 동아출판, 미래엔에서 나온 2000년대 중·고등학교 수학교과서들을 집필한 수학 교육 전문가다. 초등학교 교사 출신의 양친을 두고 수학을 좋아한 까닭에 수도여고 졸업 후 자연스럽게 1983년 서울대 수학교육학과로 진학했다. 졸업 후 수학교사로 잠시 일하다가 1989년부터 미국 일리노이대학교에 유학해 수학교육학 박사 학위를 취득하고, 1999년부터 홍익대 수학교육과 교수로 학생을 가르쳤다. '김종인 사람'으로 분류된다. 문재인 대통령은 계파 색을 지운다는 의미에서 박 의원을 캠프 공보단 대변인으로 임명한 것으로 알려졌다.

송옥주

1965년 12월 20일
경기 화성

학력: 수원여고, 연세대 신문방송학과 졸업, 연세대 행정대학원 행정학 석사

경력: 월간 《월드투어》 편집부 부장, 새천년민주당 창당준비위원회 홍보위원회 팀장, 제16대 대통령선거 백서발간위원회 국장, 열린우리당 여성국 국장, 더불어민주당 대변인, 20대 국회의원(비례대표, 더불어민주당 3번)

제19대 문재인 대통령과의 관계 및 인물평: 당직자 몫으로 비례대표 3번을 받고 20대 국회에 입성했다. 송옥주 의원은 18대 총선에서는 통합민주당 후보로 화성갑에 출사표를 던졌다가 낙선했고 19대 총선에서는 민주통합당 31번째 비례대표로 국회 입성에 도전했으나 쓴잔을 마셨다. 송 의원은 특별한 계파가 없는 것으로 알려졌다.

학력: 광주인성고, 성균관대 신문방송학과 졸업, 성균관대 언론정보대학원 언론학 석사

경력: 성균관대 총학생회장, 서울시 정무부시장 비서, 대통령비서실 행정관, 서울시 정무부시장, 더불어민주당 원내대변인, 20대 국회의원, 문재인 선대위 미디어본부 부본부장

저서: 《그런 사람 없어요 기동민》《아빠, 엄마 반만큼만 해라》

제19대 문재인 대통령과의 관계 및 인물평: 기동민 의원은 국회 내 박원순계 의원으로 꼽힌다. 그간 기 의원은 거물급 인사들을 여럿 보좌해 왔다. 2002년 2월 김대중 대통령 비서실 행정관으로 정치에 입문, 김근태 복지부 장관 정책보좌관을 거친 후 박지원 민주당 원내대표 특별보좌관을 맡았다. 기 의원은 더불어민주당 대선 후보 경선 과정에서 안희정 충남도지사를 지원했다.

기동민

1966년 2월 23일
전남 장성

학력: 유신고, 고려대 농업경제학과 졸업

경력: 경기도 용인시의회 시의원(열린우리당, 용인시 다 선거구), 민주통합당 정책위 부의장, 더불어민주당 디지털소통본부장, 더불어민주당 제5정책조정위원장, 제19·20대 국회의원(재선), 문재인 선대위 정책본부 부본부장

제19대 문재인 대통령과의 관계 및 인물평: 김민기 의원은 경기도 용인의 재선 의원으로 '손학규계'로 분류된다. 이번 더불어민주당 대선 후보 경선 과정에서는 안희정 충남지사를 지지했다.

김민기

1966년 4월 28일
경기 용인

학력: 수성고, 서울대 사범대 졸업, 미국 북콜로라도주립대 교육학 박사

경력: 공군사관학교 조교수, 13대 대통령선거 오산화성 공정선거 감시단장, 중앙대 체육과학대학 조교수, 대한올림픽위원회(KOC) 상임위원, 제17·18·19·20대 국회의원(4선)

저서: 《새로운 스포츠 사회학》《2002, 월드컵, 신화와 현실》《월드컵, 그 열정의 사회학》《물 향기 편지》등 8권

제19대 문재인 대통령과의 관계 및 인물평: 안민석 의원은 4선 국회의원으로 이번 박근혜·최순실 게이트를 밝혀내는 데 큰 공을 세우면서 부각됐다. 안 의원은 1966년 경남 의령에서 태어나 수원 수성고와 서울대학교 사범대학 체육교육과를 졸업했다. 그는 국회에선 보기 드문 '무관의 4선'이다. 통상 3선에 돌아가는 상임위원장직을 아직 한 번도 맡지 못했다. 정치권에선 계파에 줄 대기를 거부한 탓으로 해석하고 있다. 문재인 선대위에서는 직능본부장을 맡았다.

안민석

1966년 8월 13일(양력)
경남 의령

학력: 마포고, 연세대 화학과 졸업, 서울대 대학원 정치학 석사

경력: 연세대 총학생회장, 제16대 대통령인수위원회 정무분과 행정관, 대통령비서실 민정수석실 행정관(3급 상당), 노무현재단 기획위원, 박원순 서울시장후보 선거캠프 상황실 부실장, 서울시 정무수석비서관, 더불어민주당 정책위원회 부의장, 더불어민주당 뉴파티위원회 위원, 문재인 선대위 총괄본부장

저서: 《참여정부 인사검증의 살아있는 기록》《님은 갔지만 보내지 아니하였습니다》

제19대 문재인 대통령과의 관계 및 인물평: 권오중 전 서울시 정무수석은 노무현 정부 5년 동안 민정수석실에서 일했다. 당시 문재인 대통령과 호흡을 맞췄다. 하지만 이번 대선을 앞두고 열린 더불어민주당 경선에서는 안희정 충남도지사를 지원했다. 경선 이후 문재인 선대위 총괄부본부장으로 활동했다.

권오중

1968년 1월 10일
서울

조승래

1968년 2월 21일

학력: 한밭고, 충남대 사회학과 졸업, 충남대 평화안보대학원 평화안보학 석사

경력: 청와대 대통령비서실 시민사회비서관실 행정관, 사회조정2비서관, 충청남도청 정책 특별보좌관, 20대 국회의원, 문재인 선대위 정책본부 부본부장

제19대 문재인 대통령과의 관계 및 인물평: 조승래 의원은 안희정 충남지사의 최측근이다. 노무현 정부의 사회조정비서관 출신인 그는 충남도지사 비서실장을 맡아 안 지사를 지근거리에서 보좌했다. 더불어민주당 대선 후보 경선 때도 안희정 캠프에서 정책 부문을 담당했다. 애초 그는 총선 출마에 부정적이었지만 원내에서 안 지사의 대권가도에 힘을 보태기 위해 선거에 뛰어들었고 당선됐다.

허동준

1968년 9월 16일

학력: 문태고, 중앙대 법학과 졸업, 중앙대 대학원 행정학 박사과정 2년 수료

경력: 중앙대 총학생회장, 제15대 대통령선거 김대중 후보 청년문화특별위원회 위원장, 제16대 대통령선거 김근태 후보 경선대책위원회 수행팀 팀장, 열린우리당 부대변인, 노무현재단 기획위원, 문재인 선대위 상근 부단장

제19대 문재인 대통령과의 관계 및 인물평: 허동준 부단장은 2000년부터 서울 동작을 지역을 지켜왔지만, 매번 전략공천에 희생당한 '비운의 정치인'으로 통한다. 17대 총선에서는 이계안 전 의원에게 18대 총선에서는 정동영 의원에게, 19대 총선에서는 또다시 이계안 전 의원에게 공천을 내줬기 때문이다. 허 부단장을 제치고 공천을 받아 당선됐던 의원들 대부분 탈당을 하거나 불출마, 지역을 옮기는 등 자신의 정치를 위해 동작을을 떠났다. 20대 총선 때 겨우 공천을 받았지만, 나경원 자유한국당 의원에게 패했다. 허 부단장은 486 운동권 세대로 김근태계로 분류됐다.

박용진

1971년 4월 17일(양력)
전북 장수

학력: 신일고, 성균관대 사회학과 졸업, 성균관대 국정관리대학원 행정학 석사

경력: 성균관대 총학생회장, 민주노동당 대변인, 민주통합당 대변인, 새정치민주연합 홍보위원장, 더불어민주당 비서실장, 문재인 선대위 미디어본부 부본부장(1메시지단장)

저서: 《과감한 전환》

제19대 문재인 대통령과의 관계 및 인물평: 박용진 의원은 성균관대 총학생회장 출신으로 1997년 대선 때 권영길 국민승리21 후보 캠프에서 일하며 정치권에 발을 디뎠다. 이후 민주노동당 대변인, 진보신당 부대표를 지냈고 2012년 더불어민주당의 전신인 민주통합당에 합류했다. 29세이던 2000년 16대 총선 서울 강북을에서 민주노동당 후보로 출마한 이후 3수(修) 만에 국회의원이 됐다. 문재인 대통령은 안희정 캠프에 몸담았던 박 의원에게 직접 전화를 걸어 도움을 요청했다.

제윤경

1971년 7월 25일

학력: 덕성여대 심리학과 졸업

경력: 한겨레 이엔씨 재무컨설팅 사업본부장, 에듀머니 대표, 박원순 서울시장 선거캠프 부대변인, 20대 국회의원(비례대표 9번)

저서: 《불행한 재테크 행복한 가계부》《부자들의 행복한 가계부》《아버지의 가계부》《약탈적 금융 사회》《빚 권하는 사회, 빚 못 갚을 권리》등 9권

제19대 문재인 대통령과의 관계 및 인물평: 덕성여대 심리학과를 졸업한 제 의원은 덕성여대 총학생회장 출신이다. 이후 금융·재무 관련 사회적 기업 '에듀머니'를 창업해 서민 금융 관련 시민사회 운동을 꾸준히 이어왔다. 2015년에는 장기 연체자들의 채무를 탕감해 주는 '주빌리 은행'을 설립해 대표를 맡아왔다. 지금까지 1500억 원, 총 4000여 명의 채권을 인수해 소각(탕감)했다. 더불어민주당 대선 후보 경선에서는 이재명 성남시장 대변인으로 활동했다.

학력: 명석고, 건국대 경영정보학과 졸업

경력: 건국대 총학생회장, 경기도지사 보좌관, 손학규 후보 경선 선대위 전략기획본부 전략기획실 실장, 민주당 당 대표(손학규) 정무특보, 20대 국회의원

제19대 문재인 대통령과의 관계 및 인물평: 민 정치컨설팅 전략기획팀장 출신인 강훈식 의원은 2006년 당시 손학규 경기도지사 보좌관으로 발탁되면서 이후 손학규계 핵심 참모로 활동했다. 손학규 전 대표의 정치철학을 누구보다 잘 아는 인물이다. 2010년 6·2지방선거 당시에는 안희정 충남도지사 선대위 전략기획본부장을 맡았다. 더불어민주당 내에서 전략통으로 꼽히며 선거 기획 경험이 풍부하다는 장점이 있다. 문재인 선대위 대변인으로 활동했다.

강훈식

1973년 10월 24일(양력)
충남 아산

조윤제

1952년 2월 22일(양력)
부산

학력: 경기고, 서울대 경제학과 졸업, 미국 일리노이대 대학원 경제학 석사, 미국 스탠퍼드대 대학원 경제학 박사

경력: 세계은행 경제분석관, 한국조세연구원 부원장, 서강대 국제대학원 교수, 주영국 대사

저서: 《한국의 권력구조와 경제정책》《제자리로 돌아가라》《위기는 다시 온다》

제19대 문재인 대통령과의 관계 및 인물평: 문재인 싱크탱크 '정책공간 국민성장'의 소장, 문재인 선거대책위원회 고문을 맡았다. 국제기구에서 경제분석관으로 경력을 쌓은 중도 성향의 경제학자다. 문재인 측은 2012년 18대 대선의 패인으로 지적된 편향성 논란을 극복하기 위해 조윤제 영입에 공을 들였다.

한완상

1936년 3월 18일(양력)
충남 당진

학력: 경북고, 서울대 사회학과 졸업, 미국 에모리대 대학원 정치사회학 석·박사

경력: 서울대 사회학과 교수, 부총리 겸 통일원 장관, 부총리 겸 교육인적자원부 장관, 상지대 총장, 한성대 총장, 대한적십자사 총재, 경기도교육연구원 이사장

저서: 《지식인과 허위의식》《민중과 지식인》《민중사회학》《우아한 패배》《바보 예수》《한반도는 아프다》

제19대 문재인 대통령과의 관계 및 인물평: '정책공간 국민성장'의 상임고문이다. 민중사회학을 주장한 좌파 성향 사회학자이며, 김대중 내란음모 사건에 연루돼 복역한 바 있다. 김영삼 정부에서 통일부총리를 김대중 정부에서 교육부총리를 각각 지냈다. 2012년 대선 당시 문재인에게 대선 출마를 권유하고 그의 외곽조직 '담쟁이 포럼'의 이사장을 맡았다.

박승

1936년 2월 16일(양력)
전북 김제

학력: 이리공고, 서울대 경제학과 졸업, 미국 뉴욕주립대 대학원 경제학 석·박사

경력: 한국은행 조사역, 중앙대 경제학과 교수, 건설부 장관, 대한주택공사 이사장, 한국은행 총재

저서: 《한국경제성장론》《경제발전론》《한국경제의 두 얼굴》《한국경제의 역동성은 위기에서 나온다》

제19대 문재인 대통령과의 관계 및 인물평: '정책공간 국민성장'의 자문위원장이다. 중도 성향의 경제학자로 한국은행의 통화정책보다는 정부의 재정정책을 통한 경기부양을 역설한다. 공무원연금은 물론 군인연금, 교원연금 개혁을 강조하고, 증세를 통한 선별적 복지 확대를 주장한다.

조대엽

1960년 2월 20일(양력)
경북 안동

학력: 안동고, 고려대 사회학과 졸업, 고려대 대학원 사회학 석·박사
경력: 고려대 인문학부 교수, 한국비교사회학회 회장, 고려대 노동대학원 원장
저서: 《한국의 시민운동: 저항과 참여의 동학》《한국의 사회운동과 NGO》《생활민주주의의 시대》
제19대 문재인 대통령과의 관계 및 인물평: '정책공간 국민성장'의 부소장이다. 2012년 대선 때도 문재인을 도왔고, 그가 이끈 교수 그룹이 '정책공간 국민성장'의 주축이 됐다. 2016년 4월 총선에서 더불어민주당이 호남에서 대패한 이후 '문재인 책임론'이 제기되자 '문재인을 위한 변명'이란 칼럼을 통해 "문재인은 우리 시대의 소중한 정치적 자산"이라며 "유독 문재인에게만 적용되는 가혹한 잣대를 거두라"고 주장했다.

김기정

1956년 4월 30일(양력)
경남 통영

학력: 경남고, 연세대 정치외교학과 졸업, 미국 코네티컷대 대학원 정치학 석·박사
경력: 연세대 정치외교학과 교수, 연세대 학생복지처장, 연세대 동서문제연구원 원장, 연세대 행정대학원 원장
저서: 《미국의 동아시아 개입의 역사적 원형과 20세기 초 한미관계 연구》《꿈꾸는 평화》
제19대 문재인 대통령과의 관계 및 인물평: '정책공간 국민성장'의 연구위원장이다. 문재인의 경남중·고교 후배다. 2012년 대선 당시 문재인의 외곽조직 '담쟁이포럼'에 참여했으며, 현재 문재인의 '외교 브레인'으로 꼽히는 측근이다.

최정표

1953년 8월 14일(양력)
경남 하동

학력: 진주고, 성균관대 경제학과 졸업, 미국 뉴욕주립대 대학원 경제학 석·박사

경력: 건국대 경제학과 교수, 노무현 당선자 인수위원회 경제1분과 자문위원, 경제정의실천시민연합 상임집행위원장 및 공동대표, CJ제일제당 사외이사

저서: 《선진화를 위한 재벌의 선택–소유 경영 분리》《재벌시대의 종언》《한국재벌의 이론과 현실》

제19대 문재인 대통령과의 관계 및 인물평: '정책공간 국민성장'의 경제분과위원장이다. 세습 경영에 반대하고, '전문경영인 체제'를 역설하는 대표적인 재벌 개혁론자다. 경실련 등 민간단체에서 활동하는 등 30년 동안 재벌개혁을 주장해 왔고, 문재인표 재벌개혁 정책의 밑그림을 그렸다.

서훈

1954년 12월 6일(양력)
서울

학력: 서울고, 서울대 사범대 졸업, 미국 존스홉킨스대 대학원 국제정치학 석사, 동국대 대학원 북한학 박사

경력: 국가정보원 대북전략국장, 국가안전보장회의 정보관리실장, 국가정보원 3차장(대북 담당), 이화여대 북한학과 초빙교수

저서: 《북한의 선군 외교(약소국 북한의 강대국 미국 상대하기)》

제19대 문재인 대통령과의 관계 및 인물평: '정책공간 국민성장'의 안보외교분과위원장이다. 문재인의 '안보 브레인'으로 꼽히는 그는 국내 전·현직 공무원 중 김정일을 가장 많이 만난 것으로 알려졌다. 2000년과 2007년의 소위 정상회담 당시 막후 협상에 참여했다. "남북정상회담은 꼭 필요했던 일"이라고 주장하면서 북핵 동결을 위한 대화를 강조한다.

조흥식

1953년 5월 7일(양력)
부산

학력: 부산고, 서울대 사회복지학과 졸업, 서울대 대학원 사회복지학
석·박사

경력: 서울대 사회복지학과 교수, 대통령 직속 농어업 농어촌특별대
책위원회 상임위원, 참여연대 사회복지위원장, 참여사회연구소 소
장, 서울대 교수협의회 회장

저서: 《인간생활과 사회복지》《대한민국 복지국가의 길을 묻다》
《어떤 복지국가인가》

제19대 문재인 대통령과의 관계 및 인물평: '정책공간 국민성장'의
사회문화분과위원장이다. 서울시장 박원순이 만들고 주도한 참여
연대에서 활동했다. 이명박·박근혜 정부 당시 각종 시국선언에 참
여해 정부를 비판하면서 문재인의 '담쟁이포럼'에 참여했다. 세원투
명성 강화 및 비과세 감면 정비 등 세입기반 확충 등 세출 구조조정
을 통한 복지 재정 확대를 주장한다.

원광연

1952년 2월 28일(양력)
부산

학력: 경기고, 서울대 응용물리학과 졸업, 미국 위스콘신대 대학원
전산학 석사, 미국 메릴랜드대 대학원 전산학 박사

경력: 국방과학연구소 연구원, 미국 펜실베이니아대 전산학과 조교
수, 한국과학기술원 전자전산학과 교수, 한국과학기술원 문화기술
대학원 원장

저서: 《과학+예술 10년 후》《그림이 있는 인문학》

제19대 문재인 대통령과의 관계 및 인물평: '정책공간 국민성
장'의 과학기술분과위원장이다. 1995년, 문화기술(Culture
Technology)이란 개념을 최초로 주창했다. 문재인이 대전을 제4
차 산업혁명 특별시로 육성하겠다고 한 공약을 추진하기 위한 더불
어민주당 대전선거대책위원회 산하 '제4차 산업혁명 특별시 추진위
원회' 위원장을 맡았다.

학력: 대전고, 숭전대 영문학과 졸업, 서울대 행정대학원 행정학 석·박사

경력: 대전대 행정학부 교수, 대전대 교수협의회장, 대전대 부총장

저서: 《한국지방자치론》《스위스연방민주주의 연구》《분권과 참여: 스위스의 교훈》

제19대 문재인 대통령과의 관계 및 인물평: 박근혜 대통령 파면 결정을 내린 헌법재판관 중 한 명인 안창호의 형이다. '정책공간 국민성장'에서 지역균형발전분과위원장을 맡았다. 2012년 대선 당시 '대전 담쟁이포럼'에 참여했다. 4월 21일, 지방분권과 균형발전을 강조하는 학계 인사, 지방의원들과 함께 문재인 지지를 선언했다.

안성호

1953년 2월 14일(양력)
대전

학력: 제주제일고, 연세대 정치외교학과 졸업, 경기대 대학원 경영학 석·박사

경력: 제주대 관광개발학과 교수, 한국문화관광연구원 원장, 유네스코 한국위원회 위원, 한국콘텐츠진흥원 이사

저서: 《제주관광의 이해》

제19대 문재인 대통령과의 관계 및 인물평: 노무현 정부 시절 한국문화관광연구원장을 지냈다. 2012년, 민주당 대선 후보 경선 때부터 문재인의 정책 보좌를 하고, 대선에선 문재인 캠프의 국가균형발전특별위원회 위원장을 맡았다. 이번 대선에선 '정책공간 국민성장'의 정책기획관리분과위원장으로 활동했다.

송재호

1960년 12월 20일(양력)
제주

학력: 진주 동명고, 서울대 공법학과 졸업

경력: 사법연수원 22기, 법무법인 시민 변호사, 법무부 장관 정책보
좌관, 민주사회를 위한 변호사 모임 사법위원회 위원장, 안양시의회
고문 변호사

제19대 문재인 대통령과의 관계 및 인물평: '정책공간 국민성장'의
반특권검찰개혁추진단장이다. 조영래가 쓴 《전태일 평전》을 접한
이후 노동계에 투신했다고 한다. 부당해고 및 부당노동행위 등 노동
문제의 전문가로 통한다. 2012년 대선 당시 문재인을 공개 지지한
바 있다.

김남준

1963년 11월 21일(양력)
경남 진주

학력: 경남고, 서울대 미생물학과 졸업, 서울대 보건대학원 환경보
건학 석 · 박사

경력: 제일제당연구소 연구원, 《한겨레》 보건복지전문기자, 전국언
론노동조합연맹 홍보선전국장, 국민건강보험공단 상임이사, 경기
대 행정사회복지대학원 초빙교수

저서: 《조용한 시한폭탄—석면공해》《에이즈 X화일》《한국 의사들
이 사는 법》《인간복제 그 빛과 그림자》《위험증폭사회》

제19대 문재인 대통령과의 관계 및 인물평: '정책공간 국민성장'의
안전사회추진단장이다. 가습기 살균제 사건이 터진 2011년부터 피
해 실태와 사건 원인 분석에 집중했다. 가습기 살균제 사고 진상 규
명과 피해구제 및 재발방지 대책 마련을 위한 국정조사특별위원회
의 예비조사위원으로 참여했고, 질병관리본부의 《가습기 살균제 피
해 사건 백서》 총괄편집인을 맡았다.

안종주

1957년 11월 26일(양력)
경남 진해

학력: 서울대 사범대 부설고, 서울대 철학과 졸업
경력: 중앙방송 PD, 흥국탄광 경영, 효암학원 이사장
저서: 《쓴맛이 사는 맛》
제19대 문재인 대통령과의 관계 및 인물평: 문재인 지지 단체 중 각계 전문가가 모인 '더불어포럼'의 상임고문이다. 1960~70년대에 흥국탄광을 운영해 번 돈으로 소위 운동권 인사들의 도피 생활을 지원했다. 1987년 이후엔 효암고등학교 등을 운영하는 학교법인 효암학원의 이사장으로 취임했다.

채현국

1935년
대구

김응룡

1941년 8월 5일(양력)
평남 평원

학력: 부산상고, 우석대 졸업

경력: 한일은행 야구단 선수·코치·감독, 국가대표 야구팀 감독, 해태 타이거즈 감독, 삼성라이온즈 감독·사장·고문, 한화이글스 감독, 대한야구소프트볼협회 회장

제19대 문재인 대통령과의 관계 및 인물평: '더불어포럼'의 공동대표다. 국내 프로야구 감독 통산 최다 우승, 최다 승 기록을 보유하고 있다. 문재인은 더불어포럼 창립식에서 김응룡을 가리켜 '한국 프로야구의 전설'이라면서 '열렬한 팬'이었다고 말했다. 또 김응룡이 더불어포럼의 공동대표를 맡은 데 대해 "개인적 인연은 거의 없지만, 저로서는 만루홈런인 셈"이라고 표현했다.

권기홍

1949년 3월 5일(양력)
경북 안동

학력: 경북고, 서울대 독어독문학과 졸업, 독일 프라이부르크대 대학원 경제학 석·박사

경력: 영남대 경제금융학부 교수, 대구사회연구소 소장, 노무현 대통령 당선자 인수위원회 사회문화여성분과 간사, 노동부 장관, 단국대 총장

저서: 《북한체제의 이해》《사회정책 사회보장법》

제19대 문재인 대통령과의 관계 및 인물평: '더불어포럼'의 공동대표다. 대구 지역의 소위 진보 인사들이 교류하던 대구사회연구소 소장이었다. 2002년 대선 당시 민주당 대구시 선거대책본부장을 맡아 노무현 후보 선거운동을 했고, 노무현 정부 출범 이후 첫 노동부 장관을 지낸 이후 총선과 지방선거 때마다 출마 예상자로 분류됐다.

김진경

1953년 4월 9일(양력)
충남 당진

학력: 대전고, 서울대 사범대 국어교육학과 졸업, 서울대 대학원 국문학 석사

경력: 서울 양정고 교사, 전국교직원노동조합 교과위원회 위원장, 정책실장, 민족문학작가회의 이사, 대통령비서실 교육문화비서관

저서: 《이리》《조롱박 조롱박》《굿바이 미스터 하필》《그림자 전쟁》 등

제19대 문재인 대통령과의 관계 및 인물평: '더불어포럼'의 공동대표다. 1985년 부정기 간행물 《민중교육》에 기고한 '해방 후 지배집단의 성격과 학교교육'이 반국가단체인 북한의 선전·선동활동에 동조하는 내용이란 죄목으로 징역 1년을 선고받았다. 출소 이후 전교조 창립을 주도했고, 노무현 정부 때 전교조 출신으로는 최초로 교육문화비서관에 임명됐다. 교육문화비서관 퇴직 후 "전교조는 교육발전에 방해만 된다"는 취지의 비판을 했다가 전교조와 공방을 벌이기도 했다.

박양우

1958년 11월 25일(음력)
광주

학력: 제물포고, 중앙대 행정학과 졸업, 영국 시티대 대학원 예술행정 석사, 영국 서식스대 미디어문화학 박사과정 수료, 한양대 대학원 관광학 박사과정 수료

경력: 행정고시 23회, 문화관광부 정책홍보관리실장, 차관, 중앙대 대외·연구부총장, 광주비엔날레 대표이사, CJ E&M 사외이사

저서: 《예술경제란 무엇인가》《기업의 문화예술지원과 방법》

제19대 문재인 대통령과의 관계 및 인물평: 노무현 정부의 마지막 문화관광부 차관이다. 퇴직 후 중앙대 교수로 적을 옮긴 지 1년 만에 부총장이 됐으며, 문화 관련 이익단체 대표 등을 역임했다. '더불어포럼'의 공동대표로서 문재인 선대본부 측에 '블랙리스트 논란' 등 문화예술계 쟁점들에 대해 조언한 것으로 알려졌다.

안 도 현

1961년 12월 15일(양력)
경북 예천

학력: 대구 대건고, 원광대 국어국문학과 졸업, 단국대 대학원 문예창작학 석·박사

경력: 이리중, 장수 산서중 교사, 우석대 문예창작과 교수, 노무현재단 전북위원회 상임공동대표, 문재인 선거대책위원회 공동선거대책위원장(2012년)

저서: 《모닥불》《그대에게 가고 싶다》《외롭고 높고 쓸쓸한》 등

제19대 문재인 대통령과의 관계 및 인물평: 전교조 해직 교사 출신 시인이다. '더불어포럼'의 공동대표를 맡았다. 문재인 선대위 공동선대위원장이었던 2012년 대선 당시 자신의 트위터에 박근혜 당시 후보가 안중근 의사의 유묵을 훔쳐 소장하고 있다는 취지로 해석될 수도 있는 글을 올렸다가 공직선거법 위반 혐의로 재판을 받았다. 문재인은 "안 시인은 대한민국에서 노벨문학상을 받을 만한 몇 안 되는 훌륭한 분" "저로 인해 재판에까지 회부돼 미안한 마음"이라고 말했다. 또 첫 공판 방청객으로 참석해 자리를 지키는 등 안도현을 각별히 챙겼다.

유 시 춘

1950년 5월 12일(양력)
경북 경주

학력: 대구여고, 고려대 국문학과

경력: 서울 장훈고 교사, 민주화실천가족운동협의회 총무, 민족문학작가회의 이사, 새천년민주당 당무위원, 국가인권위원회 상임위원, 노무현재단 상임운영위원, 민주통합당 최고위원

저서: 《우산 셋이 나란히》《아버지의 꽃밭》《머나먼 동행》 등

제19대 문재인 대통령과의 관계 및 인물평: 친노 정치인 겸 작가 유시민의 누나다. 2007년, 대통합민주신당의 대선 후보 경선 당시 동생 유시민이 출마한 상황에서 이해찬 캠프 홍보위원장으로 활동했다. 2011년엔 노무현 사망 이후 2010년 지방선거에서 부활한 친노 세력이 만든 시민통합당에서 민주당과의 합당을 주도했다. 2012년 대선 때 문재인 지지자 모임인 '담쟁이포럼'에 참여했고, 이번 대선 과정에선 '더불어포럼'의 공동대표를 맡았다.

이영욱

1957년 9월 16일(양력)
서울

학력: **경기고, 서울대 철학과 졸업, 서울대 대학원 미학 석·박사**
경력: **전주대 예체능학부 조교수, 문화관광부 산하 한국문화관광정
책연구원 원장, 문화재청 문화재위원, 동북아시대위원회 민간자문
위원, 대통령 자문 정책기획위원회 위원**
저서: 《**모더니티의 다섯 얼굴**》《**미술과 진실**》
제19대 문재인 대통령과의 관계 및 인물평: '**더불어포럼**'의 공동대
표다. 명계남, 문성근 등이 주도한 '노무현을 사랑하는 문화예술인
모임' 출신이다. 노무현 정부 시절 당시 문화관광부 장관 이창동, 한
국예술종합학교 영상원장 심광현, 민예총 기획실장 박인배와 함께
각종 문화 행정을 진두지휘한 것으로 알려졌다.

정동채

1950년 7월 3일(양력)
광주

학력: **광주 살레시오고, 경희대 국문학과 졸업**
경력: 《**한겨레**》 **정치부 차장, 논설위원, 김대중 새정치국민회의 총
재 비서실장, 노무현 새천년민주당 대선 후보 정무특보, 광주비엔날
레 대표이사, 제15·16·17대 국회의원(3선)**
저서: 《**열린 가슴끼리 정다운 만남**》《**동고 동락 동행**》
제19대 문재인 대통령과의 관계 및 인물평: '**더불어포럼**'의 공동대
표다. 김대중의 미국 체류 당시 비서였다. 2002년 당시 노무현 새
천년민주당 대선 후보의 비서실장을 지냈다. 노무현 정부 출범 이후
민주당 내 신당파의 핵심이었다. 열린우리당 창당 이후엔 홍보위원
장을 맡았다. 2004년 5월, 노무현 대통령 직무 복귀 이후 문화관광
부 장관에 임명됐다.

조현재

1960년 11월 19일(양력)
경북 포항

학력: 휘문고, 연세대 행정학과 졸업, 서울대 행정대학원 행정학 석사, 영국 브리스틀대 대학원 사회정책학 박사

경력: 행정고시 26회, 문화관광부 체육국장, 문화체육관광부 기획조정실장, 제1차관, 법무법인 민 고문, 대한체육회 전국체육대회위원회 위원장

제19대 문재인 대통령과의 관계 및 인물평: '더불어포럼'의 공동대표다. 최순실 게이트 당시 언론에 나와 문화체육관광부 제1차관 재직 시 청와대로부터 2014년 6월에 소위 '문화계 블랙리스트'를 받았다고 주장했다. "새로운 시대를 맞이해 과거의 적폐를 청산하고 체육의 숭고한 가치가 구현되고 발전돼야 한다"며 체육인 2000여명과 함께 문재인 지지를 선언했다.

황교익

1962년 1월 30일(양력)
경남 마산

학력: 마산 중앙고, 중앙대 신문방송학과 졸업

경력: 《농민신문》 전국사회부 팀장, 향토지적재산본부 연구위원, 서울공예박람회 총감독

저서: 《맛따라 갈까 보다》 《소문난 옛날 맛집》 《미각의 제국》 《맛 칼럼니스트 황교익의 행복한 맛여행》

제19대 문재인 대통령과의 관계 및 인물평: '더불어포럼'의 공동대표다. '맛 칼럼니스트'를 자처하면서 책 판매와 기고를 하다가 '나꼼수' 기획자 탁현민과 팟캐스트를 진행했다. 최근 '먹는 방송(먹방)'이 유행하면서 대중에게 알려졌다. 대선 전, 자신이 문재인을 지지하기 때문에 KBS 출연이 무산됐다고 주장하고, 문재인에게 비판적인 언론에 '기레기(기자+쓰레기)'라면서 반감을 드러냈다.

황지우

1952년 10월 19일(양력)
전남 해남

학력: 광주제일고, 서울대 미학과 졸업, 서강대 대학원 철학석사, 서울대 대학원 미학석사, 홍익대 대학원 박사과정 수료

경력: 한신대 문예창작과 조교수, 민족문학작가회의 이사, 한국예술종합학교 연극원 원장, 한국예술종합학교 총장

저서: 《새들도 세상을 뜨는구나》 《겨울 나무로부터 봄 나무에로》 《나는 너다》 등

제19대 문재인 대통령과의 관계 및 인물평: '더불어포럼'의 공동대표다. 노무현 정부 당시 대표적인 문화계 '친노 인사'로, 문화관광부 장관 후보로 거론되기도 했다. 2006년 3월, 임기 4년의 한예종 총장에 임명됐지만, 이명박 정부의 감사 결과 여러 부실 논란이 제기되자 사퇴했다. 노무현 사망 이후 그의 비문을 만드는 데 자문 역할을 했다.

민병욱

1951년 7월 23일(양력)
전북 익산

학력: 배재고, 연세대 국문학과 졸업, 미국 미주리대 신문대학원 수료, 한양대 대학원 언론학 석사

경력: 《동아일보》 사회1부장, 논설위원, 정치부장, 부국장, 출판국장, 한국간행물윤리위원회 위원장

저서: 《들꽃길 달빛에 젖어》《기자 민병욱의 민초통신 33》

제19대 문재인 대통령과의 관계 및 인물평: 1976년 《동아일보》에 입사해 30년 동안 재직했다. 노무현 정부 시절 문화관광부 산하 기구인 한국간행물윤리위원회의 위원장을 지냈다. 종합편성채널 출범 이후 패널로 출연해 정치 평론을 했다. 문재인 선거대책위원회의 미디어특보단장을 맡았다.

학력: 전주고, 서울대 무역학과 졸업

경력: 《경향신문》 경제부장, 논설위원, 편집국장, 상무이사

제19대 문재인 대통령과의 관계 및 인물평: 《경향신문》 논설위원
으로 재직하던 당시 칼럼을 통해 과거사 청산 등을 비롯한 '개혁'
추진을 강조했다. 또 "어설픈 타협, 억지 춘향이식 짜맞추기를 그
만두고 진정한 코드로 정치적 승부를 걸어야 한다"고 노무현 정부
에 주문했다. 문재인 선거대책위원회에서 신문·통신 분야 미디어
특보를 맡았다.

박노승

1957년 10월 6일(양력)
전북 김제

학력: 고려대 정치외교학과 졸업

경력: 연합뉴스 정치부장, 편집국장, 연합뉴스TV 보도국장, 보도본
부장

제19대 문재인 대통령과의 관계 및 인물평: 문재인 선거대책위원회
에서 신문·통신 분야 미디어특보를 맡았다. 좌파 매체로부터 이명
박 정부 당시 친정부적 기사를 집중적으로 보도했다는 비판을 받았
다. 그는 문재인 캠프 합류와 관련해 "바른 언론을 세우는 데 기여
하고 싶어 들어왔다"며 "공영방송뿐 아니라 연합뉴스를 포함한 공
영언론 또한 개선해야 한다"고 주장했다.

이래운

1959년 12월 25일(양력)
경기 양평

학력: **연세대 신문방송학과 졸업**
경력: 《**한국일보》 경제부 기자, 《조선일보》 사회부 차장, 《스포츠조선》 편집국장, 대표이사 발행인**
제19대 문재인 대통령과의 관계 및 인물평: **문재인 선거대책위원회 신문·통신 분야 미디어특보다.** 《한국일보》 국제부와 경제부 등에서 근무하다 1997년 《조선일보》로 이직했다. 《조선일보》에서 사회부 차장, 스포츠부 부장을 지냈다. 2004년엔 《스포츠조선》으로 자리를 옮겨 체육부장과 편집국장, 대표이사를 역임했다.

방준식

1958년 3월 22일(양력)
서울

학력: 영등포고, 숭실대 산업공학과 졸업
경력: 《무등일보》 정치부 기자, 《광주매일》 서울지사 부국장, 《무등일보》 서울취재본부 본부장
저서: 《정사 5·18사회평론》
제19대 문재인 대통령과의 관계 및 인물평: **1988년, 김대중의 평화민주당에 출입한 이래 30여 년간 김대중·노무현당에 출입했다.** 이런 경력 때문에 야당 인사들은 '걸어 다니는 당사(黨史)'라고 부른다. 광주·전남 지역 중견 언론인 모임 '세종포럼'의 총무를 맡기도 했다. 문재인 선거대책위원회에서 신문·통신 분야 미디어특보를 맡았다.

김대원

1961년 2월 22일(양력)
전북 부안

허정도

1953년 6월 20일(양력)
경남 마산

학력: 창신공고, 부산공업대 건축공학과 졸업, 연세대 공학대학원 공학석사, 울산대 대학원 공학박사

경력: 서진건축사사무소 대표, 마산YMCA 이사, 부마항쟁정신계승위원회 위원장, 한국YMCA 실행이사, 경남 생명의숲 공동대표, 《경남도민일보》 대표이사, 한국YMCA전국연맹 이사장

저서: 《세입자 보호를 위한 불량 주거지 재개발사업 연구》

제19대 문재인 대통령과의 관계 및 인물평: 문재인 선거대책위원회 신문·통신 분야 미디어특보다. 옛 마산 지역에서 YMCA 등을 비롯한 시민단체 활동을 해왔다. 언론과 인연을 맺은 건 1999년 창립된 《경남도민일보》의 비상임이사를 맡으면서부터다. 2006년 대표이사로 선임돼 4년간 재직했다. 김두관 전 경남지사와 친한 것으로 알려졌으며, 2012년 대선 때 문재인 캠프 경남 본부 공동대표를 맡았다. 차기 경남지사·창원시장 후보로 거론되고 있다.

최일구

1960년 11월 20일(양력)
경기 안성

학력: 대성고, 경희대 국어국문학과 졸업

경력: MBC 보도국 사회1부 부장대우, 기획취재부장, 선임기자, 부국장

제19대 문재인 대통령과의 관계 및 인물평: 2003년 10월~2005년 3월과 2010년 11월~2012년 2월, MBC 〈뉴스데스크〉의 주말 진행을 맡아 유명해졌다. 뉴스 진행 당시 기존 앵커들과는 다른 스타일의 멘트를 종종 하면서 젊은이들 사이에서 인기를 누렸다. 당시 그가 했던 멘트는 '최일구 어록'으로 불린다. 2012년 2월 보도본부 부국장 재직 당시 MBC 노조 파업에 동참했고, 이듬해 3월 퇴사했다. 문재인 선거대책위원회에서 방송 분야 미디어특보를 맡았다.

이승열

1958년 2월 10일(양력)
강원 철원

학력: 배재고, 성균관대 사학과 졸업

경력: MBC 사회부 기자, SBS 정치부 차장, 보도제작국장, 논설위원, 하이트맥주 전무, 하이트진로 대외협력실 총괄 부사장

제19대 문재인 대통령과의 관계 및 인물평: 1982년, MBC에 입사했다가 1991년에 SBS로 이직했다. SBS 마감뉴스인 〈나이트라인〉을 진행했다. 2011년엔 하이트맥주 전무로 갔다가 진로와의 통합법인 하이트진로의 홍보 담당 부사장을 지냈다. 문재인 선거대책위원회에서는 방송 분야 미디어특보를 맡았다.

민경중

1964년 11월 29일(양력)
충남 논산

학력: 전라고, 한국외국어대 중국어과 졸업, 연세대 언론홍보대학원 석사

경력: CBS 전국팀장, 보도국장, 한국기자협회 수석부위원장, 전국언론노조 중앙위원

제19대 문재인 대통령과의 관계 및 인물평: 문재인 선거대책위원회 방송 분야 미디어특보다. 출생지는 충남 논산이지만, 본적은 전북 전주다. 전주 소재 전라고를 나왔다. 대학을 졸업한 1987년 기독교방송(CBS)에 입사해 2014년에 퇴사했다. 기독교방송의 인터넷신문 노컷뉴스 창간을 주도했다.

학력: 부산남고, 부산대 무역학과 졸업, 동아대 언론정보대학원 정치학 석사

경력: 부산 MBC 기자, 부산방송(PSB) 보도제작부장, 보도국장, KNN(2006년 5월 PSB가 KNN으로 개칭) 방송본부 본부장, 부사장, 사장, 부회장

저서: 《디지털시대 지역방송의 생존 전략》

제19대 문재인 대통령과의 관계 및 인물평: 문재인 선거대책위원회 방송 분야 미디어특보다. 부산 지역에서 30년간 기자로 활동했다. 이번 대선 당시 문재인 부산선대위 공동위원장을 맡았다.

김석환

1958년 7월 26일(양력)
충북 영동

학력: 부산대 정치학과 졸업

경력: 부산 MBC 사회부장, 부국장 겸 정경부장, 사장, MBC넷 대표이사

제19대 문재인 대통령과의 관계 및 인물평: 강원도지사 최문순이 전국언론노조 위원장일 당시 MBC 서울본부 노조 수석부위원장을 맡았다. 최문순이 MBC 사장에 취임한 뒤 지방계열사 사장 인사를 하면서 부산 MBC 사장으로 기용했다. 문재인 선거대책위원회에서 방송 분야 미디어특보를 맡았다.

강중묵

1957년 9월 28일(양력)
경남 하동

연세대 국어국문학과 졸업

창원여중 교사, 마산 MBC 편성국 차장대우, 제작1부 차장, 제작2부 부장, 사장

1983년, 마산 MBC PD로 입사했다. 강원도지사 최문순이 MBC노조 위원장일 당시 마산 MBC 노조 지부장을 맡았다. 전국언론노조에 최문순과 함께 파견근무를 하기도 했다. 최문순이 MBC 사장에 취임한 뒤 마산 MBC 사장이 됐다.

박진해

1954년 5월 20일(양력)
경북 포항

정세현

1945년 5월 7일(음력)
중국 헤이룽장성 자무
쓰(원적: 전북 장수)

학력: 경기고, 서울대 외교학과 졸업, 서울대 대학원 정치학 석·박사

경력: **국토통일원 공산권연구관, 세종연구소 수석연구위원, 청와대 통일비서관, 통일부 차관, 장관, 김대중평화센터 부이사장, 원광대 총장**

저서: 《북한과 중공의 군중노선 비교연구》《모택동의 국제정치사상》《정세현의 정세토크》《정세현의 통일토크》

제19대 문재인 대통령과의 관계 및 인물평: **'10년의 힘' 공동대표다. 통일원 시절부터 북한문제를 연구해 온 대북 전문가다. 김대중·노무현 정부 시절 통일부 차관과 장관을 지내면서 대북정책 집행에도 관여했다. 추진력이 강해 통일부 내에서는 '탱크'로 불렸지만, 북한에 대해서는 유화책을 주장한다. 이명박·박근혜 정부의 대북정책을 비판하면서 차기 정부에 6자 회담 등을 통한 북핵문제 해결과 남북관계 개선을 주문했다.**

학력: 대구상고, 서울대 상과 졸업, 미국 윌리엄스대 대학원 경제학 석사, 성균관대 대학원 경제학 박사

경력: 행정고시 7회, 재무부 증권국장, 국제금융국장, 청와대 재정 담당 비서관, 재정경제원 예산실장, 교육부 차관, 국무총리실 행정 조정실장, 국무조정실장, 한국증권선물거래소 이사장

저서: 《시민을 위한 경제 이야기》《소백의 정기가 낙동을 감싸안고》 《미래와 세상》

제19대 문재인 대통령과의 관계 및 인물평: '10년의 힘' 공동대표 다. 재무부와 재정경제원 등을 거친 관료다. 재정경제원의 요직인 예산실장을 역임했고, 이후엔 교육부 차관과 국무총리실 행정조정 실장을 지냈다. 노무현 정부 때는 국무총리실 국무조정실장을 하다 가 한국증권선물거래소 이사장이 됐다. 무뚝뚝하지만 속마음이 따 뜻해 따르는 부하 직원들이 많았다고 한다.

이영탁

1947년 2월 5일(양력)
경북 영주

학력: 대전고, 서울대 경제학과 졸업, 미국 노스웨스턴대 대학원 경 제학 석·박사

경력: 한국은행 사원, 산업연구원 산업정책실장, 서울시립대 경제 학부 교수, 경제정의실천시민연합 상임집행위원, 부패방지위원회 위원장, 공정거래위원회 위원장, 우석대 총장, 민주통합당 공천심사 위원회 위원장

저서: 《재벌-성장의 주역인가 탐욕의 화신인가》《90년대 한국 산업 구조조정 방향》《재벌개혁의 경제학》《투명경영 공정경쟁》 등

제19대 문재인 대통령과의 관계 및 인물평: '10년의 힘' 상임고문 이다. '재벌개혁 전도사'라고 불린다. 김대중 정부의 부패방지위원 회 위원장, 노무현 정부에선 공정거래위원회 위원장을 지냈다. 당시 대기업 총수들을 면담하면서 지주사 체제로의 지배구조 전환을 요 구했다. 민주통합당 공천심사위원회 위원장을 맡았을 당시 "재벌을 포함해 기업의 창의력과 노력은 우리가 존중해야 한다"면서도 "재 벌 집단의 횡포를 잘 막을 사람을 공천하겠다"고 강조한 바 있다.

강철규

1945년 12월 25일(양력)
충남 공주

윤덕홍

1947년 4월 19일(양력)
대구

학력: 경북고, 서울대 사범대 사회교육학과 졸업, 서울대 교육대학원 교육학 석사, 일본 도쿄대 대학원 사회학 석·박사

경력: 이화여고 교사, 대구대 사범대 일반사회교육학과 교수, 총장, 전국민주화교수협의회 공동의장, 참여연대 자문위원, 교육부총리 겸 교육인적자원부 장관, 한국정신문화연구원 원장

저서: 《현대 속의 한국사회》《현대 일본 사회의 이해》《한국사회의 변동》 등

제19대 문재인 대통령과의 관계 및 인물평: '10년의 힘' 상임고문이다. 노무현 정부의 첫 교육부총리였다. 노 전 대통령은 "5년 임기를 함께할 사람"이라며 장고 끝에 윤덕홍을 교육부총리로 임명했지만, 그의 재직 시절 서울시내 고교생 집단 식중독 사태, 충남 천안초교 축구부 합숙소 화재 참사, 충남 예산 서모 교장 자살사건 등이 연이어 터졌다. 교육행정정보시스템(NEIS)을 놓고 논란이 일자 자리에서 물러났다. 17대 총선(2004년) 때 열린우리당 후보로 대구 수성을에 출마한 바 있다.

변양균

1949년 9월 25일(음력)
경남 통영

학력: 부산고, 고려대 경제학과 졸업, 미국 예일대 대학원 경제학 석사, 서강대 대학원 경제학 박사

경력: 행정고시 14회, 경제기획원 예산총괄과장, 기획예산처 기획관리실장, 차관, 장관, 대통령비서실 정책실장, 스마일게이트 인베스트먼트 회장

저서: 《노무현의 따뜻한 경제학》《어떤 경제가 우리를 행복하게 하는가》

제19대 문재인 대통령과의 관계 및 인물평: '10년의 힘' 회원이다. 노무현 정부 시절 기획예산처 차관을 거쳐 기획예산처 장관, 청와대 정책실장을 역임하면서 노무현표 경제사회 정책을 기획하고 추진했다. 노무현이 "보기 드물게 진보의 철학을 지닌 유능한 경제 관료"라고 평하는 등 승승장구했지만, 2007년, 동국대 조교수이자 큐레이터 신정아와의 불륜 의혹이 터진 뒤 사직했다. 현재는 경제정책 평론가이자 정보통신기술 벤처기업을 발굴·투자하는 중견 창업투자사 스마일게이트 인베스트먼트의 회장이다.

학력: 부산고, 서울대 경제학과 졸업, 서울대 행정대학원 석사, 미국 캔자스주립대 대학원 경제학 석·박사

경력: 행정고시 15회, 재정경제원 예산총괄과장, 청와대 정책관리비서관, 산업정책비서관, 중소기업청장, 해양수산부 장관, 부산대 석좌교수, 한경대 총장

저서: 《97년 한국의 재정》

제19대 문재인 대통령과의 관계 및 인물평: '10년의 힘' 회원이다. 노무현의 총애를 받은 변양균의 고교 동기이자 행시 한 기수 후배다. 노무현과 부산의 한 고시원에서 같이 공부한 인연이 있다. 소위 '부산 친'과도 친분이 깊다. 이런 이유 때문인지 그는 노무현 정부 시절 청와대 비서관, 중소기업청장, 해양수산부 장관을 역임하는 등 탄탄대로를 걸었다. '공'과 '사'를 철저히 구분해 중소기업청장 시절엔 아들 결혼과 모친상을 직원들에게 알리지 않았고, 뒤늦게 알려진 모친상 소식에 직원들이 조의금을 건넸지만 전액 사회복지시설에 기증했다.

김성진

1949년 4월 18일(음력)
경남 통영

학력: 경남고, 서울대 상학과 졸업, 미국 듀크대 대학원 경제학 석사

경력: 행정고시 13회, 예산청 예산총괄국장, 기획예산처 예산실장, 차관, 장관, 청와대 정책실장, 금융통화위원회 위원, SK가스 사외이사, 삼성생명 사외이사

제19대 문재인 대통령과의 관계 및 인물평: '10년의 힘' 회원이다. 작가 이문열의 소설 《우리들의 일그러진 영웅》 속 모범생 한병태의 모델로 유명하다. 기획예산처 예산실장일 당시 해양수산부 장관이던 노무현과 만나 좋은 인상을 남겼다. 노무현 정부 출범 이후 기획예산처 장관에 발탁된 데 이어 두 번째 정책실장으로 기용됐다. 2004년 6월, 건강악화를 이유로 정책실장에서 물러났지만, 이후에도 경제부총리 등의 요직에 재등용될 것이란 얘기가 돌았다. 노무현 정부 시절 김성진 등과 더불어 대표적인 관가의 부산 인맥으로 통한다.

박봉흠

1948년 10월 11일(양력)
경남 밀양

추병직

1949년 2월 27일(양력)
경북 구미

학력: 구미 오상고, 경북대 사회교육학과 졸업, 영국 버밍엄대 대학원 주택정책학 석사

경력: 경남 함양고 교사, 행정고시 14회, 건설교통부 주택도시국장, 기획관리실장, 차관보, 차관, 열린우리당 경북도지부 창당준비위원장, 경북지부장, 건설교통부 장관, 목포해양대 총장, 대한건설진흥회 회장, 주택산업연구원 이사장

제19대 문재인 대통령과의 관계 및 인물평: '10년의 힘' 회원이다. 건설교통부에서 30년 가까이 근무하면서 주요 보직을 두루 거친 건설교통 분야 전문가다. 기획력이 뛰어나며 조직관리 능력과 업무 추진력 및 대외협상력을 갖췄다는 평을 들었다. 열린우리당 후보로 17대 총선(경북 구미을)에 출마한 바 있다. 이와 관련 노무현 정부의 세 번째 건설교통부 장관에 임명될 당시 노무현의 '보은 인사'란 비판이 있었다.

윤대희

1949년 10월 24일(양력)
인천

학력: 제물포고, 서울대 경영학과 졸업, 미국 캔자스대 대학원 경제학 석사, 경희대 대학원 경제학 박사

경력: 행정고시 17회, 재정경제부 정책홍보관리실 실장, 대통령비서실 경제정책비서관, 수석비서관, 국무총리 국무조정실장, 가천대 경제학과 석좌교수, LG 사외이사

제19대 문재인 대통령과의 관계 및 인물평: '10년의 힘' 회원이다. 경제기획원에서 공직 생활의 첫발을 내디딘 뒤 경제 부처 요직을 두루 거친 관료다. 현직에 있을 당시 예산은 물론 거시경제와 공정거래정책, 물가, 통상 등 다양한 분야를 거치면서 경제 주요 현안에 대한 이해력이 뛰어나다는 평을 들었다. 노무현 정부에서 청와대 수석과 장관급인 국무조정실장을 역임했다. 2010년 지방선거를 앞두고 인천시장 후보로 거론되기도 했다.

학력: 서울 용산고, 고려대 경영학과 졸업, 필리핀 아테네오대 경영대학원 경영학 석사

경력: 행정고시 15회, 재정경제부 국제금융국 국장, 국제업무정책관, 관세청장, 건설교통부 차관, 대통령비서실 경제보좌관, 금융감독위원회 위원장, 금융감독원 원장, 법무법인 광장 고문

저서: 《아시아 외환위기와 신국제금융체제》《금융이슈로 읽는 글로벌 경제》

제19대 문재인 대통령과의 관계 및 인물평: '10년의 힘' 회원이다. 재경부에서 국제금융 업무를 전담한 전문가다. '미스터엔'으로 불리며 이름을 날렸던 일본의 사카키바라 에이스케 전 재무관에 빗댄 '미스터원'이라는 별칭을 가졌다. 노무현 정부 당시 청와대에서 경제보좌관으로 일하면서 부동산 값 급등의 원인을 과잉 유동성 때문으로 진단하고 금융해법을 제시해 노무현의 신임을 얻었다. 자유한국당 의원 김광림과 동서지간이다.

김용덕

1950년 10월 3일(음력)
전북 정읍

학력: 서울 용산고, 고려대 법학과 졸업, 영국 웨일스대 대학원 해양법 석사

경력: 행정고시 17회, 마산지방해운항만청 청장, 해양수산부 항만정책국장, 기획관리실장, 차관, 장관, 해양문화재단 이사장

저서: 《공무원이 설쳐야 나라가 산다》《공무원은 좀 튀면 안되나요》《한일어업협정은 파기되어야 하나》《단디하겠심니더》

제19대 문재인 대통령과의 관계 및 인물평: '10년의 힘' 회원이다. 최낙정은 '별난' 관료였다. "기존의 권위에 대해 냉소적이며 매사에 도전적"이라고 자평한다. 해양수산부 장관이었던 노무현과의 인연 덕분에 노무현 정부 출범 후 해양수산부 차관으로 승진했고, 그로부터 6개월 뒤 장관이 됐다. 하지만 튀는 언행으로 여러 논란을 일으키자, 사상 최초로 국무총리가 해임 건의를 해 장관 취임 2주 만에 해임됐다.

최낙정

1953년 7월 10일(양력)
경남 고성

변재진

1953년 8월 17일(양력)
경남 밀양

학력: 경복고, 서울대 경영학과 졸업, 한국과학기술원 산업공학 석사, 미국 미시간주립대 대학원 경제학 석사, 미국 하와이대 경제학 박사

경력: 행정고시 16회, 경제기획원 관세협력과장, 기획예산처 재정기획실장, 보건복지부 차관, 장관, 키움증권 사외이사

제19대 문재인 대통령과의 관계 및 인물평: '10년의 힘' 회원이다. 보건복지부 차관 재직 당시 국민연금 개혁과 '비전2030' 실현을 위한 사회투자정책 수립을 추진했다. 2007년 6월, 국민연금법 개정안의 국회 처리가 무산되자 사임 의사를 밝힌 유시민 후임으로 보건복지부 장관에 임명됐다. 논리가 정연하고 업무 파악이 빨라 장관 보좌를 잘했다고 한다.

이재용

1954년 7월 1일(양력)
경북 상주

학력: 경북고, 서울대 치과대 졸업

경력: 대구 이재용치과 원장, 대구 건강사회를 위한 치과의사회 회장, 대구환경운동연합 집행위원장, 장애우권익문제연구소 이사, 대구 남구 구청장(2선), 열린우리당 대구시 지부장, 환경부 장관, 국민건강보험공단 이사장

제19대 문재인 대통령과의 관계 및 인물평: '10년의 힘' 회원이다. 서울대 치대를 다닐 당시 제적과 복학을 반복한 운동권 출신이다. 2002년 대선 때 대구 남구청장 신분으로 노무현 후보 지지를 선언했다. 노무현 정부 당시 청와대 시민사회수석이었던 이강철과 호형호제하는 사이다. 열린우리당 창당에 앞장서고, 대구시 지부장을 맡았다. 2006년엔 대구시장 선거, 2008년과 2012년엔 대구 중·남구 국회의원 선거에 도전한 바 있다.

학력: 경기고, 서울대 법학과 졸업, 서울대 행정대학원 행정학 석사, 서울시립대 대학원 환경공학 박사

경력: 행정고시 21회, 환경부 환경정책국장, 기획관리실장, 차관, 장관, 김앤장 법률사무소 고문, 고려아연 사외이사, 동원산업 사외이사

제19대 문재인 대통령과의 관계 및 인물평: '10년의 힘' 회원이다. 법제처에서 공직 생활을 시작했지만, 환경부로 옮겨 주요 요직을 두루 거쳤다. 환경부 재직 시절 전국 4대강 수질보전대책, 천연가스 버스 도입, 쓰레기 종량제 등 선진 환경정책 도입과 현안 해결에 주도적인 역할을 한 '전략기획통'이다. 조직 내 인화를 중시했고 풍부한 정책 아이디어와 함께 추진 능력도 겸비하고 있다는 평가를 받았다.

이규용

1955년 12월 23일(양력)
서울

학력: 보은농고, 상지전문대 경영과, 한국방송통신대 경영학과 졸업, 국방대 대학원 국가안보장학 석사

경력: 기술고시 16회, 산림청 국유림관리국 국장, 차장, 청장, 농협경제연구소 소장, 생명의숲 국민운동 상임대표, 천리포수목원 원장

저서: 《그리고 한그루 나무이고 싶어라》《산이 있었기에》 등

제19대 문재인 대통령과의 관계 및 인물평: '10년의 힘' 회원이다. 38년 동안 산림청에 근무했다. 보은농고를 졸업하고 1967년 산림청 9급 벌목장 담당으로 임용된 뒤 기술고시를 거쳐 산림청장까지 지냈다. 퇴임하고 나서 2007년 대선 때 창조한국당 후보 문국현 선거대책위원회의 위원장을 맡았다.

조연환

1948년 3월 26일(양력)
충북 보은

안종운

1949년 4월 25일(양력)
전남 장흥

학력: 광주고, 서울대 농과대 졸업, 미국 일리노이대 대학원 경제학 석사, 충북대 대학원 경제학 박사

경력: 행정고시 17회, 농림부 농정기획심의관, 대통령비서실 농림비서관, 농림부 차관보, 차관, 농업기반공사 사장, 한국농촌공사 사장

제19대 문재인 대통령과의 관계 및 인물평: '10년의 힘' 회원이다. 전남 장흥 출신으로 김대중 정부 때 청와대 비서관으로 근무하고, 농림부 차관보와 차관을 지냈다. 노무현 정부 기간 농림부 장관 물망에 올랐지만, 입각하진 못하고 한국농촌공사 사장으로 일했다. 2012년 대선 당시 문재인 후보 선거대책위원회 산하 매니페스토본부의 부본부장으로 활동했다.

김칠두

1950년 8월 7일(양력)
부산

학력: 동래고, 연세대 행정학과 졸업, 미국 보스턴대 대학원 경영학 석사

경력: 행정고시 14회, 산업자원부 무역투자실장, 차관보, 차관, 한국산업단지공단 이사장, 남북경협국민운동본부 상임공동대표, 주성엔지니어링 사외이사, 한국인정지원센터 이사장

저서: 《부산의 경제혁신과 발전》 《부산경제의 길》

제19대 문재인 대통령과의 관계 및 인물평: '10년의 힘' 회원이다. 노무현 정부의 첫 산업자원부 차관이다. 2004년 부산광역시장 보궐선거 이후부터 2010년 지방선거 때까지 계속해서 '노무현당'의 부산시장 출마 예상자로 거론됐다. 2012년 총선 때는 무소속으로 부산 동래구에 출마했지만, 낙선했다.

이진순

1950년 6월 16일(양력)
전남 여수

학력: 광주제일고, 서울대 무역학과 졸업, 미국 위스콘신대 대학원 경제학 석·박사

경력: 한국산업은행 조사역, 에너지경제연구원 선임연구원, 숭실대 경제학과 교수, 한국개발연구원 원장, 제2건국 범국민추진위원회 상임위원, 대통령 직속 정부혁신지방분권위원회 위원, 한국도로공사 비상임이사

저서: 《경제개혁론》《한국경제 위기와 개혁》

제19대 문재인 대통령과의 관계 및 인물평: '10년의 힘' 회원이다. 1992년 대선 직전, 경제학자 10여 명이 조직한 김대중 자문그룹 '중경회' 출신이다. 김대중 정부 출범 이후 한국개발연구원(KDI) 원장에 임명됐다. 2002년 대선 과정에선 외곽에서 노무현의 경제 자문을 담당해 노무현 정부 출범 후 입각 가능성이 제기됐지만, 하마평에 불과했다. 2007년 당시 대선 출마를 준비하던 고건 전 총리의 싱크탱크 '미래와 경제'에서 경제 자문을 맡았다.

김대유

1951년 7월 21일(양력)
강원 동해

학력: 중동고, 서울대 무역학과 졸업

경력: 행정고시 18회, 재정경제부 종합정책과장, 대통령비서실 민정수석실 국장, 재정경제부 경제정책국장, 주OECD 대표부 공사, 통계청장, 대통령비서실 경제정책수석비서관, 강원대 지역경제학과 석좌교수, 원익투자파트너스 부회장

제19대 문재인 대통령과의 관계 및 인물평: '10년의 힘' 회원이다. '침착' '치밀'이라는 수식어가 따라다닐 정도로 업무를 꼼꼼히 처리하는 것으로 알려졌다. 노무현 정부 출범 후 2급 이사관에서 차관급인 통계청장과 청와대 경제수석비서관으로 '승진'했다. 2010년 지방선거 당시 강원도지사 후보였던 이광재의 자문역으로 활동했다. 그가 도지사에 당선된 뒤에는 인수위원회 위원장으로 일했다.

조순용

1951년 7월 16일(음력)
전남 순천

학력: 광주제일고, 서울대 동양사학과 졸업

경력: 《중앙일보》, TBC 기자, KBS 정치부 차장, 워싱턴 특파원, 사회1부장, 정치부장, 주간, 대통령비서실 정무수석비서관, 순천대 석좌교수

저서: 《인생은 생방송, 나는 프로다》

제19대 문재인 대통령과의 관계 및 인물평: '10년의 힘' 회원이다. 김대중 정부 마지막 해인 2002년 1월 청와대 정무수석비서관이 됐다. '김대중 정신' 계승을 목표로 결성된 '행동하는 양심'의 이사로서 2012년 대선 때 문재인 지지를 선언했다. 2011부터 2014년까지 순천과 용산을 오가며 국회의원에 도전했지만, 고배를 마셨다.

김진우

1954년 2월 5일(음력)
부산

학력: 부산고, 서울대 농경제학과 졸업, 서울대 행정대학원 행정학 석사, 미국 콜로라도대 대학원 경제학 석사, 계량경제학 박사

경력: 에너지경제연구원 연구조정실장, 에너지정보통계센터 소장, 원장, 석좌 연구위원, 연세대 글로벌융합기술원 특임교수

제19대 문재인 대통령과의 관계 및 인물평: '10년의 힘' 회원이다. 30년 이상 전력 분야를 연구한 전문가다. "그동안 에너지 정책의 큰 줄기는 제대로 잡지 못한 채 가정용 전기요금 누진제로 국민의 희생을 강요하며 절약만 강조했다"면서 현행 6단계인 전기요금 누진 단계를 단계적으로 3단계로 줄이고 누진율은 2~3배로 줄여야 한다고 주장한다.

김세옥

1940년 12월 28일(양력)
전남 장흥

학력: 전남 장흥고, 조선대 법정대 졸업, 서울대 행정대학원 행정학 석사

경력: 경찰간부 후보생 16기, 치안본부 경호과 과장, 서울 태릉경찰서 서장, 서울지방경찰청 기동대장, 치안본부 경비부 부장, 전북지방경찰청 청장, 경찰청 보안국 국장, 경찰대학 학장, 경찰청 청장, 국립공원관리공단 이사장, 대통령 경호실 실장

제19대 문재인 대통령과의 관계 및 인물평: '10년의 힘' 회원이다. 경찰간부 후보생 16기를 수석 졸업했다. 경비작전 분야의 전문가로 신중하고 과묵해 자신의 생각을 잘 드러내지 않는 편이나 대인관계가 두루 원만하고 업무 능력이 뛰어나 부하들의 신망이 두터웠다고 한다. 1998년, 호남 출신으론 23년 만에 경찰 수장 자리에 올랐다. 노무현 정부 들어선 '첫 경찰 출신 경호실장'이란 기록을 세웠다. 노무현은 1998년 서울 종로 보궐선거 출마 때 개인적으로 김세옥을 알게 됐으며, 측근들에게 "내가 믿는 사람"이라고 평했다고 한다.

문원경

1949년 11월 23일(양력)
경남 남해

학력: 경남고, 서울대 물리학과 졸업, 한양대 대학원 도시공학 석·박사, 성균관대 대학원 경제학 박사

경력: 행정고시 17회, 행정자치부 민방위재난관리국 국장, 울산시 행정부시장, 행정자치부 차관보, 제2차관, 소방방재청 청장, 안전생활실천시민연합 고문

제19대 문재인 대통령과의 관계 및 인물평: '10년의 힘' 회원이다. 민방위재난관리국장, 민방위재난통제본부장과 소방방재청 개청준비단장으로 재직한 경험이 있어 재난안전 분야에 대한 전문성을 갖췄다. 관선 통영군수, 진해시장 등을 역임해 지방행정에도 밝다. 노무현 정부에서 행정자치부 차관, 소방방재청장을 지냈다. 문재인이 주장한 공공 일자리 확충과 관련해 소방공무원 채용을 비롯해 재난관리 정책 등을 조언할 것으로 보인다.

김형기

1951년 10월 15일(양력)
부산

학력: 경기고, 서울대 외교학과 졸업, 미국 노스웨스턴대 법학전문
대학원

경력: 통일원 교육담당관, 남북대화사무국 조정관, 통일원 대변인,
정보분석실장, 통일정책실장, 대통령비서실 통일비서관, 김대중 당
선자 인수위원회 전문위원, 통일부 차관, 경남대 북한대학원 초빙교
수, 연세대 통일연구원 연구교수, 평화재단 평화연구원 원장

저서:《남북관계 변천사》

제19대 문재인 대통령과의 관계 및 인물평: '10년의 힘' 회원이다.
2002년에 발발한 제2연평해전 당시 통일부 차관이다. 북한은 계획
적인 도발 이후 "우발적으로 발생한 무력 충돌 사건에 대해 유감스
럽게 생각한다"는 전화통지문을 보내왔다. 전통문 수령 후 김형기
는 기자회견을 열고 "북측이 이번 전통문에서 서해 사태에 대해 사
과를 표시한 것으로 간주한다"면서 "이를 계기로 헝클어진 남북대
화를 장관급 회담부터 다시 복원해 나갈 수 있다는 점에서 대단히
긍정적인 것으로 본다"고 한 바 있다. 노무현 정부 당시 개각 때마
다 통일부 장관 후보자로 거론됐지만, 입각하진 못했다.

서범석

1951년 1월 10일(양력)
전남 광양

학력: 광주고, 서울대 교육학과 졸업, 서울대 행정대학원 행정학 석
사, 미국 위스콘신대 대학원 교육정책학 석사, 한양대 대학원 교육
학 박사

경력: 행정고시 18회, 교육부 산업교육정책관, 서울대 사무국 국장,
서울시교육청 부교육감, 교육인적자원부 차관, 사립학교교직원연
금관리공단 이사장, 현대고 교장, 오산대 총장

제19대 문재인 대통령과의 관계 및 인물평: '10년의 힘' 회원이다.
호남 출신으로 김대중 정부 때 3급 부이사관에서 1급 관리관으로
승진했다. 노무현 정부에선 교육부총리 윤덕홍 밑에서 차관을 지냈
다. 업무처리가 꼼꼼하고 공과 사를 분명히 밝히는 스타일이란 평을
받았다. 2006년 지방선거 당시엔 열린우리당 후보로 전남지사에
출마했지만 19% 득표에 그쳐 68%를 득표한 박준영 당시 지사에
게 패배했다.

이관세

1952년 5월 20일(양력)
충남 천안

학력: 한국외국어대 법학과 졸업, 고려대 대학원 정치외교학 석사, 경남대 북한대학원 북한학 박사

경력: 통일부 정보분석국 국장, 노무현 당선자 인수위원회 외교통일안보위원회 전문위원, 통일부 통일정책실 실장, 정책홍보실 실장, 남북회담본부 본부장, 차관, 대한적십자사 남북 교류 담당 총재 특별보좌역

저서: 《현지지도를 통해서 본 김정일의 리더십》

제19대 문재인 대통령과의 관계 및 인물평: '10년의 힘' 회원이다. 노무현 정부의 마지막 통일부 차관이다. 2007년, 노무현과 북한 김정일의 소위 10·4정상회담을 위한 준비기획단 사무처장, 준비 접촉 수석 대표, 선발대 단장을 맡았다. 북핵문제를 해결하기 위해선 남북 관계 개선이 필수적이라면서 우리가 북핵문제 해법을 선제적으로 제시하고 미국과 중국이 따라오도록 해야 한다고 주장한다.

염상국

1957년 8월 23일(양력)
강원 원주

학력: 동대문상고, 경희대 경영학과 졸업, 경희대 대학원 행정학 석사, 정치학 박사

경력: 대통령비서실 경호실 경호부장, 수행부장, 경호2처 처장, 차장, 실장

제19대 문재인 대통령과의 관계 및 인물평: '10년의 힘' 회원이다. 노무현 정부 당시 마지막 청와대 경호실장이다. 1982년 청와대 경호실에 들어온 공채 출신으로, 김영삼 정부 시절 경호실장이던 박상범에 이어 두 번째로 경호실장으로 내부 승진한 인물이다. 2002월 드컵 통제부장, 2005년 부산 아시아태평양 경제협력체(APEC) 정상회의의 경호안전통제실장 등 경호 분야의 요직을 두루 거쳤다. 대통령 당선인 시절 노무현의 지근거리에서 경호하는 수행부장을 맡기도 했다.

김광두

1947년 8월 5일(음력)
전남 나주

학력: 광주제일고, 서강대 경제과 졸업

경력: 《중앙경제신문》 비상임 논설위원, 《매일경제신문》 비상임 논설위원, 김영삼 정부 금융통화운영위원회 위원, 김대중 정부 산업자원부 산업발전심의회 위원장, 이명박 정부 국가미래연구원 원장, 서강대 명예교수, 새누리당 국민행복추진위원회 힘찬경제추진단 단장, 문재인 대선캠프 '새로운 대한민국 위원회' 위원장

저서: 《기술경제학》《외채현황과 대응방향》《한국형 창조경제의 길》

제19대 문재인 대통령과의 관계 및 인물평: 김 원장은 박근혜 전 대통령의 모교인 서강대 인맥을 대표하는 인사로, 2010년 12월부터 박 전 대통령의 싱크탱크인 국가미래연구원을 이끌어 왔다. 2007년 박 전 대통령이 대선 경선 후보로 나설 때 내건 공약 '줄,푸,세(세금은 줄이고 규제는 풀고, 법치는 바로 세우고)'가 김 원장의 작품이다. 김 원장은 경제인사 중 개혁적 보수주의자로 평가받는 인물로 문재인 대통령이 김종인 전 대표와 결별한 후 데려온 경제인사다.

김호기

1960년 2월 5일(양력)
경기도 양주

학력: 연세대 사회학과 졸업, 연세대 대학원 사회학 석사, 독일 빌레펠트대 대학원 사회학 박사

경력: 연세대학교 사회과학대학 사회학과 교수, 참여연대 정책위원장, 노무현 대통령 자문정책기획위원회 위원, 경제인문사회연구회 이사, 한국정치사회학회 부회장, 문재인 선대위 '새로운 대한민국위원회' 부위원장

저서: 《현대 자본주의와 한국사회》《세계화 시대의 시대정신》

제19대 문재인 대통령과의 관계 및 인물평: 김 교수는 사회통합을 주장해 온 중도 성향의 사회학자다. 삼성 측에서 삼성 직업병 보상위 위원으로도 활동한 것으로 알려져 있다.

김상조

1962년 11월 21일(양력)
경북 구미

학력: 대일고, 서울대 경제학과 졸업, 서울대 대학원 경제학 석·박사

경력: 한성대 사회과학대 무역학과 교수, 참여연대 경제개혁센터 소장 (공정거래위원장 자문기구) 정쟁정책자문위원회 위원, 경제개혁연대 소장, 한국금융연구센터 소장, 문재인 선대위 '새로운 대한민국 위원회' 부위원장

저서: 《박정희의 맨얼굴》《경제민주화 멘터 14인에게 묻다》《불평등 한국, 복지국가를 꿈꾸다》

제19대 문재인 대통령과의 관계 및 인물평: 김 소장은 경제민주화와 재벌개혁을 대표하는 진보 성향 경제학자다. 약 20년간 삼성그룹 지배구조 문제 등을 연구해 삼성 저격수로도 알려져 있다. '최순실 사태' 박영수 특검의 참고인으로 출석해 이재용 삼성전자 부회장 구속 논리를 세우는 데 도움을 주기도 했다. 김 소장이 정치 캠프에 참여한 것은 1997년 권영길 대선 후보의 국민승리21 정책자문단 이후 처음이다.

학력: 서울고, 서울대 외교학과 졸업, 미국 하버드대 행정대학원 석사

경력: 제5회 외무고시 합격, 캐나다 대사관 3등 서기관, 미국 대사관 참사관, 외무부 통상국 국장, 미국 대사관 공사, 이스라엘 대사관 대사, 제네바 대표부 대사, 17대 국회의원(비례대표, 열린우리당), 문재인 외교자문단 국민 아그레망 단장

제19대 문재인 대통령과의 관계 및 인물평: 오랜 기간 외무부에서 근무하면서 주 타이 대사관 참사관, 주 미국 대사관 참사관 등을 역임했다. 문재인의 실질적인 외교 노선 브레인으로 평가받고 있다. 과거 한·칠레FTA 협상을 주도적으로 이끌었고, 북핵에 대해서도 강경한 입장을 보이고 있다.

정의용

1946년 4월 14일(양력)
충북 영동

학력: 대륜고, 서울대 외교학과 졸업, 영국 서식스대 대학원 석사

경력: 제15회 외무고시 합격, 노무현 정부 외교통상부 북미국 국장, MB 정부 미얀마 대사관 대사, 외교통상부 대변인, 박근혜 정부 외교통상부 한미안보협력 담당 대사, 말레이시아 대사관 대사, 문재인 외교자문단 국민 아그레망 간사

제19대 문재인 대통령과의 관계 및 인물평: MB 정부와 박근혜 정부에서 한미안보 협력에 힘을 보탰었고 문재인 정부에서는 한중일 관계 개선에 역할을 할 것으로 전망된다.

조병제

1956년 12월 29일
경북

학력: 경북대사대부고, 서울대 외교학과 졸업, 미국 존스홉킨스대 국제대학원 석사

경력: 제7회 외무고시 합격, DJ 정부 외교통상부 한반도에너지개발기구(KEDO) 사무차장, 이스라엘 대사관 대사, 외교통상부 차관보, 노무현 정부 영국 대사관 대사, 외교통상부 차관, MB 정부 미국 대사관 대사, 제주특별자치도 국제고문단, 연합뉴스 수용자권익위원회 위원장, 현 연세대 언더우드국제대(UIC) 레이니(Laney) 석좌교수, 문재인 외교자문단 국민 아그레망 간사

제19대 문재인 대통령과의 관계 및 인물평: 한국의 미국 비자면제 프로그램 도입에 역할을 했다. MB 정부가 자유무역협정(FTA)을 맺는 과정에서도 중요한 역할을 맡았다.

이태식

1945년 10월 26일(양력)
경북 경주

학력: 서울고, 서울대 외교학과 졸업, 영국 런던대 수학

경력: 제9회 외무고시 합격, DJ 정부 대통령비서실 외교통상비서관, 외교통상부 구주국 국장, 유고 대사관 대사, 참여정부 북핵 6자회담 수석대표, 외교통상부 차관보, 독일 대사관 대사, MB 정부 국가정보원 제1차장(해외담당), 현 단국대 행정법무대학원 석좌교수, 더불어민주당 선거대책위원회 선대위원, 제20대 국회의원선거 비례대표 후보(더불어민주당 15번), 문재인 외교자문단 국민 아그레망 간사

제19대 문재인 대통령과의 관계 및 인물평: 1994년 제네바 합의와 6자회담 현장에 있던 한국 외교의 베테랑으로 평가받는다. 한반도 비핵화, 대북관계, 통일정책, 대미 외교, 대독 외교, 국가 안보 관련 업무를 다뤘다. 문재인 정부에서는 통일정책 수립에 힘을 보탤 것으로 보인다. 한일 정부 간 일본군 위안부 협상 타결에 대해서는 다소 부정적인 시각을 갖고 있다.

이수혁

1949년 1월 4일(양력)
전북 정읍

학력: 중앙고, 서울대 정치학과 졸업, 서울대 대학원 정치학 석사

경력: DJ 정부 대통령직인수위원회 행정실 실장, 국가안전기획부 2차장, 국가안전기획부 1차장, 중경회 고문, 국가정보원 1차장, 국민회의 당무위원, 새천년민주당 총재 특별보좌역, 국가정보원 외교담당 특별보좌역, 영국 대사관 대사, 노무현 정부 국가안전보장회의 상임위원장, 우석대 10대 총장, MB 정부 대통령 직속 사회통합위원회 민간위원, 박근혜 정부 대통령 소속 통일준비위원회 민간위원, 문재인 외교자문단 국민 아그레망 단원

제19대 문재인 대통령과의 관계 및 인물평: 국가안전기획부와 국가정보원에서 차장직급과 안보보좌관직을 맡아 대외 안보 전문가라는 평을 받고 있다.

라종일

1940년 12월 5일(양력)
서울 종로

학력: 평창고, 육사 18기 졸업, 미국 서던캘리포니아대 대학원 석사, 연세대 행정대학원 외교안보 석사

경력: 노태우 정부 한미연합군 사령부 부참모장, 유엔군사령부 군사정전위 수석대표, YS 정부 외무부 본부대사, DJ 정부 외교통상부 본부대사, 대통령비서실 외교안보 수석비서관, 남북정상회담 남측 대표단, 독일 대사관 대사, 외교통상부 본부대사, 문재인 외교자문단 국민 아그레망 단원

제19대 문재인 대통령과의 관계 및 인물평: DJ 정부 시절부터 대통령비서실 외교안보 수석 등을 역임하며 남북정상회담을 이끌었다. 합리적이고 업무추진력이 좋다는 평가를 받고 있다.

황원탁

1938년 11월 26일(양력)
강원 평창

학력: 목포상고, 성균관대 법률학과 졸업, 미국 존스흡킨스대 국제공공정책학 석사

경력: 제9회 외무고시 합격, DJ 정부 외교통상부 아시아 태평양 국장, 시카고 총영사관 총영사, 노무현 정부 외교통상부 대변인, 법무부 출입국 외국인정책본부 본부장, MB 정부 영국 대사관 대사, 한국외교협회 부회장, 박근혜 정부 한일미래포럼 대표, 문재인 외교자문단 국민 아그레망 단원

제19대 문재인 대통령과의 관계 및 인물평: 외교관 출신이 법무부로 발탁된 드문 케이스다. 노무현 정부 때 외국인 정책을 재정비해 다문화 도입에 역할을 했다.

추규호

1952년 8월 21일
전남 목포

학력: 광주고, 한국외국어대 인도어과 졸업, 미국 플레처 법률외교대학원 법률외교학 석사, 서울대 행정대학원 박사과정

경력: 제10회 외무고시 합격, DJ 정부 대통령비서실 파견, 외교통상부 아시아 태평양국 심의관, 노무현 정부 외교통상부 공보관, 중국 대사관 정무공사, 외교통상부 재외동포영사대사, 홍콩 영사관 총영사, 동북아역사재단 사무총장, 문재인 외교자문단 국민 아그레망 단원

제19대 문재인 대통령과의 관계 및 인물평: 국제관계, 특히 동북아시아 정세 전문가로 알려져 있다. 박근혜 정부 때 중국과의 신뢰 관계를 유지하도록 조언했다. 중국을 '전략적 협력 동반자'의 시각으로 보고 있다.

석동연

1954년 8월 30일
전남 광주

학력: 경기고, 서울대 외교학과 졸업

경력: 제12회 외무고시 합격, 노신영 외무장관 수행비서, YS 정부 외무부 특수정책과장, 중국 대사관 참사관 총영사, DJ 정부 샌프란시스코 총영사관 부총영사, 노무현 정부 외교통상부 공보관, 요르단 대사관 대사, MB 정부 한중일협력사무국 초대 사무총장, 박근혜 정부 외교부 국립외교원 외교안보연구소 소장, 연세대 국제대학원 객원교수, 문재인 외교자문단 국민 아그레망 단원

제19대 문재인 대통령과의 관계 및 인물평: 국제정세에 대한 분석과 평가가 냉철하고 특히 중국과 일본 정세에 밝은 것으로 평가받고 있다. 《한겨레 신문》 등에서 사설을 기고하는 등의 집필 활동도 하고 있다.

신봉길

1955년 8월 25일
경북 의성

학력: 전주고, 공사 18기 졸업, 경희대 대학원 행정학 박사

경력: 노무현 정부 방위사업청 개청준비단 정책기획부 부장, 방위사업청 계약관리본부 본부장, 방위사업청 청장, MB 정부 공사 총동창회 회장, 더불어국방안보포럼 대표

제19대 문재인 대통령과의 관계 및 인물평: 공과 사가 철저해 투명한 군인, 군사 전문가로 평가받고 있다. 방위사업청장으로 재직 시 공적인 일 이외에 사적인 데에는 단순한 식사 자리조차 참석하지 않은 것으로 알려졌다.

이선희

1946년
전북 전주

박종헌

1954년 2월 14일
경북 포항

학력: 경북고, 공사 24기 졸업, 동국대 행정대학원 안보행정학 석사 과정, 고려대 행정대학원 최고관리자 과정

경력: 김대중 정부 교육사령부 기본군사훈련단 단장, 노무현 정부 제20전투비행단 단장, 합동참모본부 인사부장, 공군본부 전력기획 참모부장, 공군사관학교 제39대 교장, 국방부 부총장, MB 정부 공군 교육사령관, 공군 제32대 참모총장

제19대 문재인 대통령과의 관계 및 인물평: 대한민국 첫 번째 F-16 조종사 출신 공군참모총장이다. 1983년 북한 공군 이웅평 상위의 귀순 당시 소령 신분으로 출격, 귀순을 유도해 화랑무공훈장을 받았다. 전역하고 나서는 제20대 국회의원 총선거에서 더불어민주당의 비례대표 후보로 공천되기도 했다. 과거 문재인 대통령의 안보관을 지적하는 모습을 보이기도 했다.

백종천

1943년 7월 30일
전남 광주

학력: 목포고, 육사 22기 졸업, 서울대 대학원 정치학 석사, 미국 노스캐롤라이나 대학원 정치학 박사

경력: 김영삼 정부 국방정책학회 회장, 대통령 자문 정책기획위원회 위원, 김대중 정부 국방부 정책자문위원, 노무현 정부 대통령자문 정책기획위원회 국가발전전략분과 통일외교팀 위원, 국가안전보장회의 사무처 정책개발자문위원, NSC상임위원장 정책자문위원회 위원, 대통령비서실 안보실 실장, 국가안전보장회의 상임위원장

제19대 문재인 대통령과의 관계 및 인물평: 논란이 있었던 송민순 전 장관의 후임으로 노무현 대통령 비서실로 부름을 받았다. 문재인이 노무현 전 대통령의 비서실장을 역임할 때 대통령비서실 안보실 실장을 맡았다. 육사 교수부장 등 군에서 30여 년을 재직한 뒤 예편, 2000년부터 세종연구소 소장을 맡았다.

학력: 부산상고, 해사 20기 졸업, 미국해군대 상륙전, 지휘참모과정, 국방대학원 졸업

경력: 한국 해군 최초 세계일주 항해 사령관, 제5성분전단장, 해군본부 2함대 사령관, 해군본부 전투발전단 단장, 해군본부 작전사령관, 해군본부 참모차장, 노무현 정부 대통령비서실 국방보좌관 차관급, 국방부 제39대 장관

제19대 문재인 대통령과의 관계 및 인물평: 2004~2006년까지 국방장관을 지냈다. 2005년 530GP 사건 당시 합동분향소를 도입해 가장 처음 찾아가 관료적인 모습을 벗었다는 평가를 받았다. 국방부의 '문민화' 등 국방 개혁을 이루기 위해 여러 시도를 했으며, 해군 개혁에 대한 진정성은 긍정적 평가를 받고 있다.

윤광웅

1942년
부산 동래

학력: 전주고, 서울대 외교학과 졸업, 서울대 대학원 정치학 석사, 미국 캘리포니아대 리버사이드교 정치학 박사

경력: 국방대학원 교수, YS 정부 외교부 외교정책자문위원, 국방부 정책전문위원, 민주평통자문회의 운영위원, 국방대 국가안보문제연구소 소장, DJ 정부 통일부 정책평가위원, 국가안보회의 사무처 정책자문위원, 박근혜 정부 대통령 국가안보자문단

저서: 《신중국 군사론》《전쟁과 평화의 이해》《국가안보의 개념·영역·방법》《21세기 한반도 평화와 편승의 지혜》

제19대 문재인 대통령과의 관계 및 인물평: 황 박사는 노무현 정부 때 '보이지 않는 손'으로 불릴 만큼 안보 관련 중추적 역할을 맡았다. 전시작전통제권 환수와 한미연합사 해체 추진, 대규모 감군(減軍) 등 안보논란이 불거지자 이를 조율하는 역할을 했다. 북한의 핵 실험에 대해 대비하지 못한 점을 노무현 정권의 잘못으로 판단하는 반면 전작권 회수는 한미동맹을 더 튼튼하게 하는 방안으로 보고 있다.

황병무

1939년 6월 25일(양력)
전북 고창

학력: 전주고, 서울대학교 경제학과 졸업, 서울대 대학원 경제학과 석사, 서울대 대학원 행정학과 박사

경력: 한국개발연구원 연구원, 한솔그룹, 김대중 정부 국회의원보좌관, 노무현 정부 재정경제부 장관정책보좌관, 한국금융연구원 초빙연구원, 현대경제연구원 정책조사실 이사대우, 문재인 선대위 비상경제대책단 부단장

제19대 문재인 대통령과의 관계 및 인물평: 문재인 대통령이 대선 토론 때 현대경제연구원의 자료를 인용했던 만큼 경제정책 수립에 역할을 하고 있는 것으로 보인다. 노무현 정부 때 재정경제부 장관정책보좌관을 맡았다. 실무감각이 좋다는 평가를 받는다.

김동열

1965년 8월 10일
전북 순창

최운열

1950년 4월 2일(양력)
전남 영암

학력: 광주제일고, 서울대 경영학과 졸업, 미국 조지아대 대학원 경영학 석·박사

경력: 금융산업발전위원회 위원, 투자신탁발전위원회 위원, 신경제 5개년계획 금융분야 실무위원, 한국증권경제연구원 원장, 한국증권연구원 원장, YS 정부 재정경제원 증권관리위원회 비상임 위원, DJ 정부 기업지배구조 개선위원회 자문위원장, 국민, 주택은행 합병추진위원회 위원, 금융지주회사 최고경영자인선위원회 위원, 노무현 정부 국민경제자문위원회 위원, 규제개혁위원회 위원, 서강대 부총장, 한국 CEO포럼 공동대표, 더불어민주당 정책위 부의장, 제20대 더불어민주당 국회의원(비례대표), 제20대 국회 전반기 정무위원회 위원, 문재인 선대위 비상경제대책단 부단장

제19대 문재인 대통령과의 관계 및 인물평: 정부에서는 기업지배구조 개선 관련 업무를 주로 봤다. 김종인 전 대표의 측근으로도 알려져 있다. 2016년 5월부터 더불어민주당에서 정책위원회 부의장, 경제민주화 태스크포스 위원장 등을 역임하고 있다.

고동원

1960년 8월 13일

학력: 서울대 사법학과 졸업, 미국 보스턴대 법학석사, 미국 툴레인대 법학박사

경력: 김&장 법률사무소 미국변호사, 한국상사법학회 이사, 한국금융법학회 편집이사, 미국 뉴욕주 변호사협회 회원, 건국대 법과대학 법학과 교수, 성균관대 법학전문대학원 교수, 미래전략연구원 연구위원

제19대 문재인 대통령과의 관계 및 인물평: 글로벌 감각을 갖춘 금융전문가로 평가받고 있다. 해외에 비해 취약한 국내 금융제도를 정비하는 데 역할을 할 것으로 보인다.

이경렬

1954년 3월 28일
전남 고흥

학력: 광주제일고, 전남대 경제학과 졸업
경력: 기업은행 경영전략본부 본부장 이사, IBK연금보험 대표이사 사장
저서: 《워킹 코드》
제19대 문재인 대통령과의 관계 및 인물평: **54년생으로 광주제일고와 전남대 경제학과를 졸업했다. 77년 기업은행에 입행, 기업고객부행장, 경영전략부행장, 보험자회사설립준비위원장 등 주요 보직을 역임한 뒤 IBK연금보험 초대 대표가 됐다. 이번 대선과정에서 문재인 선대위 비상경제대책단에서 활동했다.**

오완수

1939년 10월 13일
부산

학력: 경기고, 고려대 경제학과 졸업

경력: 대한상사 대표이사, 부산경영자협회 이사, 부산시 자문위원, 부산상공회의소 부회장, 대한제강 회장, 동남은행 비상임 이사

제19대 문재인 대통령과의 관계 및 인물평: 경남고 출신 경제인들 모임 덕경회의 초대회장이다. 오 회장을 비롯해 안강태 대선조선 회장, 구자신 쿠쿠홈시스 회장, 양성민 조광페인트 회장 등 부산·울산·경남 지역에 사업체를 둔 70여 명의 동문이 가입해 있다. 송규정 원스틸 회장이 현 회장을 맡고 있다. 문재인 대통령이 직접 참석하지는 않지만 문 대통령의 측근이 다수 참여하는 것으로 알려졌다.

학력: 경남고, 서울대학교 문리대 졸업, 서울대학교 경영대학원 경영학 석사

경력: 동명철강상사 대표이사, 부산남구라이온스클럽 회장, 원스틸 대표이사 사장, 부산시 체조협회 회장, 부산상공회의소 상임의원, 부산상공회의소 18대 회장

제19대 문재인 대통령과의 관계 및 인물평: **서울대를 졸업한 송 회장은 1976년 동명철강상사(현 원스틸)를 창립한 뒤, 중견 철강기업으로 키웠다. 덕경회 현 회장이다.**

송규정

1943년 9월 14일
울산

학력: 경남고, 한양대 경영학과 졸업, 연세대학교 경영전문대학원 경영학 석사

경력: 대신 대표이사 사장, 태광 영업 상무이사, 태광 생산관리 상무이사, 태광 대표이사 사장

제19대 문재인 대통령과의 관계 및 인물평: **경남고등학교를 졸업, 현 태광 대표이사다.**

윤성덕

1958년
부산

학력: 경남고, 미국 위스콘신주립대 경영대학원 MBA
경력: 대우경제연구소, 디에스알제강 전무이사, 디에스알제강 부사장, 디에스알제강 대표이사 사장

제19대 문재인 대통령과의 관계 및 인물평: 홍하종 사장이 이끄는 디에스알제강은 선박과 자동차 등에 사용되는 와이어로프 및 경강선 제조 회사다. 그의 딸이 인기 걸그룹 멤버였다.

홍하종

1962년
부산

김정태

1952년 2월 11일(양력)
부산

학력: 경남고, 성균관대 행정학과 졸업

경력: 하나은행 지방지역본부 본부장, 영남사업본부 부행장, 하나금융지주 부사장, 하나대투증권 사장, 하나금융그룹 개인금융부문 부회장, 하나은행 은행장, 국립중앙박물관회 회장

제19대 문재인 대통령과의 관계 및 인물평: 금융 실무에 밝고, 조직 장악력과 친화력이 뛰어난 인물로 정평이 나 있다. 하나금융지주 회장이 된 건 2012년 3월이다. 그의 회장 선임은 예정된 수순이었다는 평가가 지배적이다. 문재인과는 경남고 동기다. 향후 그를 필두로 경남고 출신의 금융인 모임을 뜻하는 '경금회'가 조직되는 건 아닌지 관심을 끌고 있다.

학력: 경남고, 서울대 상과대 졸업

경력: 태영상선 이사, 부사장, 사장

제19대 문재인 대통령과의 관계 및 인물평: 문재인의 경남고 동기다. 재경 경남고 동문회 임원을 역임했다. 연간 1000억원에 가까운 매출을 올리는 해운사의 대주주·경영자이며, 부산항만공사 항만위원으로 활동하고 있다.

박영안

1953년 1월 13일(양력)
부산

학력: 경남고, 서울대 응용화학과 졸업

경력: 현대종합상사 입사, 일신화학공업 대표이사 사장, 한국농업용필름협회 회장

제19대 문재인 대통령과의 관계 및 인물평: 경기도 안산시에서 연매출 1300억원 규모의 일신화학공업을 경영한다. 경남고 25회로 문재인과는 고교 동기다.

정철수

1952년 8월 25일
부산

학력: 경남고, 서울대 건축학과 졸업, 서울대 대학원 건축학 석사

경력: 공간연구소 대표이사, 승효상 건축연구소 대표, 김수근 문화재단 부설 서울건축학교 운영위원, 교수, 영국 런던대 객원교수

제19대 문재인 대통령과의 관계 및 인물평: 김해 봉하마을의 노무현 묘역을 설계했다. 문재인과는 고교 동기다. 승효상에 따르면 문재인과 그는 각각 문과와 이과로 갈려 서로 얘기를 나눈 일은 거의 없고, 이따금 마주칠 때 웃으며 지나가는 정도였다고 한다. 2012년 대선 때 문재인 멘토단에 합류했고, 이번 대선에서는 문재인이 대통령 집무실과 관저를 청와대 외곽에 설치하기 위해 만든 실무조직인 '서울 역사문화벨트 조성 공약 기획위원회'에 참여했다.

승효상

1952년 10월 26일(양력)
부산

학력: 경남고, 서울대 공업화학과 졸업, 연세대 경영대학원 경영학 석사

경력: 호남정유 입사, 호남정유 부장, LG 칼텍스정유 사업기획부문장 이사, LG건설플랜트사업본부 본부장 대표이사 부사장, GS건설 플랜트사업본부 본부장 대표이사 사장, GS건설 해외사업총괄 사장 (CGO)

제19대 문재인 대통령과의 관계 및 인물평: 문재인 대통령과 동기동창으로 활발한 교류가 있지는 않지만 상당한 친분 관계가 있다고 알려져 있다.

우상룡

1952년 6월 16일(양력)
부산

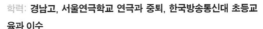

이윤택

1952년 7월 9일
부산

학력: 경남고, 서울연극학교 연극과 중퇴, 한국방송통신대 초등교육과 이수

경력: 《현대시학》을 통해 등단, 부산일보사 편집부 기자, 열린시 동인, 무크지 《지평》 편집동인, 문화부 8·15광복기념이벤트 총연출, 계간 《현대시세계》 편집동인, 일본 도쿄 알리스페스티벌 한일합동공연 세월이 좋다 연출, 일본, 베트남, 미국 순방, 97 서울 국제연극제 예술감독, 국립극단 예술감독, 서울예술단 대표감독, 영산대 문화산업대 연기뮤지컬학과 교수, 가마솥소극장 예술감독, 밀양연극촌 예술감독

제19대 문재인 대통령과의 관계 및 인물평: 경남고를 졸업하고 서울연극학교를 다니다가 중퇴하고 군대에 갔다. 부산 우체국, 한일합섬, 한국전력 등 열세 가지 직업을 거친 후 1979년 한국방송통신대학교를 졸업하고 《부산일보》 편집부 기자로 일했다. 2005년에는 국립극장 예술감독을 맡았고 2008년에는 석·박사 학위 없이 동국대 연극영화학과 교수가 돼 화제가 됐다. 1991년 서울연극제 대상, 2008년 대한민국연극대상 작품상 등 많은 상을 받았다.

최철국

1952년 12월 30일(음력)
경남 김해

학력: 경남고, 서울대 법학과 졸업, 서울대 대학원 법학과 수료, 영국 옥스퍼드대 대학원 경제학 석사, 영국 다럼대 대학원 정치학 석사

경력: 제24회 행정고시 합격, 경남도지사 비서실 실장, 국무총리실 내무, 교육, 체육부 담당 사무관, DJ 정부 대통령비서실 의전행정관 부이사관, 경상남도 문화관광국 국장, 민주당 김해시 시장 후보 출마, 새천년민주당 노무현 대통령후보 지방자치보좌역, 열린우리당 경남중소기업특별위원회 위원장, 열린우리당 경상남도 당위원장, 제17·18대 국회의원(재선)

제19대 문재인 대통령과의 관계 및 인물평: 최철국 전 의원은 '김해을'에서 17대와 18대 의원을 지냈다. 박연차 전 태광실업 회장에게 정치자금을 받은 혐의(정치자금법 위반)로 기소되어 대법원에서 벌금 700만원과 추징금 5000만원을 선고한 원심이 확정돼 의원직을 상실한 바 있다. 문재인 대통령과 경남고등학교 동기인 그는 문 대통령에 대해 "의리 있고, 인정 많은 친구"라고 했다.

이봉관

1945년 3월 7일(양력)
평남 평양

학력: 문화고, 경희대 경영학과 졸업, 서울대 경영대학원 최고경영자과정 수료, 고려대 언론대학원 최고경영자과정 수료

경력: 포항종합제철 입사, 유성 대표이사 회장, 서희건설 설립, 민주평화통일자문회의 자문위원, 문화장학회 이사장, 유성티엔에스 회장, 서희그룹(서희건설, 유성티엔에스) 회장, 서라벌경제인연합회 회장, 경희비즈니스클럽 회장, 경희대 총동문회장, 문화학원 제12대 이사장

제19대 문재인 대통령과의 관계 및 인물평: **이봉관** 회장은 경희대 경영학과를 졸업했고, 서울대와 고려대 경영대학원 최고경영자과정을 거쳐 순천향대학교 경제학 박사를 수여받았다. 물류·철강회사인 유성티엔에스를 설립했고, 현재 서희건설 회장으로 재직 중이다. 문재인 대통령과 경희대 동문이다.

학력: 배문고, 경희대 경영학과 졸업, 미국 브랜다이스대 대학원 경영학 석사, 고려대 경영대학원 석사, 경희대학교 철학 명예박사

경력: 선경유통 부회장, SK유통 대표이사 부회장, SKC 대표이사 회장, 경기사회복지공동모금회 제5대 회장, 수원상공회의소 제21·22대 회장, 한국상표디자인협회(KOTA) 제2·3대 회장, 대한상공회의소 부회장, SK네트웍스 사내이사, 나눔교육포럼 초대 회장

제19대 문재인 대통령과의 관계 및 인물평: 1952년 수원 출생인 최신원 회장은 배문고와 경희대 경영학과, 미 브랜다이스대 대학원 경영학 석사를 마치고 지난 1981년부터 SK그룹에 몸담았다. 선경인더스트리 이사, 선경그룹 전무, SK유통 대표이사를 거쳐 지난 2000년부터 SKC 대표이사 겸 회장직을 맡고 있다. 지난 2007년 태안 기름유출 사고 시에는 SKC와 SK텔레시스 직원 450여 명과 함께 기름 제거 작업을 해 화제를 남겼다. 최신원 회장은 또한 국내 재벌가에서는 보기 드문 해병대 출신으로 알려졌다. 문재인 대통령과 경희대 동문이다.

최신원

1952년 11월 20일(양력)
경기 수원

학력: 보성고, 경희대 경영학과 졸업

경력: 매일유업 상무이사, 매일유업 부사장, 매일유업 대표이사 사장, 매일유업 대표이사 부회장, 매일유업 대표이사 회장

제19대 문재인 대통령과의 관계 및 인물평: 김정완 매일유업 회장은 보성고와 경희대 경영학과를 졸업한 후 1986년 매일유업에 입사했다. 관리본부장, 부사장, 사장, 부회장을 거쳐 2010년 매일유업 대표이사 회장으로 선임됐다. 김 회장은 유업계의 위기를 치즈와 커피사업으로 돌파해 매일유업을 성장시키고 있다. 문재인 대통령과 경희대 동문이다.

김정완

1957년 11월 6일(양력)
서울

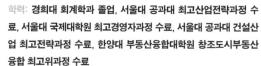

문주현

1958년 3월 3일
전남 장흥

학력: 경희대 회계학과 졸업, 서울대 공과대 최고산업전략과정 수료, 서울대 국제대학원 최고경영자과정 수료, 서울대 공과대 건설산업 최고전략과정 수료, 한양대 부동산융합대학원 창조도시부동산융합 최고위과정 수료

경력: 엠디엠 회장, 한국자산신탁 회장, 한국자산캐피탈 회장, 한국자산에셋운용 회장, 문주장학재단 이사장, 한국부동산개발협회 제3·4대 회장, 서울시탁구협회 제11대 회장, 민주평화통일자문회의 상임위원

제19대 문재인 대통령과의 관계 및 인물평: 검정고시를 통해 27세에 경희대 회계학과에 들어가 '늦깎이 대학생'이 된 문주현 회장은 서른이 넘어서 나산그룹에 입사했다. 당시 나산그룹에 입사해 부동산 개발사업을 주도했고, 입사 6년 만에 임원으로 발탁돼 '샐러리맨의 신화'로 불리기도 했다. 하지만 1997년 IMF 외환위기를 맞으며 회사가 부도나고 졸지에 실업자가 됐다. 그는 대기업들의 스카우트 제의를 뿌리치고 이듬해 서울 서초동에 있는 33m²짜리 원룸에 분양 대행 업체를 차렸다.

최평규

1952년 9월 5일
경남 김해

학력: 경남고, 경희대 기계공학과 졸업, 세종대 명예공학박사

경력: 삼영열기공업 대표이사 사장, 삼영열기 회장, 통일중공업 대표이사 회장, S&T중공업 회장, S&T그룹 회장, S&T홀딩스 대표이사 회장, S&TC 대표이사 회장, S&T모티브 이사, S&T장학재단 초대 이사장

제19대 문재인 대통령과의 관계 및 인물평: 최평규 회장은 선친 항렬이 영(瑩)자라는 점을 따 삼영이란 이름을 짓고 사업을 시작했다. 2003년 통일중공업을 인수한 후 3년째(2005년)부터 그룹명을 S&T로 바꿨다. 당시 최 회장은 그룹 초창기 이름인 삼영의 S, 통일의 T를 묶어 S&T로 지었다. 최평규 회장의 별명은 M&A(인수합병) 사냥꾼, 승부사 등이었다. 2003년 통일중공업(현 S&T중공업), 2006년 대우정밀(현 S&T모티브), 2007년 효성기계공업(현 S&T모터스) 등을 줄줄이 인수하면서 붙은 별명이다. 당시 '관련 사업을 전혀 모르는 무명 기업인이 인수합병 시장을 휘젓고 다닌다'는 말이 돌았다.

양호철

1955년 6월 20일(양력)
서울

학력: 서울고, 경희대 경영학과 졸업, 서울대 경영대학원 졸업, 미국 루이지애나 주립대 대학원 졸업

경력: 미국 위스콘신 주립대 조교수, 대신증권 이사, 대신증권 상무이사, 동서증권 상무이사, 동서증권 전무이사, 동서증권 영업총괄본부장 부사장, 동서경제연구소, 모건스탠리인터내셔널증권 한국지점 주식영업담당 대표

제19대 문재인 대통령과의 관계 및 인물평: 양호철 회장은 대표적인 '한국 IB업계 1세대'로 꼽힌다. 그는 1955년생으로 미국 루이지애나주립대에서 경영학 박사 학위를 받았다. 미국 위스콘신주립대에서 조교수로 일하다 1985년 대신증권에 입사하며 증권업계에 발을 디뎠다. 이후 동서증권 부사장으로 근무하다 모건스탠리 한국 대표로 발탁, 19년 동안 모건스탠리 한국 대표로 재직했다. 그는 M&A 분야에 능통한 전문가다.

허동섭

1948년 2월 19일
경기 개성

학력: 경복고, 경희대 경영학과 졸업

경력: 한일건설 대표이사 부사장, 한일건설 대표이사 사장, 한덕개발 서울랜드 대표이사 회장, 한일건설 대표이사 회장, 한일시멘트 대표이사 사장, 전국경제인연합회 이사, 한일시멘트 대표이사 부회장, 한일시멘트 대표이사 회장, 명예회장

제19대 문재인 대통령과의 관계 및 인물평: 허동섭 회장은 한일시멘트의 창립자인 고 허채경 회장(95년 작고)의 3남이자 허정섭 명예회장(장남), 허영섭 녹십자 회장(차남)의 동생이다. 경희대 경영학과를 졸업한 후 삼양식품 미국 지사장 등을 지내다가 지난 81년 한일산업 전무를 시작으로 서울랜드 사장과 한일건설 회장, 한일시멘트 사장, 명예회장 등을 역임했다.

하병호

1951년 5월 24일(양력)
전북 익산

학력: 남성고, 경희대 정치외교학과 졸업
경력: 금강개발산업 부산점 부점장 겸 의류패션팀 팀장 이사대우,
현대백화점 광주점 점장 이사, 현대백화점 부산점 부점장 이사대우,
현대백화점 중동점 점장 이사, 현대홈쇼핑 대표이사 부사장, 현대백
화점 대표이사 사장, 현대쇼핑 대표이사 사장
제19대 문재인 대통령과의 관계 및 인물평: 하병호 회장은 경희대
정치외교학과를 졸업하고 현대백화점 광주점장, 부산점장, 중동점
장을 거쳐 현대홈쇼핑 영업본부장과 대표이사 부사장을 역임했으
며 2008년 12월 현대백화점 대표이사 사장을 맡았다.

박기석

1954년 5월 22일
서울

학력: 경동고, 경희대 화학공학과 졸업, 경희대 대학원 화학공학 석
사, 연세대 경영대학원 최고경영자과정 수료
경력: 삼성엔지니어링 해외영업팀 이사, 화공사업본부장 상무, 화공
플랜트본부장 전무, 화공플랜트 본부장 부사장, 한양대 공학대학원
겸임교수, 삼성엔지니어링 마케팅본부장 부사장, 대표이사 사장, 연
세대 화공생명공학과 겸임교수, 한국뉴욕주립대 경제부총장
제19대 문재인 대통령과의 관계 및 인물평: 박기석 한국뉴욕주립대
경제부총장은 경희대 화학공학과를 졸업하고 동 대학원에서 석사
학위를 받았다. 삼성엔지니어링 부사장과 사장을 역임했다. 현재 삼
성엔지니어링 고문으로 활동하고 있다. 문재인 대통령과 경희대 동
문이다.

박원순

1956년 3월 26일
경남 창녕

학력: **경기고, 서울대 중퇴, 단국대 사학과 졸업**

경력: **사법연수원 제12기 수료, 대구지검 검사, 아름다운재단 상임이사, 참여연대 상임집행위원장, 아름다운재단 총괄상임이사, 서울시 제35·36대 시장**

제19대 문재인 대통령과의 관계 및 인물평: **박원순 서울시장은 1975년 서울대 사회계열에 입학했고, 문재인 대통령은 72년 경희대 법대에 진학했다. 두 사람 모두 75년에 제적되고 감옥살이를 맛봤다. 박 시장은 입학한 지 3개월도 지나지 않은 5월 22일 학내 시위에 가담했다가 4개월간 감옥살이하고 제적됐다. 문 대통령은 4학년으로 총학생회 총무부장이었다. 총학생회가 주도한 집회가 4월 11일 열렸는데 총학생회장이던 강삼재 전 의원이 학교에 나타나지 않아 집회를 주도했다. 이 사건으로 문 대통령은 구속되고 곧 제적됐다. 두 사람은 80년 6월 사법시험 2차 시험에 나란히 합격했다. 이듬해부터는 시위 경력자들이 3차 면접시험 과정에서 탈락됐지만 80년도는 그렇지 않았다. 합격자는 141명에 불과했다. 2년간의 연수기간을 거쳐 박 시장은 검사로, 문 대통령은 변호사로 나갔다.**

박정규

1948년 2월 10일(음력)
경남 김해

학력: 부산고, 고려대 법학과 졸업
경력: 제22회 사법시험 합격, 사법연수원 제12기 수료, 광주지검 검사, 춘천지검 속초지청 검사, 서울지검 동부지청 검사, 광주지검 검사, 광주보호관찰소 소장 겸직, 서울지검 검사, 부산지검 검사(고등검찰청), 부산고검 검사, 청주지검 영동지청 지청장, 대검찰청 공보담당관, 서울지검 동부지청 형사3부 부장검사, 김앤장법률사무소 변호사, 노무현 정부 대통령비서실 민정수석비서관, 두산중공업 사외이사

제19대 문재인 대통령과의 관계 및 인물평: 문재인 대통령은 사시 동기인 박정규 전 청와대 민정수석의 소개로 부산에서 활동하던 노무현 전 대통령(당시 변호사)을 만났다. 문재인 대통령은 그 첫 만남을 "소탈했고 솔직했고 친근했다. 나와 같은 세계에 속한 사람이라는 느낌 같은 게 있었다"고 기억했다.

송두환

1949년 5월 29일(양력)
충북 영동

학력: 경기고, 서울대 법학과 졸업
경력: 제22회 사법시험 합격, 사법연수원 제12기 수료, 서울민사지법 판사, 서울형사지법 판사, 송두환법률사무소 변호사, 민주사회를 위한 변호사 모임 부회장, 대한변호사협회 공보이사, 법무법인 한결 대표변호사, 한국외환은행 비상임이사, 민주사회를 위한 변호사 모임 제4대 회장, 노무현 정부 대북송금 의혹사건 특별검사, 대통령직속 중앙인사위원회 비상임위원, 국민은행 사외이사, 헌법재판소 재판관, 헌법재판소 소장 직무대행

제19대 문재인 대통령과의 관계 및 인물평: 2007년 3월 노무현 전 대통령의 지명으로 헌법재판관이 됐다. 민변 회장을 역임했고 진보로 분류되는 인사지만 사형제도와 간음죄는 합헌 의견을 보여 보수 인사로 봐야 한다는 의견도 존재한다.

이귀남

1951년 4월 8일
전남 장흥

학력: 인창고, 고려대 법과대 졸업, 경북대 명예박사, 순천향대 명예
법학박사

경력: 제22회 사법시험 합격, 사법연수원 제12기 수료, 서울지검
동부지청 검사, 광주지검 해남지청 검사, 광주지검 검사, 서울지검
검사, 대검 연구관, 광주지검 해남지청 지청장, 광주지검 강력부 부
장, 공안부 부장, 수원지검 성남지청 부장검사, 대검찰청 중수3과
과장, 서울지검 특수3부장검사, DJ 정부 대통령비서실 민정수석실
사정비서관, 대검찰청 범죄정보기획관, 법무부 장관, 이귀남법률사
무소 변호사

제19대 문재인 대통령과의 관계 및 인물평: **법무부 장관 시절 강력
범에는 강하게 대처하고 시민들에게는 권위적인 사법부의 인식을
바꿨다는 평을 받고 있다. 300여 회 이상의 외부 강연을 했고 청사
개청 이래 처음으로 법무부 운전원, 방화원, 환경미화원들하고 점심
식사를 한 장관이기도 하다.**

박시환

1953년 4월 12일
경남 김해

학력: 경기고, 서울대 법학과 졸업, 서울대 대학원 법학석사

경력: 해군 법무관, 제21회 사법시험 합격, 사법연수원 11기 수료,
서울지법 의정부지원 판사, 서울지법 동부지원 판사, 서울민사지법
판사, 서울고법 판사, 전주지법 부장판사, 인천지법 부장판사, 서울
지법 남부지원 부장판사, 서울지법 부장판사, 박시환법률사무소 변
호사, 한국케이블TV방송협회 케이블TV 윤리위원회 위원, 대법원
대법관

제19대 문재인 대통령과의 관계 및 인물평: **노무현 정부 때인
2005년 11월에 대법관으로 임명됐다. 대법관 임명 청문회에서 진
보적이라는 평가가 있었다. 2008년 중앙지법원장이었던 신영철 대
법관이 촛불 시위 관련 사건을 맡고 있던 판사들에게 '촛불 재판 판
결 독촉 이메일'을 보낸 것에 대해 "5차 사법파동"이라며 법원에 처
벌을 촉구하기도 했다.**

학력: 고입검정고시 합격, 대입검정고시 합격, 연세대 법학과 졸업
경력: 제25회 사법시험 합격, 사법연수원 제15기 수료, 백승헌법률사무소 변호사, 민주사회를 위한 변호사 모임 사무국장, 법무법인 한결 변호사, 대한변호사협회 인권위원, 법무부 자체심사 평가위원, 총선시민연대 집행위원, 《한겨레신문》 사외이사, 방송위원회 상품판매심의위원, 민주사회를 위한 변호사 모임 부회장, KBS 비상임이사, 법무부정책위원회 위원, 민주사회를 위한 변호사 모임 회장
제19대 문재인 대통령과의 관계 및 인물평: **최연소 민변 회장이다. 노무현 전 대통령처럼 검정고시를 치르고 난 후 사법시험에 합격했다. 인권변호사로 깐깐한 원칙주의자로 알려져 있다.**

백승헌

1963년 12월 14일
서울

학력: 목포고, 서울대 법과대 졸업, 서울대 행정대학원 발전정책과정 수료
경력: 제13회 고등고시 사법과 합격, 검사, 검찰연구관, 변호사 개업, 서울지방변호사회 부회장, 방송위 심의위원, 서울지방변호사회 회장, 참여연대 공동대표, 제40대 대한변호사협회 회장, KBS 이사, 제2기 통일고문회 고문, 국가인권위원회 초대 위원장, 희망제작소 이사장, 법무법인 동서양재 변호사
제19대 문재인 대통령과의 관계 및 인물평: **초대 국가인권위원회 위원장 및 초대 친일반민족행위자재산조사위원회 위원장을 역임했다.**

김창국

1940년 10월 23일
전남 강진

학력: **국립체신고, 건국대 법학과 졸업**

경력: **제10회 보통고시 합격, 제12회 고등고시 합격, 육군 법무관, 서울민사지법 판사, 서울형사지법 판사, 변호사 개업, 법무법인 시민 변호사, 제11대 국회의원(민한당, 영월·평창·정선), 한겨레당 창당 발기인 정책위원장, 민주당 부총재, 민주사회를 위한 변호사 모임 초대 회장, 노무현 정부 국가정보원 제26대 원장, 건국대 석좌교수**

제19대 문재인 대통령과의 관계 및 인물평: **집배원 생활을 하다가 사법고시 12회에 합격해 법조인의 길에 들어섰고 이후 11대 총선에서 민한당의 공천으로 당선되면서 정치에 입문했다. 이후 민추협, 민변 등의 재야단체에서 활동하며 인권변호사로 활동한 뒤 노무현 정부에서 초대 국가정보원 수장으로 2년간 재직했다.**

고영구

1937년 10월 18일
강원 정선

문재인 대통령 공개지지 선언한
대표적 문화예술계 인사

윤태호

1969년 9월 27일(음력)
광주

학력: 광주살레시오고 졸업

경력: 첫 작품 〈비상착륙〉, 잡지 《월간 점프》에 실리며 데뷔, 국방부 웹툰 공모전 심사위원, 세종대 만화애니메이션학과 대우교수, 한국 만화가협회 제27대 회장(임기 3년)

제19대 문재인 대통령과의 관계 및 인물평: 윤태호 작가는 〈파인〉 〈이 끼〉 〈내부자들〉 등 굵직한 웹툰을 연재한 대한민국 웹툰계의 거목이 다. 허영만, 조운학 문하생을 거쳐 1993년 스물다섯의 나이에 《월간 점프》를 통해 데뷔했다. 취미는 자전거 타기. 그린란드처럼 "황량한 곳 여행하기"를 좋아한다. 그의 작품을 수십 년간 지지해 준 아내와 아들과 딸이 있다. 이번 대선에서 문재인 대통령을 공개적으로 지지 했다. 그는 문 대통령 찬조연설에서 눈물을 흘리기도 했다. 그는 찬조 연설에서 문 대통령에 대해 "(문 후보와) 토크콘서트를 할 때 (문 후 보는) 자신의 공약을 나열해야 할 시간에 게스트에게 발언권을 주고 귀를 기울였다"고 했다.

신대철

1967년 2월 16일(양력)
서울

학력: 서울예전 졸업

경력: 그룹 시나위 리더

제19대 문재인 대통령과의 관계 및 인물평: 신대철씨는 한국 록의 대부 신중현의 장남이자 국내 최고의 기타리스트다. 그가 이끄는 헤비메탈 밴드 시나위는 1985년 1대 보컬 임재범과 함께 대한민국 최초의 헤비메탈 곡 '크게 라디오를 켜고'를 발표하며 큰 사랑을 받았다. 또 2대 보컬 김종서, 5대 보컬 김바다와 불세출의 메탈 드러머 김민기, 베이시스트 서태지, 강기영까지 걸출한 뮤지션을 배출해 낸 전설적인 록밴드다.

그는 이번 대선 과정에서 문재인 대통령 공개지지를 선언했다. 그는 "문화예술 정책 기저의 철학적 배경과 신념을 제시한 후보는 문재인이 유일하다"고 했다.

문재인을 읽는
권력지도

–

초판 2쇄 발행 2017년 5월 29일

–

발행인 김창기
글 문갑식 · 최우석 · 박희석 · 김정현
디자인 송진원 · 김현숙 · 김성숙

–

발행 (주)조선뉴스프레스
주소 서울시 마포구 상암산로 34 DMC 디지털큐브빌딩 13층
등록 제301-2001-037호 **등록일자** 2001년 1월 9일
구입문의 02-724-6794~8
편집문의 02-724-6815

–

값 15,000원
ISBN 979-11-5578-453-2